# Inhalt

# Vorwort

Das Manuskript des vorliegenden Buches ist – für meine Verhältnisse – in kurzer Zeit entstanden. Aber das Thema beschäftigt mich schon lange.

Vor beinahe zehn Jahren machte mich die Gerontologin Kerstin Klein auf die Praxis der »24-Stunden-Pflege« aufmerksam. Dass sich in Deutschland ein solcher Typ von Beschäftigungsverhältnissen ausbreitete, konnte ich damals gar nicht glauben. Die Diagnose dieses Entwicklungstrends der Erwerbsarbeit führte am Nell-Breuning-Institut zu intensiven Diskussionen, an denen auch Prof. Dr. Friedhelm Hengsbach SJ, Dr. Markus Demele und Dr. Wolf-Gero Reichert teilnahmen. Eine Spätfolge der damaligen Debatten war eine kleine empirische Studie, die am Nell-Breuning-Institut 2011/2012 im Auftrag der Hans-Böckler-Stiftung erarbeitet wurde. Die Interviews führten damals Dr. Agnieska Satola und Uwe Schacher. Bei Letzterem lag auch die Gesamtkoordination. Von Uwe Schacher und Dr. Wolf-Gero Reichert stammen viele Konzepte und Einschätzungen des Abschlussberichtes, die auch in das Kapitel IV des vorliegenden Buches eingingen. 2014/2015 erarbeitete die von der Deutschen Bischofskonferenz beauftragte Sachverständigengruppe Weltwirtschaft und Sozialethik die Studie »Wen kümmert die Sorgearbeit? Gerechte Arbeitsplätze in Privathaushalten«. Als Projektleiter habe ich nicht nur von den Debatten dieser interdisziplinären Gruppe und von den Kompetenzen ihrer Mitglieder, ganz besonders von der Expertise von Frau Prof. Dr. Eva Senghaas-Knobloch sehr profitiert, sondern auch vom inhaltlichen Austausch mit der Projektbearbeiterin, Isabell Merkle. Zentrale Passagen des Kapitels V gehen auf diese Zusammenarbeit zurück. Isabell Merkle hat mich auch bei der Arbeit an diesem Buch noch einmal tatkräftig unterstützt – mit verlässlichen Recherchen, konstruktiv-kritischen Anmerkungen zu meinem Argumentationsgang und erstklassigen Verbesserungsvorschlägen. Ob ohne ihre Hilfe aus dem Buchprojekt überhaupt etwas geworden wäre, weiß ich nicht. Der Lektor des Westend Verlags, Maximilian David, hat die Entstehung des Konzepts und des Manuskripts beharrlich und kompetent begleitet. Ihnen allen gilt mein herzlicher Dank.

Ein besonderer Dank gilt der Hans-Böckler-Stiftung. Schließlich ist das vorliegende Buch Teil des Forschungsprojektes »Ausländische Pflegekräfte in Privathaushalten«, das von ihr in zwei Stufen gefördert wurde. Durch die Finanzierung der Stiftung war es am Nell-Breuning-Institut möglich, zuerst die erwähnte empirische Studie durchzuführen und dann meine Arbeit an dem Manuskript durch Recherchen vorzubereiten und zu begleiten.

Frankfurt am Main, im Februar 2016
Bernhard Emunds

# Einleitung

Seit der Wende sind in Deutschland schlechte Arbeitsplätze in Hülle und Fülle entstanden. Prekäre Jobs gibt es heute nicht nur im Handel und in der Landwirtschaft, bei Bewachungsfirmen, Sub-Unternehmen der Bauwirtschaft sowie in Hotels und Gaststätten, sondern auch in den Wohnungen und Häusern der mittleren Einkommensschichten. Zum einen greifen viel beschäftigte Städter gerne auf die Unterstützung einer Reinigungskraft zurück. Zum anderen arbeiten und leben in Haushalten mit pflegebedürftigen älteren Menschen häufig »Haushaltshilfen«, die beinahe rund um die Uhr einen Pflegebedürftigen betreuen, versorgen und pflegen. Das sind wahrscheinlich die beiden Typen neuer prekärer Jobs, die in deutschen Privathaushalten am häufigsten vorkommen. Bei beiden gibt es viel Schwarzarbeit. In beiden Fällen arbeiten vor allem Migrantinnen zu Konditionen, zu denen die meisten Deutschen auf keinen Fall arbeiten würden. Die Privatsphäre wird zu einem Arbeitsplatz, an dem aus den Beschäftigten viel »rausgeholt« wird und sie wenig dafür bekommen. Oder gar: die Privatsphäre, der emotional aufgeladene Hort familiärer und freundschaftlicher Vertrautheit, als Ort der Ausbeutung!
Der starke Zuwachs der Erwerbsarbeit in den haushaltsbezogenen Dienstleistungen ist kein Phänomen, das auf Deutschland beschränkt wäre. Es findet sich in dieser oder ähnlicher Form in vielen westlichen Ländern. Wahrscheinlich hat es viel mit dem Ende der traditionellen Arbeitsteilung zwischen den Geschlech-

tern zu tun, oder sollte ich besser sagen: mit dem halbherzigen Beenden dieser Arbeitsteilung: Die Frauen sind verstärkt erwerbstätig; im Übrigen ist dieser Trend in anderen Ländern deutlich stärker ausgeprägt als in Deutschland. Aber die Männer übernehmen nicht im gleichen Maße die Mitverantwortung für die häusliche Sorgearbeit. Nicht in den Sonntagsreden, wohl aber in der Alltagspraxis bleiben die Frauen erstzuständig für die Tätigkeiten in der Familie und im Haushalt. Viele reiben sich auf in der Mehrfachbelastung. Wo es das Einkommen erlaubt, verschaffen sie sich Luft, indem sie Sorgeaufgaben an andere Personen abgeben, die sie dafür bezahlen – zumeist an andere Frauen aus anderen Ländern. Das muss kein Problem sein. Schließlich können die boomenden haushaltsbezogenen Dienstleistungen politisch gestaltet werden; die Nachfrage kann so gelenkt und mit öffentlichen Mitteln verstärkt werden, dass reguläre, vielleicht sogar gute Arbeitsplätze entstehen. In vielen westlichen Ländern ist da wenig passiert; aber es gibt Ansätze, etwa in Belgien, in Frankreich und in Skandinavien. In Deutschland hat die Öffentlichkeit die Chancen einer politisch gestalteten Entwicklung haushaltsbezogener Dienstleistungen noch nicht entdeckt. So gehört die Bundesrepublik zu den westeuropäischen Ländern, in denen die Politik dem Wildwuchs der Jobs in den Privathaushalten weitgehend freien Lauf lässt.

Mit dem Wachstum der Arbeitsplätze in den Privathaushalten sind in vielen westlichen Ländern neue soziale Problemlagen entstanden, die auf neue, besonders prekäre Formen von Erwerbsarbeit zurückgehen. Die schlechten Arbeits- und Lebensbedingungen der neuen Haushaltsarbeiter im Westen sind verwandt mit den Alltagsproblemen der Haushaltsarbeiter, die in vielen Ländern des globalen Südens seit langem bei Familien tätig sind, die nicht unbedingt reich, aber zumindest etwas wohlhabend sind. Seit dem Millennium schlossen sich diese »domestic workers« über Grenzen hinweg zusammen. Es kam zu nationalen und internationalen Zusammenschlüssen, Treffen und Kooperationen der Hausangestellten. Sie arbeiteten zusammen, um zuerst einmal die Internationale Arbeitsorganisation

(ILO) zum Handeln zu bewegen. Diese Sonderorganisation der Vereinten Nationen, spezialisiert auf Gerechtigkeitsfragen im Kontext der Erwerbsarbeit, hat vor allem die Entwicklung der Erwerbsarbeit in den Unternehmen im Blick. Aber die Organisationen der »domestic workers« ließen nicht locker, suchten und fanden die Unterstützung einiger Gewerkschaften. Im Juni 2011 machte sich der Druck auf die ILO schließlich bezahlt: Die Internationale Arbeitsorganisation verabschiedete das Übereinkommen 189 »Über Menschenwürdige Arbeit für Hausangestellte«.

Der Grundgedanke des ILO-Übereinkommens 189 ist es, bezahlte Hausarbeit in Privathaushalten als Erwerbsarbeit anzuerkennen und Haushaltsarbeiter mit anderen abhängig Beschäftigten gleichzustellen. Das Übereinkommen bezieht sich auf alle Arbeitnehmerinnen und Arbeitnehmer, die in einem oder in mehreren Haushalten erwerbstätig sind. Gleichgültig, ob sie einen schriftlichen Arbeitsvertrag haben oder nicht, ob sie Inländer, Ausländer mit Aufenthaltsrecht und Arbeitserlaubnis oder illegalisierte Ausländer sind – für alle sollen dieselben grundlegenden arbeitsrechtlichen Normen gelten wie für andere Arbeitnehmer. In den meisten Ländern – auch in Deutschland – sind es vor allem die Migrantinnen, die unter schlechten Bedingungen in Privathaushalten arbeiten und faktisch nicht über die gleichen Rechte verfügen wie andere Arbeitnehmer. Sie sind oft einfach nicht in der Lage, sich gegen ungerechte Verhältnisse zu wehren – deshalb ist es gerade bei ihnen besonders dringlich, gerechte Arbeitsbedingungen zu garantieren. Darin liegt die besondere Bedeutung des ILO-Übereinkommens 189 – auch für Deutschland.

Bereits als zweites europäisches Land hat die Bundesrepublik 2013 das Übereinkommen 189 ratifiziert. Seit September 2014 ist es in Deutschland in Kraft. Die Bundesrepublik hat sich damit völkerrechtlich verbindlich dazu verpflichtet, zu gewährleisten, dass in ihren Grenzen alle Arbeitgeber die in dem Übereinkommen aufgeführten Arbeitnehmerrechte der »domestic workers« beachten und Prozesse in Gang zu setzen, die zu einer rechtlichen Gleichstellung aller Hausangestellten mit den Beschäftigten der

Unternehmen führen. Die Bedeutung des Übereinkommens und der Umstand einer verbindlichen Selbstverpflichtung der Regierung blieb in der deutschen Öffentlichkeit völlig unbeachtet – so als hätten die Bestimmungen des Übereinkommens nicht die geringste Bedeutung für die Arbeitsverhältnisse in Deutschland. Ist den Teilnehmern am öffentlichen Diskurs nicht klar, dass auch in der Bundesrepublik viele problematische Jobs in privaten Haushalten entstanden sind? Nehmen sie die Arbeit der »domestic workers« in deutschen Haushalten gar nicht als Erwerbsarbeit wahr? Oder ahnen sie Probleme, schauen aber lieber nicht richtig hin, damit sie nicht vor der eigenen Haustüre und vor den Haustüren vieler ihrer Wähler, Leser oder Zuschauer kehren müssen?

In dem vorliegenden Buch beschäftige ich mich mit einer der beiden wichtigsten Gruppen von »domestic workers« in Deutschland: mit den Arbeitnehmerinnen, die im Privathaushalt Pflegearbeit leisten, dort aber nicht nur arbeiten, sondern auch wohnen. Das Wohnen beim Arbeitgeber kommt in dem Anglizismus »Live-In« zum Ausdruck. Der Begriff ist in der sozialwissenschaftlichen Literatur sehr gebräuchlich. Auch in diesem Buch ist er – in einfacher Form oder zusammengesetzt zu »Live-In-Pflegekraft« – die wichtigste Bezeichnung für die Gruppe von Hausangestellten, um die es geht. Das Wohnen beim Arbeitgeber macht aus der Arbeit der Live-Ins eine besondere Form von Erwerbsarbeit, weil sie fast immer für ihn erreichbar ist. Ohne klare Regeln hat er den Eindruck, er kann immer, wenn er sie braucht, über ihre Arbeitskraft verfügen. So kommt es in diesen Arbeitsverhältnissen häufig zu einer Entgrenzung der Arbeitszeit. Das Phänomen ist bei den Live-Ins in aller Welt bekannt. Bei den Pflegekräften unter den Live-Ins ist es besonders ausgeprägt. Schließlich arbeiten sie für Personen, die in hohem Maße hilfebedürftig sind. Der maßlose Anspruch, immer, an sieben Tagen in der Woche rund um die Uhr, über eine Arbeitnehmerin zu verfügen, kommt in der Rede von einer »24-Stunden-Pflege« gut zum Ausdruck.

Groben Schätzungen zufolge arbeiten in deutschen Privathaushalten 100 000 bis 200 000 Live-In-Pflegekräfte. Bei ihnen handelt es sich zu etwa 90 Prozent um Frauen. Deshalb nutze ich in diesem Buch zur Bezeichnung der Live-Ins weibliche Substantive. Die Arbeitnehmerinnen stammen fast alle aus Mittel- und Osteuropa. Zu Beginn, in den 1990er Jahren, arbeiteten und lebten ausschließlich polnische Staatsbürgerinnen in den deutschen Pflegehaushalten. Damals wurde es üblich, davon zu sprechen, man hole sich für die Pflege zuhause »'ne Polin«. Die Redewendung ist, obwohl von wertenden ethnischen Konnotationen nicht frei, nach wie vor sehr gebräuchlich. Tatsächlich scheinen die Polinnen, zumeist im Alter zwischen 50 und 65, nach wie vor die größte Gruppe unter den Live-In-Pflegekräften in Deutschland zu bilden. Aber der Anteil der Bürgerinnen anderer Staaten Mittel- und Osteuropas wächst, unter ihnen vor allem die Anteile der Bulgarinnen und der Rumäninnen.

Viele ziehen es vor, die Live-Ins in den deutschen Pflegehaushalten als »Haushaltshilfen« zu bezeichnen. Damit wird suggeriert, diese hätten es doch vorrangig gar nicht mit Pflege zu tun, sondern mit hauswirtschaftlichen Tätigkeiten. »Pflegekräfte«, das seien die Mitarbeiterinnen der ambulanten Pflegedienste. Nur diese seien – neben den Angehörigen – für die Pflege zuständig. Die Wirklichkeit sieht anders aus. In den Pflegehaushalten, in denen Live-Ins arbeiten, sind sie fast immer diejenigen, die die meisten pflegerischen Aufgaben erfüllen. Ich spreche lieber von Pflegekräften. Denn mir geht es in diesem Buch um Pflegearbeit – vor allem um die Frage, wie die deutsche Gesellschaft die notwendige Pflegearbeit organisiert und welche Rolle die mittel- und osteuropäischen Migrantinnen dabei spielen.

Wo macht Erwerbsarbeit Menschen krank, wo nimmt sie ihnen die Luft zum Leben? Welche Formen der Erwerbstätigkeit erschließen denen, die arbeiten, dagegen gute Chancen der persönlichen Entfaltung und der gesellschaftlichen Beteiligung? Wie kann die gesellschaftlich notwendige Arbeit gerecht organisiert werden? Diese Fragen sind für die kirchlichen Sozialtraditionen, denen ich mich verbunden weiß, zentral. Dahinter steht die Einsicht, dass eine gerechtere Organisation der Arbeit ein Schlüssel für eine gerechtere Gesellschaft ist. In diesem Buch stelle ich diese Fragen für eine bestimmte Form von Pflegearbeit: für die Pflegearbeit, mit der Live-Ins aus Mittel- und Osteuropa in deutschen Haushalten ihr Einkommen verdienen.

Pflege interessiert mich also vor allem als Arbeit und dabei insbesondere aus der Perspektive des Pflegenden und, sofern es um Erwerbsarbeit geht, aus der Perspektive seines Arbeitgebers. Die Perspektive des Pflegebedürftigen und die Frage nach der Pflegequalität treten demgegenüber in den Hintergrund. Nicht, dass sie unwichtig wären! Aber sie stehen für andere Fragen an die Pflege, für einen anderen Blickwinkel der Analyse und der ethischen Reflexion.

Wichtig ist mir dabei ein weites Verständnis von Pflege und Pflegearbeit. Bei der häuslichen Pflege umfasst Pflegearbeit neben der pflegerischen Interaktion auch die hauswirtschaftlichen Tätigkeiten für den Pflegebedürftigen. Pflegende Angehörige und Live-Ins erfüllen ganz selbstverständlich pflegerische *und* hauswirtschaftliche Aufgaben; das Eine geht mit dem Anderen Hand in Hand. So macht es meines Erachtens wenig Sinn, eine künstliche Trennung vorzunehmen. Dabei soll schon das Wort »pflegerische Interaktion« über die einzelnen Hilfestellungen, Handgriffe und Behandlungsschritte hinausweisen. Zweifellos, in der Pflege sind die Unterstützungsleistungen der Grundpflege, also die Hilfe zum Beispiel beim Aufstehen, Waschen, Anziehen oder bei der Nahrungsaufnahme, und die einzelnen Schritte der Behandlungspflege wie etwa das Blutabnehmen oder die Wundversorgung von zentraler Bedeutung. Aber Pflege ist eben mehr als diese »Verrichtungen«. Diese sind nämlich eingebunden in die persönliche Begegnung des Pflegenden mit dem Gepflegten, in ein Kommunikationsgeschehen auf verschiedenen Ebenen, in einen verbalen und nonverbalen Austausch zwischen zwei Personen. Auf diese Kommunikation zwischen Pflegendem und Gepflegtem, zu deren Teil die jeweiligen Handgriffe und Behandlungsschritte geworden sind, verweist das Wort »pflegerische Interaktion«.

Die Pflegearbeit der Live-Ins aus Mittel- und Osteuropa ist also das Thema des Buches. Zugleich spielt aber auch die Perspektive der pflegenden Angehörigen eine wichtige Rolle. Gewissermaßen aus dem Blickwinkel der Angehörigen schaue ich in den ersten drei Kapiteln vorrangig – wenn auch nicht ausschließlich – auf die »24-Stunden-Pflege«. Im ersten Kapitel geht es in besonderem Maße um die Frage, weshalb sich die Angehörigen auf diese besondere Form der Pflege überhaupt einlassen. Schließlich ist sie mit ungewohnten, ja problematischen Beschäftigungsverhältnissen verbunden, um die wohl auch die meisten Angehörigen vor Jahren noch einen weiten Bogen gemacht hätten. Nun akzeptieren sie diese im eigenen Haus oder im Haus beziehungsweise in der Wohnung der Eltern. Wie kommt es dazu? Den Gründen der Angehörigen stelle ich dann die Motive der Pflegekräfte gegenüber. Schließlich bette ich beide Motivlagen in eine Skizze jener gesellschaftlichen und internationalen Faktoren ein, die die starke Verbreitung der »24-Stunden-Pflege« in den letzten zwanzig Jahren gefördert haben.

Im zweiten Kapitel betreten die Akteure die Bühne, die zumeist die ersten Vertragspartner der Angehörigen beziehungsweise der Pflegebedürftigen sind: die Vermittlungsagenturen. Ich trage zusammen, was man über ihr Geschäftsgebaren weiß, frage aber auch nach alternativen Wegen, über welche die Haushalte mit Pflegeverantwortung und die Pflegekräfte zusammenfinden können.

Im dritten Kapitel wird auf die Frage vieler Angehörigen eingegangen, ob die Arbeits- beziehungsweise Auftragsverhältnisse, auf die man sich mit der »24-Stunden-Pflege« einlässt, legal sind. Wie werden die verschiedenen Vertragsformen, in denen die Pflegearbeit der Live-Ins angeboten wird, in der arbeitsrechtlichen Diskussion eingeschätzt? Welche rechtlichen Probleme gibt es zudem mit der Arbeitszeit?

Ein Perspektivwechsel von den Angehörigen zu den Live-Ins, von den Arbeitgebern zu den Arbeitnehmerinnen, findet zwischen Kapitel III und Kapitel IV statt. Die Live-In-Pflegekräfte arbeiten und leben in der Wohnung eines anderen. Was bedeutet das für sie? Dieser Frage gehe ich im vierten Kapitel nach. In den Jahren 2011 und 2012 hat das Nell-Breuning-Institut im

Auftrag der Hans-Böckler-Stiftung über die Arbeits- und Lebensbedingungen der Live-Ins und über die Beziehungen zwischen ihnen, den Pflegebedürftigen und den Angehörigen geforscht. Die Ergebnisse der kleinen empirischen Studie, die damals entstand, greife ich hier auf. Ich verbinde sie mit Einblicken in die Arbeits- und Lebenserfahrungen mittel- und osteuropäischer Pflegekräfte, die sie einigen Sozialwissenschaftlerinnen in Interviews gewährt haben. Deutlich wird ein ganz besonderes Profil dieser Form von Erwerbsarbeit: ein Mangel an von außen vorgegebenen Regeln, eine enge Verknüpfung des Arbeitsverhältnisses mit persönlichen Beziehungen zwischen den Beteiligten und der Anspruch der Arbeitgeber, ohne zeitliche Begrenzung auf ihre Arbeitskraft zurückgreifen zu können. Deutlich werden vor allem die hohen, oft genug kaum mehr tragbaren Belastungen, die für die Arbeitnehmerinnen mit diesem besonderen Profil der Arbeit verbunden sind. Der Bezug auf die stark belastenden Arbeitsbedingungen der Live-Ins wird dann zum Tenor der weiteren Argumentation.

Die Perspektiven der Angehörigen und der Pflegekräfte gehen im Folgenden nicht verloren. Aber sie werden in den drei folgenden Kapiteln in einen größeren Kontext gestellt: in die sozialwissenschaftliche Diskussion, die ethische Reflexion und die politische Öffentlichkeit. In Kapitel V ordne ich die Pflegearbeit der Live-Ins sozialwissenschaftlich ein. Hier wären natürlich verschiedene systematische Zuordnungen möglich. Ich habe mich entschieden, der Frage nachzugehen, warum die Pflegearbeit gesellschaftlich so wenig wertgeschätzt wird. Dazu begreife ich Pflegearbeit als eine Form von Sorgearbeit und skizziere die Stellung dieser Sorgearbeit in der gesellschaftlichen Arbeitsteilung.

Dass ich das Buch als Mitglied einer bestimmten gesellschaftlichen Großgruppe mit einer bestimmten ethischen Perspektive schreibe, habe ich bereits erwähnt. Diese ethische Sichtweise stelle ich in Kapitel VI dar. Ich zeige auf, warum es wichtig ist, nach der Qualität der Erwerbsarbeit – hier nach der Qualität der Arbeit von Live-In-Pflegekräften – zu fragen. Wie wirkt sich die

Arbeit auf das Leben der Arbeitnehmerinnen aus? Dann entwickele ich für die Bewertung der Qualität von Erwerbsarbeit zwei Gruppen ethischer Mindeststandards, Kriterien gerechter und Kriterien menschenwürdiger Arbeit. Schließlich lege ich diese Standards an die Pflegearbeit der Live-Ins an. Dabei treten nicht nur Gerechtigkeitsdefizite zu Tage. Vielmehr zeigt sich auch, dass die Live-Ins nicht wirksam dagegen geschützt sind, von ihrem Arbeitgeber menschenunwürdig behandelt zu werden. Mehr noch, der Anspruch, bei Bedarf jederzeit auf die Arbeitskraft der Live-Ins zugreifen können, widerspricht selbst schon der Menschenwürde. In dieser Argumentation soll deutlich werden, wo aus ethischer Sicht dringender Regelungsbedarf besteht und in welche Richtung politisch die Entwicklung der »24-Stunden-Pflege« gelenkt werden sollte.

Diese politische Fragestellung bestimmt dann Kapitel VII. Darin kritisiere ich, dass sich die deutschen Politikerinnen und Politiker bisher der Aufgabe völlig entzogen haben, die Beschäftigungsverhältnisse in der »24-Stunden-Pflege« so zu gestalten, dass sie menschenwürdig und gerecht sind. Vor allem mache ich hier einen dreiteiligen Vorschlag, wie menschenwürdige Arbeitsbedingungen für Live-Ins durchgesetzt und wie Prozesse angestoßen werden könnten, durch die ihre Pflegearbeit mit der Zeit dem Maßstab gerechter Erwerbsarbeit angenähert werden könnte.

Das abschließende Kapitel VIII kehrt noch einmal zur Angehörigenperspektive zurück und enthält einige Hinweise für die (potenziellen) Arbeitgeber der Live-In-Pflegekräfte.

Die politisch Verantwortlichen in der Bundesrepublik mögen sich, wie gerade erwähnt, der Aufgabe entziehen, die Beschäftigungsverhältnisse in der »24-Stunden-Pflege« zu regeln. Aber dass es da ein riesiges Problem gibt, haben sie gleichwohl sehr genau erkannt. So hat die Bundesregierung bei der Ratifikation des ILO-Übereinkommens 189 von einer Klausel Gebrauch gemacht, die es den Unterzeichnerstaaten ermöglicht, bestimmte Personengruppen von der Geltung des Übereinkommens auszunehmen. Wie ich in Kapitel VI noch näher erläutern werde, hat sie dabei eine Formulierung gewählt, die auf die Live-In-Pflegekräfte zielt. Genau sie sollen offenbar von den Arbeitnehmerrechten, die in dem Übereinkommen aufgelistet sind, ausgenommen werden. Dabei dürfte es der Bundesregierung vorrangig darum gehen, zu verhindern, dass sie gezwungen ist, das Recht der Live-Ins auf mindestens einen arbeitsfreien Tag in der Woche durchzusetzen. Wenn die Bundesregierung ein Übereinkommen ratifiziert, dass den Hausangestellten weltweit grundlegende Rechte verschaffen soll, aber genau diejenige Gruppe von der Geltung ausnimmt, die in Deutschland auf die Durchsetzung dieser Rechte besonders angewiesen ist, dann ist das schon ein bemerkenswerter Vorgang. Im Gegensatz zur politischen Öffentlichkeit war sich also die Bundesregierung der Brisanz des Übereinkommens 189 für Arbeitsverhältnisse in Deutschland durchaus bewusst. Diese Ausnahme reduziert den Druck, tätig werden zu müssen, vor allem die – für die Beschäftigten menschenunwürdige – Zeitstruktur der »24-Stunden-Pflege« zu korrigieren. Den politisch Verantwortlichen dürfte sehr willkommen sein, dass die deutsche Öffentlichkeit das alles verschlafen hat.

Allerdings reduziert die Ausnahmeklausel des Übereinkommens 189 den Handlungsdruck nur vorübergehend. Eine Regierung, die sie in Anspruch nimmt, ist verpflichtet, Maßnahmen zu ergreifen, die dazu führen, dass die Geltung des Übereinkommens künftig auf diese Gruppe ausgedehnt werden kann. Und sie muss der ILO regelmäßig über ihre Maßnahmen und deren Erfolg Bericht erstatten. Ob die politische Öffentlichkeit in den nächsten Jahren die Arbeitsverhältnisse in der »24-Stunden-Pflege« doch einmal in den Fokus nehmen wird? Das bleibt zu hoffen! Denn dann könnte aus dem ILO-Übereinkommen 189 doch noch Handlungsdruck entstehen, der die politisch Verantwortlichen in Deutschland dazu bewegt, die Beschäftigungsverhältnisse der Live-In-Pflegekräfte zu gestalten.

# I. Warum kommt es zur »24-Stunden-Pflege«?
## Persönliche Motive und gesellschaftliche Gründe

In der »24-Stunden-Pflege« kommen Frauen aus Polen und anderen Ländern Mittel- und Osteuropas nach Deutschland, um in Privathaushalten zu arbeiten – und zwar, dem Anspruch nach, rund um die Uhr. Noch vor 30 Jahren wären solche Arbeitsverhältnisse für die meisten Westdeutschen völlig undenkbar gewesen: jemanden im eigenen Haushalt zu beschäftigen, obwohl man nicht zur reichen Oberschicht gehört; für eine Arbeits- und Bereitschaftszeit rund um die Uhr zu bezahlen; Arbeitnehmerinnen aus Mittel- und Osteuropa einzustellen. Wenn man sich um 30 Jahre zurückversetzt, wird erst richtig deutlich, wie besonders und eigenartig die Beschäftigungsverhältnisse der Live-In-Pflegekräfte sind. Nach dem Zweiten Weltkrieg waren die Dienstboten aus fast allen deutschen Privathaushalten verschwunden. Jetzt aber kommen sie wieder, überraschend schnell. Mittlerweile gibt es in vielen deutschen Haushalten »neue Dienstmädchen«. Die Live-Ins mit ihren zeitlich entgrenzten Aufgaben gehören dazu, aber auch die Haushaltshilfen, häufig ebenfalls irregulär beschäftigte Migrantinnen, die in vielen Großstadt-Haushalten jeweils nur in kleinen Stundenkontingenten putzen, aufräumen und gegebenenfalls andere Arbeiten wie etwa Wäschewaschen erledigen.[1]

Wie konnte es zur Pflegearbeit von Live-Ins kommen, zu einer Form von Erwerbsarbeit, die vor 30 Jahren in ganz Deutschland noch kaum vorstellbar war? Mehr noch: Wie kommt es, dass sich seit etwa 20 Jahren immer wieder Mittel- und Osteuropäerinnen finden, die sich auf derart belastende Arbeitsverhältnisse einlassen? Und dass sich zugleich auch Deutsche (wie übrigens auch andere Westeuropäer) finden, die auf die Arbeitskraft der Migrantinnen zurückgreifen, obwohl sie zumeist sehr wohl wissen, dass deren Arbeitsbedingungen von den Mindeststandards des Arbeitsrechts im eigenen Land deutlich abweichen? Diesen Fragen wende ich mich im ersten Kapitel zu. Dazu untersuche ich zuerst, warum viele Familien mit Pflegeverantwortung letztlich bei der Notlösung der »24-Stunden-Pflege« landen. Dann geht es um die Motive der Mittel- und Osteuropäerinnen, nach Deutschland zu fahren und dort monatelang fast ohne zeitliche Grenzen für die häusliche Pflegearbeit zur Verfügung zu stehen. Schließlich zeichne ich ein grobes Bild von den gesellschaftlichen Strukturen, die es wahrscheinlich machen, dass sich viele Angehörige deutscher Pflegebedürftiger einerseits und viele Mittel- und Osteuropäerinnen andererseits für die »24-Stunden-Pflege« entscheiden.

## Hilfe, Opa braucht Pflege! Ist der Bedarf an Unterstützung plötzlich groß, wird der Notstand ausgerufen

Manchmal geht es Schritt für Schritt. Dann werden ältere Menschen mit der Zeit unsicherer, unbeweglicher und unselbständiger. Ihr Bedarf an Hilfestellungen nicht nur beim Kochen und Putzen, sondern auch bei der Morgentoilette, beim An- und Ausziehen, bei der Nahrungsaufnahme und weiteren alltäglichen Aufgaben steigt allmählich. Oder ihre Demenz schreitet langsam voran, so dass die Angehörigen immer mehr danach schauen müssen, dass die Mutter oder der Vater, die Partnerin oder der Partner nichts »anstellt«. Oft kommt es jedoch ganz unerwartet und blitzschnell: Ein Schlaganfall, eine andere schwere Krankheit oder ein Sturz führen auch nach einem Krankenhausaufenthalt und einer Rehabilitationsmaßnahme zu starken Einschränkungen bei den Alltagsaktivitäten. Der ältere Mensch kann dadurch nicht mehr alleine leben, oder er bedarf mehr Unterstützung und Versorgung, als ihm die Menschen in seiner Nähe geben können oder geben wollen. Bei einer Befragung, die Prof. Dr. Michael Isfort vom Deutschen Institut für angewandte Pflegeforschung leitete, wurden Angehörige nach den Gründen befragt, weshalb sie eine Live-In-Pflegekraft beschäftigen. Die meisten verwiesen auf körperliche Einschränkungen oder auf Demenz und andere geistige Einschränkungen des Pflegebedürftigen. Häufig führte eine Verschlechterung des allgemeinen Gesundheitszustands durch chronische Krankheiten oder infolge eines Unfalls oder einer Krankheit zur »24-Stunden-Pflege«. Über die Hälfte der Befragten sah in dieser die einzige Alternative zu einer Versorgung im Pflegeheim.[2]

Nicht selten ist es auch so, dass Pflegebedürftige Angst haben, ihren Kindern zur Last zu fallen. Sie wollen von ihnen nicht tagein, tagaus versorgt und umsorgt werden, weil das Verhältnis seit längerem nicht so gut ist oder – gerade umgekehrt – weil sie die guten Beziehungen zu ihren Kindern am Ende ihres Lebens nicht belasten wollen. Manchmal lehnen gerade die Älteren den Gedanken einer zeitversetzten Solidarität zwischen den Generationen ab, dem zufolge die Jüngeren nun ihnen etwas von dem »zurückgeben«, was sie in der Kindheit und Jugend von ihnen »erhalten« haben. Sie wollen gar nicht hören, was sie für ihre Kinder in deren ersten beiden Jahrzehnten alles getan haben. Sie möchten nicht, dass man ihnen hilft – »einfach so« in der Familie, also außerhalb eines beruflichen Zusammenhangs, in dem man für Pflegearbeit ein Einkommen bezieht.

So kommt es, dass nach einem krisenhaften Ereignis, das zu einer erheblichen Pflegebedürftigkeit führt, häufig der Notstand ausgerufen wird. Wo es möglich ist, kommen dann die Angehörigen zusammen, um mit und ohne den Pflegebedürftigen zu klären, wie es weitergehen kann. Oft sind die Angehörigen mit der neuen großen Aufgabe auf sich allein gestellt. Sie haben den Eindruck, dass sie vieles entscheiden müssen, was sie noch nicht durchschauen, und dass sie die Aufgabe überfordert. Zwar gibt es in vielen Krankenhäusern einen sozialen Dienst, der den Angehörigen helfen soll, für die Zeit nach der Entlassung alles zu regeln. Zudem sind seit Anfang 2009 sukzessive Pflegestützpunkte entstanden, die in allen Pflegefragen beraten sollen. Aber oft genug erreichen diese Beratungsangebote die Betroffenen nicht – insbesondere weil die Pflegestützpunkte regional sehr ungleich verteilt sind. So bleiben interessante Angebote, wie zum Beispiel die der Tagespflege, oft gerade denjenigen unbekannt, denen sie wirklich eine Hilfe wäre.

## Das Pflegeheim – häufig keine ernsthaft erwogene Alternative

Wenn Pflegebedarf plötzlich auftritt oder stark steigt, kommt auch die Alternative Pflegeheim zur Sprache. Das Thema ist besonders heikel. Wer im Pflegeheim ist, gilt vielen als abgeschoben. »Hat der keine Kinder, die für ihn sorgen können? Oder haben die wieder mal Besseres zu tun?« Der Widerwille der zu Pflegenden gegen das Pflegeheim und die Bedenken der Angehörigen, die Mutter, den Vater oder den Ehepartner »ins Heim« zu »geben«, wird genährt durch die Mängel in den Einrichtungen. Da sie untereinander in einem Kostenwettbewerb stehen, stellen sie insbesondere zu wenige Altenpflegerinnen ein. So können die Beschäftigten die Patienten nicht so versorgen, wie es den Standards guter Pflege entspräche. Nicht selten wird bei dieser oder jener Behandlung immer mal wieder etwas »geschlampt«. Vor allem aber bleibt zu wenig Zeit für das Kommunikationsgeschehen zwischen Pflegenden und Gepflegten, in das die unterstützenden Handgriffe der Grundpflege und die Behandlungsschritte der medizinischen Pflege eingebettet sein müssen. Ohne Zeit für Kommunikation gibt es keine menschliche Pflege, ohne Zeit für den kleinen »Schnack« oder für Gesten der Zuneigung und der Aufmunterung.

Der Zeitdruck, unter dem die Altenpflegerinnen stehen, führt in einigen Einrichtungen immer wieder zu schlechter Pflegepraxis. Zum Beispiel werden Pflegebedürftige, obwohl sie nicht inkontinent sind, »gepampert«, nur um nicht alle zwei Stunden mit ihnen zur Toilette gehen zu müssen; oder die Windeln inkontinenter Heimbewohner werden zu selten gewechselt. Bereits am frühen Nachmittag zieht man einem Teil der Gepflegten Schlafanzüge oder Nachthemden an, weil am Abend ja noch so viel zu tun ist. Oder es kommt zu Fixierungen, nur weil man nicht »ständig« nach Pflegebedürftigen schauen könne, die aus dem Bett fallen könnten.

Es gibt solche Mängel der Pflegepraxis, und sie sind vermutlich nicht einmal selten; aber sie sind nicht allgemeine Praxis. Immer wieder werden Fälle skandalöser Misshandlung oder Vernachlässigung publik. Aber im Durchschnitt ist die stationäre Pflege in Deutschland besser als ihr Ruf. Vor allem ist sie – wenn es um die einzelnen »Verrichtungen« und um Maßnahmen der Prophylaxe geht – deutlich besser als die häusliche Pflege; eindeutige Pflegefehler sind in Heimen viel seltener. Und: Es gibt auch Pflegeheime, die wirklich gut geführt sind. Die Skandalisierung schlechter Pflegepraxis in einigen Heimen verdeckt diese Tatsachen; denn die Defizite der häuslichen Pflege werden verschwiegen. So schürt die Skandalisierung die Angst vor dem Heim und den Wunsch der Pflegebedürftigen, wenn es eben möglich ist, zuhause zu bleiben.

In der Generation derer, die heute pflegebedürftig werden, ist das eigene Haus mit hoher Symbolkraft aufgeladen; es hat (beinahe) existenzielle Bedeutung. Für eine Generation, die nach dem Weltkrieg vor allem mit dem Wiederaufbau beschäftigt war und dann einen schnellen Anstieg des Wohlstands erlebt hat, ist es verständlich: Das eigene Haus und seine Ausstattung stehen für all das, was man – allein oder als Paar – im Leben geschafft hat, was man sich erarbeitet hat. Es ist ein mit Erinnerungen aufgeladenes »Daheim«. Es ist Inbegriff von Selbständigkeit und scheint zu garantieren, dass man noch selber entscheiden kann, was mit einem selbst und mit dem, was einem zu eigen ist, geschieht. Entsprechend groß ist der Wunsch der Älteren, auch bei Pflegebedarf weiter zuhause zu wohnen; er kann auch von den eigenen Kindern kaum hinterfragt werden.

Die Schwächen der stationären Pflege und ihre Skandalisierung sowie die enge Bindung an das eigene Haus und die vertraute Umgebung stützen die Strukturierung der Pflege in Deutschland nach dem Grundsatz »ambulant vor stationär«. Demnach sind alle Möglichkeiten der häuslichen Versorgung auszuschöpfen, ehe ein Pflegebedürftiger ins Pflegeheim aufgenommen wird. Dieser Grundsatz markiert gleichermaßen eine grundlegende und durchgehende Linie der deutschen Pflegepolitik. Vordergründig ist die häusliche Pflege die beste Lösung für den Pflegenotstand, da sie nicht nur weniger kostet als die stationäre, sondern – unter den aktuellen Bedingungen – eben auch den Wünschen derer entspricht, die auf Pflegeleistungen angewiesen sind.

## Die »24-Stunden-Pflege« als rettender Strohhalm

Doch die Präferenz der Pflegebedürftigen für häusliche Pflege und die auf »ambulant vor stationär« ausgerichteten Strukturen der Pflege in Deutschland bringen die Angehörigen in die Bredouille. Bei Eintritt eines umfangreicheren Pflegebedarfs müssen sie überlegen, ob eine(r) (oder mehrere) von ihnen Tag für Tag die notwendigen Hilfestellungen erbringen und das zu pflegende Familienmitglied betreuen und begleiten kann (beziehungsweise können) und ob dafür der Umfang der Erwerbsarbeit reduziert oder eine Arbeitsstelle ganz aufgegeben werden soll. Wenn dies nicht in Frage kommt oder wenn sich eine gefundene Lösung bald nicht als tragfähig erweist, stehen die Angehörigen vor der Aufgabe, die notwendige Pflegearbeit anders zu organisieren.

Besonders hoch ist der Leidensdruck bei Angehörigen, die die Pflege der Mutter, des Vaters oder des Partners übernommen haben, sich mit aller Kraft darin engagieren, aber nach einigen Monaten oder Jahren entdecken müssen, dass sie es alleine nicht mehr schaffen. Häufig hat sich der Gesundheitszustand des Gepflegten so stark verschlechtert, dass der pflegende Angehörige den Hilfe- und Betreuungsbedarf nicht mehr allein abdecken kann. Oder der Angehörige muss feststellen, dass er den Raubbau an der eigenen Gesundheit, der mit seinem hohen Pflegeengagement verbunden ist, beenden muss. Im Übrigen: An den Angehörigen, die nach Monaten oder Jahren der Pflege »auf dem Zahnfleisch gehen« und nicht selten selber chronisch krank werden, zeigt sich, dass die Kosten der häuslichen im Vergleich zur stationären Pflege allenfalls aus staatlicher Perspektive geringer sind; es sind die pflegenden Angehörigen, die mit ihrer Gesundheit die Zeche dafür zahlen, dass der Staat (und gegebenenfalls der Pflegebedürftige oder die Gesamtheit der Angehörigen) aufgrund des Vorrangs der ambulanten Pflege vor der stationären weniger Geld für Pflege ausgeben muss.

Gleichgültig, ob der Pflegebedarf erst vor kurzem stark angestiegen ist, sich aber kein Angehöriger findet, der Tag für Tag das Gros der notwendigen Pflegearbeit leisten kann, oder ob ein Angehöriger, der bisher die meiste Pflegearbeit geschultert hat, an die Grenzen seiner Belastbarkeit geraten ist: Die Angehörigen stehen vor der großen Herausforderung, dafür zu sorgen, dass das auf Hilfe oder Betreuung angewiesene Familienmitglied nun in großem Umfang von bezahlten Pflegekräften gepflegt wird.

Sieht man einmal von den besonderen Möglichkeiten oberer Einkommensschichten ab, dann kam bis vor zwanzig Jahren in einer solchen Situation nur noch eines in Frage: dass der Pflegebedürftige in ein Pflegeheim zieht. Das war häufig schlimm für die zu Pflegenden, aber eine Alternative gab es nicht. Heute jedoch gilt die »24-Stunden-Pflege« durch eine mittel- oder osteuropäische Migrantin als praktikable Lösung. »Holen wir doch 'ne Polin!« So heißt es dann in vielen Familien – zumeist ohne sich bewusst zu machen, dass schon in der Formulierung eine Abwertung der Bürgerinnen einer benachbarten Nation mitschwingt, mit der wir uns eigentlich in besonderer Weise verbunden wissen. Da haben wir einen Knochenjob mit schlechten Arbeitsbedingungen, zu denen bei uns keiner bereit wäre zu arbeiten. Aber unseren östlichen Nachbarn »geht es ja noch nicht so gut«. »Für unser Geld sind die zu vielem bereit.« Und »anpacken können sie ja…«

Nicht selten haben die Pflegebedürftigen bereits selbst die Option der »24-Stunden-Pflege« vor Augen, wenn sie den Wechsel in ein Heim kategorisch ausschließen. Auch mögen Angehörige, die auf einen Schlag mit einem hohen Pflegebedarf konfrontiert sind, häufig – wie erwähnt – keinen professionellen Rat finden; aber den Hinweis eines Arztes oder einer Krankenschwester, dass es doch die Möglichkeit einer häuslichen Pflege durch »Polinnen« gebe, erhalten sie wohl fast immer. Die »24-Stunden-Pflege« ist für Familien mit mittlerem Einkommen nur bezahlbar mit einer Form der Erwerbsarbeit, die weit von den gängigen Standards der deutschen Arbeitsmarktordnung entfernt ist. Trotzdem ist sie im deutschen System der Gesundheits- und Pflegedienstleistungen schon fest eingeplant. Die Schätzungen, in wie vielen deutschen Pflegehaushalten eine Live-In arbeitet, schwanken zwischen 100 000 und 200 000.[3] Die »24-Stunden-Pflege« gilt als brauchbare oder gute Lösung, wenn die anderen Angebote, die mit einer regulären – der deutschen Arbeitsmarktordnung entsprechenden – Erwerbsarbeit erbracht werden, nicht passen oder zumindest zu teuer sind. Schließlich muss man bei einer Rundum-die-Uhr-Betreuung durch einen in Deutschland ansässigen ambulanten Pflegedienst mit hohen Kosten rechnen. Die Alzheimer-Gesellschaft spricht von etwa 5 000 Euro pro Monat, Stiftung Warentest hat sogar 10 000 Euro pro Monat errechnet.[4] Das ist für die meisten betroffenen Familien einfach zu viel. Aber selbst die meisten derjenigen, die diese hohen Kosten eigentlich gut tragen könnten, sind nicht bereit, für die häusliche Pflege eines Familienmitglieds so viel zu zahlen.

## Ausweg aus der Not, mehr Chancen für die Kinder, Wohlstand des Westens. Zu den Motiven der Pflegekräfte

Für die Familien ist die »24-Stunden-Pflege« ein rettender Strohhalm, wenn der Betreuungs- und Versorgungsaufwand stark gestiegen, eine Heimunterbringung aber nicht gewollt ist. Aber warum lassen sich Pflegerinnen aus Mittel- und Osteuropa auf solche extrem belastenden Arrangements ein?

Ehe ich auf die persönlichen Motive zu sprechen komme, die die Pflegekräfte selber in Interviews benennen, will ich einen kurzen Blick auf ihre wirtschaftliche Situation werfen.[5] Die Live-Ins sind mehrheitlich Frauen jenseits der 50. Trotz eines häufig überdurchschnittlichen Bildungsniveaus haben sie auf den Arbeitsmärkten ihrer Herkunftsländer nur wenig Chancen, eine Stelle zu finden – vor allem eine Stelle, die mehr als nur einen Lohn einbringt, der auch für die Maßstäbe vor Ort sehr niedrig ist. Das gilt vor allem für Frauen aus strukturschwachen Regionen, in denen vielfach bereits in den 1990er Jahren sehr viele Arbeitsplätze verloren gingen und bis heute viel zu wenige Ersatzarbeitsplätze entstanden sind.

Die schlechten Aussichten auf dem Arbeitsmarkt führen etwa in Polen häufig zu einer Frühverrentung. Dabei fallen gerade die Renten von Frauen sehr niedrig aus: Sie haben nur wenige Jahre eingezahlt und das – aufgrund ihrer geringen Löhne – jeweils nur relativ wenig. Hinzu kommt, dass in Polen die höhere Lebenserwartung der Frauen bei der Höhe der monatlichen Zahlungen berücksichtigt wird. Eine Frau, die die gleiche Summe eingezahlt hat wie ein Mann, erhält also eine geringere Monatsrente als dieser. Entsprechend sind Frauen besonders häufig von Altersarmut betroffen.

Mit der Ausbreitung privater Banken wurden Kredite leicht zugänglich und werden zudem aggressiv beworben. Das hat zur Folge, dass viele Paare mittleren Alters mit einem geringen Familieneinkommen in die Überschuldung rutschen. Die Paare verschulden sich aus diversen Gründen: weil sie in einer Phase, in der es gut läuft, ein größeres Projekt (wie zum Beispiel einen Hausbau) in Angriff nehmen, weil sie sich mit einem eigenen Betrieb selbständig machen wollen, weil sie einen – wie sie hoffen – vorübergehenden finanziellen Engpass überbrücken wollen oder weil sie sich für zu teure Produkte der Unterhaltungselektronik begeistern und zu einem Ratenkredit überreden lassen. Die weit verbreitete Überschuldung ist insofern eine Folgeerscheinung eines niedrigen Einkommens oder zu optimistischer Einkommenserwartungen.

## Die erste Entscheidung: aus blanker Not

Hohe Armutsquoten und verbreitete Überschuldung bei schlechten Jobaussichten in der Heimat – vor diesem Hintergrund verwundert es nicht, dass nach Auskunft der meisten Live-Ins die erste Entscheidung, nach Deutschland zu gehen und dort in der »24-Stunden-Pflege« zu arbeiten, auf eine akute finanzielle Notlage zurückgeht.[6] Das Einkommen der Familie vor Ort reicht einfach nicht aus, um der betroffenen Pflegekraft, ihrem Partner und gegebenenfalls ihren Kindern oder (Schwieger-)Eltern ein Leben zu ermöglichen, das den vor Ort herrschenden Standards entsprochen hätte. Oder es reicht nicht für ein solches Auskommen *und* für das Bedienen der aufgenommenen Kredite. Manche sehen sich auch nach dem Tod des Partners oder nach einer Trennung plötzlich auf sich alleine gestellt – ohne Aussicht auf ein Arbeitseinkommen in der Region, das den Lebensunterhalt sichern würde. Die große Hoffnung, durch die Arbeit in Deutschland aus der eigenen finanziellen Notlage herauszufinden, ist es, die Mittel- und Osteuropäerinnen dann in den ersten Monaten auch die ungeheuren Strapazen hinnehmen lässt: die Dauerbeanspruchung der »24-Stunden-Pflege«, mit der zum Teil eine sehr hohe psychische und manchmal auch körperliche Belastung einhergeht, aber auch der Schmerz, von der eigenen Familie und den Freunden getrennt zu sein, weit entfernt in einem fremden Land.

## Motive für die Verstetigung der Arbeit als Live-In-Pflegekraft

Einmal aufgenommen wird die Pflegearbeit in deutschen Privathaushalten für die Live-In und ihre ganze Familie zu einer wichtigen Einkommensquelle. Sie ermöglicht es, allmählich Armut und Entbehrungen hinter sich zu lassen und gegebenenfalls Schulden abzubauen. Nach einiger Zeit ist die Finanzlage der meisten Herkunftsfamilien halbwegs »saniert«. Aber auch dann

beenden viele Frauen ihre Pflegeeinsätze in deutschen Privathaushalten nicht, sondern treten weiterhin neue Stellen an.

Hin und wieder mag das in Deutschland verdiente Einkommen noch einmal helfen, einen finanziellen Engpass zu überstehen, zumeist jedoch dient das Geld nun anderen Zielen: den
Kindern eine gute Ausbildung zu ermöglichen, größere Investiti-
onen wie die Renovierung des Hauses oder den Kauf eines Autos
zu finanzieren oder – vor allem für die Kinder und Enkel – teure
Konsumgüter zu erwerben.[7] Bei nicht wenigen Paaren wird die
als Live-In arbeitende Frau zur Hauptverdienerin; manchmal ist
ihr Arbeitseinkommen aus der Pflege sogar das einzige Familieneinkommen.[8]

Neben dem finanziellen Aspekt gibt es zum Teil auch noch andere Beweggründe, weswegen Mittel- und Osteuropäerinnen
die in finanzieller Not gewählte Beschäftigung in deutschen Privathaushalten zur Dauerlösung machen. Dazu gehört, dass einige von ihnen das Leben in Deutschland schätzen gelernt, sich
dem Partner oder der Familie im Herkunftsland entfremdet haben oder es als erfüllend erfahren, andere, besonders hilfebe-
dürftige Menschen zu umsorgen.[9]

Die Sozialwissenschaftlerin Prof. Dr. Helene Ignatzi, die aktuell an der Evangelischen Hochschule Nürnberg lehrt, hat für ihre
Dissertation 24 Polinnen interviewt, die in deutschen Privathaushalten als Live-Ins arbeiten. Für sie entstand dabei insgesamt der Eindruck, dass das für polnische Verhältnisse oft relativ
hohe Einkommen für die Pflegekräfte verführerisch ist. Sehr oft
werde die Pflegearbeit als Migrantin in deutschen Privathaushalten nach einiger Zeit zu einer Falle: »Sie lockt mit der Gelegenheit des Zuverdienstes und erzeugt dadurch Abhängigkeit.
Damit die eigenen zunehmend größer werdenden Wünsche und
die der Familienangehörigen befriedigt werden können, ver-
schieben die Interviewpartnerinnen die beabsichtigte Beendigung der Pflegearbeit immer wieder auf einen unbestimmten
Zeitraum.«[10]

## Mutter-Sein – Sich-Aufopfern für die Familie

Polinnen, die älter als 50 Jahre sind, bilden bei der Pflegearbeit in deutschen Haushalten nach wie vor die bei weitem größte Gruppe. Studien haben gezeigt, dass gerade bei ihnen die Bereitschaft, zum Wohle der eigenen Familie enorme Strapazen auf sich zu nehmen, und – konkreter noch – die engagierte Übernahme der Verantwortung für einen Pflegebedürftigen und seinen ganzen Haushalt nicht selten dem eigenen kulturell geprägten Selbstverständnis entsprechen.[11]

In den Zeiten des real-existierenden Sozialismus waren viele Polinnen in Vollzeit erwerbstätig, obwohl sie gleichzeitig die ganze häusliche Sorgearbeit schulterten. Die Doppelbelastung galt als Teil eines heroischen Sich-Aufopferns der Frau für die Familie und weniger als Ausdruck einer Gleichberechtigung der Geschlechter in der öffentlichen Sphäre. Dass in der Öffentlichkeit allein der Mann das Sagen hatte, stand nicht in Frage. Umso ausgeprägter war die Dominanz der Frauen im Privatbereich, bei allen hauswirtschaftlichen Tätigkeiten, bei der Erziehung und Kontrolle der Kinder und bei den wirtschaftlichen Entscheidungen der Familie. Realisiert wurde die umfassende Zuständigkeit für alle häuslichen Belange durch eine »fürsorgliche Rührigkeit«[12]: Im Haushalt waren die Frauen beinahe ununterbrochen in Bewegung, um hauswirtschaftliche Aufgaben zu erledigen, um die Familienmitglieder zu umsorgen und fürsorglich zu lenken.

Zugespitzt könnte man die persönliche Motivation einiger, zumeist schon etwas älterer Polinnen in der »24-Stunden-Pflege« also *auch* in dieser Weise deuten: Mit der Arbeit als Live-In verwirklichen sie unter veränderten Bedingungen das mütterliche Sich-Aufopfern für die Familie auf neue Weise. Wieder scheuen sie keine Mühen, um die eigene Familie aus der finanziellen Notlage zu befreien. Dabei finden sie den Weg in deutsche Pflegehaushalte, in denen ungeheuer viel zu tun ist, in denen sie sich wieder – nun aber gegen Lohn – für eine Vielzahl anstehender Aufgaben aufreiben. In »fürsorglicher Rührigkeit« übernehmen sie häufig die ganze Verantwortung für den Pflegebedürftigen und bekommen die Vielzahl pflegerischer und hauswirtschaftlicher Aufgaben in den Griff.

## Auch die »24-Stunden-Pflege« fiel nicht vom Himmel. Gesellschaftliche Faktoren für deren Entstehung und Ausbreitung

Mit meinem Verweis auf die Arbeitsmarktsituation und die Armut in den Herkunftsländern habe ich es bereits anklingen lassen: Die Mittel- und Osteuropäerinnen fällen ihre Entscheidung, in westeuropäische Privathaushalte zu ziehen und dort rund um die Uhr die Verantwortung für einen Pflegebedürftigen und seinen Haushalt zu übernehmen, nicht im luftleeren Raum. Die Entscheidung fällt jede von ihnen ganz persönlich vor dem Hintergrund ihrer individuellen Pros und Kontras. Sie ist aber selbstverständlich geprägt von der wirtschaftlichen und sozialen Situation vor Ort und vom Spektrum der Möglichkeiten, die sich ihnen in ihrer Gesellschaft bieten – und von dem, was ihnen an anderen Orten, die sie durch Migration erreichen können, in Aussicht gestellt wird. Auch in den Entschluss der Familien mit Pflegeverantwortung für oder gegen eine »24-Stunden-Pflege« fließen viele gesellschaftliche Bedingungsfaktoren ein, wie etwa das Einkommensniveau der Familie, der Umfang, in dem die Angehörigen an der Erwerbsarbeit partizipieren, oder das Spektrum bezahlbarer Pflegedienstleistungen in der Region. Damit stellt sich die Frage, der ich zum Abschluss des Kapitels noch etwas nachgehen möchte: Welche historischen Entwicklungen haben die Entstehung der »24-Stunden-Pflege« gefördert und welche gesellschaftlichen Strukturen begünstigen sie heute?

## West und Ost: Einkommensgefälle zwischen endlich erreichbaren Nachbarn

Die Beschäftigung im Privathaushalt setzt eine recht große Einkommensdifferenz zwischen dem Arbeitgeber und der Arbeitnehmerin voraus, zumindest dann, wenn es um mehr geht als um ein paar Stunden Arbeit pro Woche – schließlich muss der Arbeitgeber die Arbeitnehmerin oder den Arbeitnehmer bezahlen und selbst noch ein Auskommen haben. Dieser Grundsatz gilt hier genauso wie etwa bei den Hausangestellten der etwas wohlhabenderen Familien in Lateinamerika oder Afrika. Liegt das Einkommen einer Familie der Mittelschicht, die gerne einen »domestic worker« beschäftigen möchte, nicht ausreichend über den geringen Einkommen vor Ort, findet die Familie vielleicht eine Migrantin, die bereit ist, für den geringen Lohn, den die Familie zahlen kann und will, zu arbeiten. Das sind in vielen Großstädten der südlichen Hemisphäre häufig Frauen aus ländlichen Regionen des gleichen Landes; oft sind es aber auch Migrantinnen aus Nachbarländern, die in den privaten Haushalten der Wohlhabenden arbeiten. In der Regel ermöglicht also erst die Arbeitsmigration die Beschäftigung in Privathaushalten, da hier auch der Einkommensvorteil von Menschen aus reichen Gegenden gegenüber Menschen aus ärmeren Regionen zur Geltung kommt. Vorausgesetzt ist allerdings, dass man von diesen aus ohne allzu große Hindernisse in die Region des Arbeitgebers gelangen kann.

Vor diesem Hintergrund ist es nicht erstaunlich, dass das Ende des Ost-West-Konflikts den Startschuss gab für die Entstehung und schnelle Ausbreitung der »24-Stunden-Pflege« durch Mittel- und Osteuropäerinnen in Westeuropa – neben Deutschland zum Beispiel auch in Österreich, Italien und Großbritannien. Damals wurden die Wege von Ost nach West und umgekehrt frei, so dass nun die geographische Nähe europäischer Regionen mit einem hohen materiellen Lebensstandard und solcher mit einem niedrigen Wohlstands- und Lohnniveau Migration aus Gründen der Arbeitsplatzsuche erleichterte. Dabei kam es zwischen den Staaten Mittel- und Osteuropas und westeuropäischen Ländern vor allem zu einer *Pendel*migration. Kennzeichnend für Pendelmigranten ist, dass sie in einer anderen Region oder in einem anderen Land Erwerbsarbeit aufnehmen, ohne den Wohnsitz in der Herkunftsregion und die starke Verwurzelung in dem dortigen Netz familiärer und freundschaftlicher Beziehungen aufzugeben; deshalb reisen sie zwischen Arbeitsplatz und Wohnsitz mehr oder minder regelmäßig hin und her. Zu einer starken grenzüberschreitenden Pendelmigration im Bereich der häuslichen Pflege kam es vor allem ab Mitte der 1990er Jahre, etwa zwischen Polen und Deutschland sowie zwischen der Slowakei und Österreich. Dass bei der Pendelmigration in die häusliche Pflege das Einkommensgefälle zwischen West und Ost eine große Rolle spielt, zeigt sich auch darin, dass die »24-Stunden-Pflege« in den neuen Bundesländern offenbar sehr viel weniger verbreitet ist als im alten Bundesgebiet.[13]

## Möglichkeiten der Migration und des Arbeitsmarktzugangs

In den ersten Jahren nach der »Wende« waren die in der häuslichen Pflege tätigen Mittel- und Osteuropäerinnen mit einem Touristenvisum in Westeuropa, dann ab 1. Mai 2004 vielfach als Bürgerinnen eines EU-Mitgliedslandes. Allerdings hatte die deutsche Bundesregierung eine Übergangsregelung in Kraft gesetzt, die den meisten mittel- und osteuropäischen Arbeitskräften bis 1. Mai 2011 den Zugang zu einer regulären Stelle in Deutschland verwehrte. Zwar gab es eine komplizierte Ausnahmeregelung über die Zentrale Arbeitsvermittlung (ZAV)[14] und ab Mai 2004 die Möglichkeit der Entsendung durch ein Unternehmen aus dem Herkunftsland der Migrantin. Aber alle anderen Wege zu einer sozialversicherungspflichtigen Beschäftigung in Deutschland waren verbaut. Es ist bekannt, dass solche Zugangsbeschränkungen, wenn es um Arbeitsmigration geht, zumeist nicht (oder kaum) zu einer Verringerung der entsprechenden Wanderungsbewegungen führen, sondern vor allem die betroffenen Arbeitnehmerinnen in die arbeitsrechtliche Illegalität abdrängen. So auch hier. In den ersten knapp zwanzig Jahren der Ausbreitung der »24-Stunden-Pflege« in Deutschland landeten die Arbeitnehmerinnen fast alle in der Schwarzarbeit. Mittlerweile gibt es auf dem deutschen Arbeitsmarkt keine rechtlichen Hürden für die Einstellung von Mittel- und Osteuropäerinnen mehr. Die Polinnen, Ungarinnen, Rumäninnen und Bulgarinnen sind den Französinnen, Belgierinnen und Deutschen arbeitsrechtlich gleichgestellt. Doch die Pfade in den grauen Markt sind über Jahre gut ausgetreten worden, so dass die »Branche« wohl noch einen sehr weiten Weg zurückzulegen hat, um insgesamt zu regulären Beschäftigungsverhältnissen zu kommen.

Der kurze Blick auf die Zeit seit dem Ende des Ost-West-Konflikt hat gezeigt, dass für die Entwicklung der Beschäftigungsverhältnisse in Privathaushalten neben der Einkommensspreizung (beziehungsweise dem Einkommensgefälle zwischen benachbarten Regionen) auch das Migrations- respektive das Grenzregime des Zielstaates der Arbeitsmigranten eine wichtige Rolle spielt. Dabei spricht viel für die Sicht, dass die staatlichen Versuche einer Steuerung und Begrenzung der Migration (einschließlich des Zugangs der Migranten zum Arbeitsmarkt) nicht so sehr den Umfang der Arbeitsmigration beeinflussen als die Bedingungen, unter denen diese im Zielland Beschäftigung finden.

## Die gesellschaftliche Organisation der Pflegearbeit

Ein entscheidender Einflussfaktor, der die Entstehung und schnelle Ausbreitung der »24-Stunden-Pflege« überhaupt erst ermöglicht hat, ist selbstverständlich der Bedarf. Wieviel Bedarf an der Pflegearbeit durch Live-In-Pflegekräfte aus Mittel- und Osteuropa besteht, hängt vor allem davon ab, wie in Deutschland Pflege insgesamt organisiert ist. Der Grundsatz »ambulant vor stationär« verdeutlicht, dass in der Bundesrepublik – ähnlich wie in Österreich und einigen Mittelmeerländern – die Familie als für die Pflege hauptzuständig betrachtet wird. Anders als in den Niederlanden und den skandinavischen Ländern ist der Bereich der stationären Pflege nur völlig unzureichend ausgebaut. So werden die Pflichten der Betreuung und Versorgung von Pflegebedürftigen vor allem deren Familien zugewiesen. Wenn den Angehörigen aber diese Pflichten »über den Kopf wachsen« oder wenn sie diese gar nicht übernehmen können oder wollen, greifen sie zur Ersatzlösung, der »24-Stunden-Pflege« durch Migrantinnen.

Während in Südeuropa die Familien mit Pflegeverantwortung weitgehend auf sich allein gestellt sind, greifen der deutsche und der österreichische Staat immerhin mit – gesamtwirtschaftlich betrachtet – nicht ganz unbedeutenden Summen unterstützend ein. Zum Beispiel übernimmt die deutschen Pflegeversicherung nicht nur – wenn es doch zur Unterbringung in einem Pflegeheim kommt – einen Teil der Kosten, die für stationäre Pflege anfallen, und finanziert bei häuslicher Pflege in bestimmten Grenzen den Kauf von Pflegedienstleistungen bei den ambulanten Pflegediensten. Vielmehr zahlt sie den Angehörigen bei häuslicher Pflege auch ein Pflegegeld; mit ihm zollt die Bundesregierung der Pflegearbeit der Angehörigen eine gewisse Anerkennung. Dabei hängt die Höhe dieses Pflegegeldes nicht nur von der Pflegestufe des Pflegebedürftigen ab, sondern auch davon, in welchem Ausmaß die Angehörigen auf die Dienstleistungen ambulanter Pflegedienste zurückgreifen.[15] Die Höhe des Pflegegeldes liegt allerdings fast immer deutlich unterhalb dessen, was die pflegende Person als Alleinstehende zum menschenwürdigen Leben in unserer Gesellschaft benötigen würde (soziokulturelles Existenzminimum, inklusive Wohnkosten). Was die Angehörigen mit diesem Pflegegeld machen, ist ihnen überlassen; sie können es also auch verwenden, um – ergänzt durch eigenes Geld – eine »24-Stunden-Pflege« zu finanzieren.

Im innereuropäischen Vergleich zeigt sich: Migrantinnen aus Mittel- und Osteuropa werden vor allem von Südeuropäern, Österreichern und Deutschen in der häuslichen Rund-um-die-Uhr-Pflege beschäftigt. Demnach ist diese Form der Pflegearbeit insbesondere in solchen EU-Mitgliedsländern verbreitet, die die Aufgaben der Betreuung und Versorgung Pflegebedürftiger primär den Familien zuweisen. In diesen Ländern sichert der Staat das Risiko der Pflegebedürftigkeit so gut wie gar nicht ab, oder er fördert die Pflegearbeit von Angehörigen durch Geldtransfers, deren Verwendung er nicht kontrolliert. Besonders wenig irreguläre Pflegearbeit durch Migrantinnen gibt es dagegen in Schweden und den Niederlanden, in denen der Staat durch die Bereitstellung und Finanzierung hochwertiger Pflegedienstleistungen ein gutes Versorgungsniveau für alle Bürgerinnen und Bürger sicherstellt.[16]

## Erwerbs- und Sorgearbeit, Frauen und Männer, Ost und West

Wie skizziert: Das Ausmaß, in dem die Bürgerinnen und Bürger eines Landes auf die »24-Stunden-Pflege« zurückgreifen, hängt stark davon ab, wie in ihrer Gesellschaft die notwendige Pflegearbeit insgesamt organisiert ist. Verfolgt man diesen Gedanken noch etwas weiter, wird offensichtlich, dass ein wichtiger Aspekt in diesem Zusammenhang das Geschlechterverhältnis ist.[17] Frauen sind heute wesentlich häufiger als vor ein paar Jahrzehnten in das Erwerbsleben integriert. Da sich aber die Männer nicht sehr viel stärker an der Sorgearbeit beteiligen, steigt die Belastung vor allem der berufstätigen Frauen. Ohne eine deutliche Reduktion der Erwerbsarbeitszeit, die die Partner in der Summe leisten, ist es nur noch schwer möglich, das Gros der Pflege eines pflegebedürftigen Elternteils selbst zu übernehmen. Nimmt man hinzu, dass die räumliche Distanz zwischen Eltern und ihren erwachsenen Kindern heute größer ist als früher, zeichnet sich ein Trend deutlich ab: dass die Möglichkeiten, die Angehörigenpflege zu übernehmen, sinken. Zusammen mit der verbreiteten Reserve gegen stationäre Pflege und der offiziellen pflegepolitischen Linie »ambulant vor stationär« führt dieser Trend zu einer steigenden Versorgungslücke, welche die Angehörigen mit der bezahlten Pflegearbeit der Live-Ins zu schließen suchen.[18] Für die Politik hat diese Praxis im arbeitsrechtlichen Graubereich mit gesellschaftlich unsichtbaren Live-Ins einen entscheidenden Vorteil: Sie erleichtert es ihr, das immer wieder propagierte Bild der Pflege im trauten Kreis der Familie aufrechtzuerhalten.[19]

Folgt man der verbreiteten Unterscheidung zwischen Pull- und Push-Faktoren der Migration, dann kann man den hohen Bedarf der Deutschen an bezahlbarer häuslicher Pflegearbeit als entscheidenden Pull-Faktor identifizieren. Ihm gegenüber steht dann als entscheidender Push-Faktor die wirtschaftliche Krise in den Herkunftsländern und die daraus resultierende hohe Arbeitslosigkeit. Wie bereits skizziert, trafen die Massenentlassungen die Frauen zwischen 50 und 65 Jahren besonders hart. Schließlich wurde bald klar, dass die meisten von ihnen ohne Chancen auf neue Arbeitsstellen waren.

Mit der Versorgungslücke in der häuslichen Pflege, die unter anderem durch die vermehrte Berufstätigkeit von Frauen und die relativ geringe Sorgetätigkeit der Männer in Deutschland und anderen Staaten Westeuropas entstanden ist, und der Perspektivlosigkeit der Mittel- und Osteuropäerinnen auf ihrem Arbeitsmarkt – nimmt man den entscheidenden Pull- und den entscheidenden Push-Faktor für die Arbeitsmigration in die häusliche Pflege zusammen, dann entsteht das Bild eines eigentümlichen Zusammenspiels zweier gegenläufiger Trends. Die ungarische Soziologin Prof. Dr. Éva Fodor hat darauf hingewiesen, dass in den frühen 1980er Jahren die meisten mittel- und osteuropäischen Frauen zwischen 30 und 65 eine Vollzeitstelle hatten, während die meisten Frauen in Westeuropa dem Arbeitsmarkt noch fernblieben. Die wirtschaftliche Krise in Mittel- und Osteuropa und das steigende Interesse westeuropäischer Frauen, an Erwerbsarbeit zu partizipieren, trugen wesentlich zu zwei gleichzeitigen Entwicklungen in entgegengesetzte Richtungen bei: »Gerade als in den 1990er Jahren die Frauen Westeuropas in großer Zahl auf den Arbeitsmarkt drängten, waren die Frauen in Osteuropa gezwungen, diesen zu verlassen.«[20] Sofern die Mittel- und Osteuropäerinnen durch ihre Arbeitsmigration seit Mitte der 1990er Jahre in westdeutsche Privathaushalte kamen, um dort – unter anderem als Live-In-Pflegekräfte – eine Versorgungslücke zu schließen, stellt ihre transnationale Erwerbsarbeit ein Phänomen dar, das auch durch diese beiden gegenläufigen Trends mit verursacht wurde.

# II. Von Geschäftemachern und verständnisvollen Helfern
## Die Vermittlung

Wie finden die Familien, die eine Pflegekraft suchen, und die Mittel- und Osteuropäerinnen, die eine solche Arbeit übernehmen wollen, zusammen? Es ist nicht einfach, Pflege grenzüberschreitend zu organisieren.[1] So sind zu diesem Zweck in den letzten Jahren sehr viele Vermittlungsagenturen entstanden. Deren Geschäftsmodell und Kommunikationswege sind der zentrale Gegenstand des vorliegenden Kapitels. Zuvor beleuchte ich allerdings auch noch die Möglichkeit, über informelle Netzwerke nach einer Live-In-Pflegekraft zu suchen. Das war in den 1990er Jahren die einzige Möglichkeit, und sie stellt auch heute noch eine verbreitete Alternative zu den Agenturen dar. Abgeschlossen wird das Kapitel mit dem Blick auf eine andere Alternative zu den gewinnorientierten Vermittlungsagenturen: mit einem Blick auf diejenigen Vermittlungsangebote, die im Kontext der Wohlfahrtsverbände, vor allem von Caritas und Diakonie, entstanden sind.

### Kontaktaufnahme über informelle Netzwerke

In den ersten Jahren nach dem Zusammenbruch des Ostblocks erfuhren die Familien und die Live-In-Pflegekräfte fast ausschließlich über »Mund-zu-Mund-Propaganda« voneinander. Auch heute werden noch viele Kontakte zu Live-Ins über informelle Netzwerk-Kontakte angebahnt: Auf der Suche nach einer

Pflegekraft wendet sich ein Angehöriger an Bekannte, von denen er gehört hat, dass sie schon einmal für einen pflegebedürftigen Verwandten »eine Polin« im Haus hatten und dass sie mit deren Arbeit zufrieden waren. Diese rufen dann ihre frühere Pflegekraft an, die nun ihrerseits – wenn sie die Aufgabe nicht selbst übernimmt – im Bekannten- und Verwandtenkreis nach einer geeigneten freien Pflegekraft Ausschau hält. Es gibt also lokale Netzwerke von Nachfragern in Deutschland, die sich untereinander Pflegekräfte empfehlen; und zugleich gibt es Netzwerke der Anbieterinnen, die, teilweise an dem Ort, an dem sie arbeiten, miteinander verbunden sind und vor allem in ihrem Heimatland auf Freundschafts- und Verwandtschaftsbeziehungen zurückgreifen.[2]

Ohne die Netzwerke wäre eine Suche auf eigene Faust kaum möglich – oder zumindest doch ziemlich riskant. Denkbar wäre zum Beispiel die Vermittlung von Kontaktdaten über eine Internetplattform. Aber ohne die Empfehlung eines Menschen, der einem persönlich bekannt ist und den man für kompetent und integer hält, wäre das Risiko für beide Seiten hoch, an einen Vertragspartner zu geraten, der nicht vertrauenswürdig und zuverlässig ist oder den eigenen Ansprüchen nicht entspricht: an eine Arbeitnehmerin, die nicht »fleißig«, keine »anständige« Mitbewohnerin oder der deutschen Sprache kaum mächtig ist, beziehungsweise an einen Arbeitgeber, der seine Haushaltshilfen unfair behandelt und das Letzte aus ihnen »herausholt«. Dieses Risiko wird durch die Netzwerke persönlicher Bekanntschaften verringert. Im Kontext solcher Netzwerke finden Arbeitgeber und Arbeitnehmerinnen mit positiver Reputation leichter einen Vertragspartner. Familien und Pflegekräfte, die als »schwierig« aufgefallen sind, haben dagegen eher Probleme, eine neue Arbeitnehmerin beziehungsweise einen neuen Arbeitgeber zu finden.

Auf Seiten der Live-Ins gibt es jeweils kleine Gruppen, die miteinander verwandt oder eng befreundet sind. Die Gruppenmitglieder tauschen neue Anfragen vorrangig untereinander aus, vertreten sich gegenseitig und sorgen gemeinsam für funktionsfähige Rotationssysteme, in denen die beteiligten Pflegerinnen turnusmäßig einander ablösen. Zumeist sind zwei Pflegekräfte für einen Pflegehaushalt zuständig, in dem sie abwechselnd jeweils für den gleichen Zeitraum (sechs Wochen, zwei oder drei Monate) arbeiten. Entsteht – zum Beispiel durch einen Krankheitsfall in der eigenen Familie – ein Vertretungsbedarf, den die Kollegin nicht abdecken kann, springt eine weitere Verwandte oder Bekannte ein. Der Wechsel in dem selbst organisierten Rotationssystem verschafft den Frauen gewisse Freiräume und erleichtert es ihnen, die psychischen und physischen Herausforderungen der belastenden Rund-um-die-Uhr-Pflege zu meistern. Mit der Gruppenbildung rund um das Rotationssystem werden mögliche Konkurrenten von den Arbeitsstellen, die »rekrutiert« wurden und als gut angesehen sind, ferngehalten. Die Beteiligten können sich aufeinander, auf die Informationen, die über die Entwicklungen in den Pflegehaushalten übermittelt werden, und auf eine gute Pflegearbeit vor Ort verlassen. Damit dient die Gruppenbildung auch der Qualitätssicherung der angebotenen Pflegearbeit.[3]

Die informellen Netzwerke, über die Angehörige und Pflegekräfte zusammenfinden, sind teilweise auch im Kontext von Organisationen entstanden, in denen verlässliche persönliche Beziehungen über nationalstaatliche Grenzen hinweg geknüpft werden konnten. Das kann durchaus zu skurril anmutenden Konstellationen führen. In den 1990er Jahren halfen katholische Geistliche und Ordensleute sogar mitunter bei der Vermittlung polnischer Pflegekräfte in deutsche Familien. Heute gibt es hierzulande auch vereinzelt Kommunen, deren Bürger/-innen die persönlichen Beziehungen aus einer Städtepartnerschaft systematisch nutzen, um in einer Partnerstadt etwa in Polen geeignete Betreuerinnen für Pflegebedürftige in Deutschland zu suchen.[4]

## Zumeist im Graubereich – das Geschäftsmodell der Vermittlungsagenturen

Neben die Kontaktaufnahme über persönliche Netzwerke ist in den letzten zehn Jahren vermehrt das Angebot privater Vermittlungsagenturen getreten. Mittlerweile dürften in Deutschland die meisten Beschäftigungsverhältnisse in der »24-Stunden-Pflege« über die Vermittlung solcher Agenturen zustande kommen.[5] Anders als bei den Empfehlungen und der Kontaktaufnahme über persönliche Netzwerke fällt bei der Vermittlungstätigkeit einer Agentur natürlich ein Honorar an.

Dabei scheint das Geschäftsmodell insgesamt recht einträglich zu sein; denn die Agenturen sind in den letzten zehn Jahren ins Kraut geschossen. Das Googeln mit »24 Stunden Pflege« führt zu einer Vielzahl an Angeboten – häufig unter vielversprechenden Namen wie »Deutsche Seniorenbetreuung«, »Hausengel«, »Engeldaheim«, »Procurvita«, »Pflege-Institut« oder »Lebenshilfe24«.[6] Zu den Marketingstrategien der Agenturen gehört es, dass sie für die Vermittlung auf das Bild effizienter Dienstleister setzen und zugleich für die Pflege selbst auf Nächstenliebe, emotionale Nähe und familienähnliche Zuwendung – in Abgrenzung von den als herzlos und technokratisch charakterisierten Pflegeheimen.[7] Im Kontrast zu den wohlklingenden Namen und dem beinahe romantischen Pflegeimage steht, dass es bei den Agenturen um die Vermittlung von Arbeitsverhältnissen geht, die nach wie vor in einer rechtlichen Grauzone angesiedelt sind. Dabei haben die Agenturen ihr Geschäftsmodell allerdings geschickt zugeschnitten: Einerseits werden die arbeitsrechtlichen Standards der Bundesrepublik und der hier etablierte Arbeitnehmerschutz weitgehend umgangen. Andererseits halten sie sich im Normalfall aus dem Beschäftigungs- beziehungsweise Dienstleistungsverhältnis der Pflegekraft, in dem die rechtlichen Probleme vor allem auftreten könnten, völlig heraus. Die Rolle von Arbeit- oder Auftraggebern für die Pflegekräfte überlassen sie anderen.[8]

So treten die in Deutschland tätigen Agenturen selbst zumeist nur als Vertragspartner des Pflegebedürftigen oder eines Angehörigen auf. Mit ihm schließen sie einen Betreuungsvertrag ab. Darin verpflichten sie sich, gegen ein Honorar (wenn es ausgewiesen wird, liegt es pro Jahr etwas unter oder um die 1000 Euro) Pflegekräfte zu vermitteln, die jeweils über mehrere Wochen dem erhobenen Bedarf an hauswirtschaftlichen und pflegerischen Tätigkeiten zu den vereinbarten Gesamtkosten entsprechen werden. Im Allgemeinen wird auch zugesagt, für schnellen Ersatz zu sorgen, falls wider Erwarten – wie es dann meist heißt –»die Chemie nicht stimmen« sollte, falls also der Pflegebedürftige oder seine Angehörigen und die vermittelte Pflegekraft nicht miteinander zurechtkommen sollten.

Für die Vertragsverhältnisse zwischen den übrigen Beteiligten – also für alle Beteiligten außer der in Deutschland ansässigen Vermittlungsagentur – gibt es verschiedene Modelle. Dabei kann man drei rechtliche Grundtypen unterscheiden, die in den Vertragstexten zwischen den Beteiligten angezielt werden: 1) ein direkter Arbeitsvertrag zwischen dem Pflegebedürftigen oder einem Angehörigen in Deutschland und der Pflegekraft aus Mittel- oder Osteuropa, 2) ein Arbeitsvertrag zwischen der Pflegekraft und einem in ihrem Herkunftsland ansässigen Partnerunternehmen der deutschen Vermittlungsagentur, der ergänzt wird durch einen Dienstleistungsvertrag zwischen diesem Unternehmen im Herkunftsland und dem Pflegebedürftigen oder einem Angehörigen in Deutschland sowie 3) ein Dienstleistungsvertrag zwischen dem Pflegebedürftigen oder einem Angehörigen in Deutschland und einer in diesem Fall als Selbständige auftretenden Pflegekraft aus Mittel- oder Osteuropa.

Die Vermittlungsagenturen setzen fast nie auf direkte Arbeitsverhältnisse zwischen den Pflegekräften und den Pflegebedürftigen oder ihren Angehörigen (1). Vielmehr entscheiden sie sich – als angezielte Rechtsformen – für die zumeist als Entsendung bezeichnete zweite Konstellation oder die dritte Konstellation, die Selbständigkeit. Diese unterscheiden sich darin, dass in dem einen Fall (2) ein in Polen oder einem anderen Herkunftsland ansässiges Unternehmen auch als Arbeitgeber der Pflegekraft fungiert, während es in dem anderen Fall (3) im Herkunftsland keinen solchen Arbeitgeber gibt, sondern nur eine Vermittlungs-agentur. Deren Aufgabe besteht dann ausschließlich darin, im eigenen Land Personen ausfindig zu machen, die Interesse an einer Arbeit in der »24-Stunden-Pflege« haben, deren Fähigkeiten (zum Beispiel Deutschkenntnisse, Pflegekompetenzen) und Einsatz-bereitschaft (zum Beispiel Nachtdienste, Demenzbetreuung) zu erfassen und diese dann – in Kooperation mit der deutschen Vermittlungsagentur – mit Familien in Deutschland zusammenzu-bringen, die eine Pflegekraft mit den entsprechenden Eigenschaften wünschen.

Insgesamt haben wir es also mit einer transnationalen Branche zu tun – mit Vermittlungsagenturen, die in Deutschland ansässig sind, und mit ihren Geschäftspartnern in Polen und anderen mittel- und osteuropäischen Staaten. Diese Geschäftspartner können selbst ausschließlich als Vermittlungsagenturen auftreten oder sie fungieren als Arbeitgeber der nach Deutschland vermittelten Pflege-kräfte oder sie übernehmen beide Funktionen. Zudem gibt es Agenturen, die in Deutschland *und* zugleich auch im Ausland un-ternehmerisch tätig sind. Wenn ich in diesem Buch von der Bran-che der Vermittlungsagenturen spreche, geht es um alle diese Ak-teure, also um die in Deutschland tätigen Agenturen *und* ihre Geschäftspartner in Polen und anderen Herkunftsländern.

Bei der kurzen Vorstellung der Vertragsverhältnisse, für die vermittelt wird, habe ich vorsichtige Formulierungen gewählt: »angezielte Rechtsformen«, »zumeist als Entsendung bezeich-nete Konstellation«. Mit dieser etwas umständlichen Ausdrucks-weise wollte ich anklingen lassen, dass es bei diesen Verträgen einige Rechtsprobleme gibt, die ich erst im nächsten Kapitel et-was genauer untersuchen werde. Diese Probleme scheinen so-gar so weitreichend zu sein, dass die üblicherweise angezielten Rechtsformen häufig überhaupt nicht rechtskräftig sind[9]: Wenn etwa ein Unternehmen aus Polen oder einem anderen Her-kunftsland eine Pflegekraft in einen deutschen Privathaushalt schickt (2), handelt es sich manches Mal gar nicht um Entsen-dung, weil die EU-rechtlichen Voraussetzungen hierfür nicht er-füllt sind. In diesen Fällen werden die Pflegekräfte nach Deutschland auf »Dienstreise« geschickt[10] – eine ziemlich dubiose rechtliche Konstruktion. Und wenn von Live-In-Pflegekräften als »Selbständigen« die Rede ist (3), handelt es sich zumeist nur um Scheinselbständigkeit.[11] Für die beiden von Vermittlungsagenturen bevorzugten Varianten, die »Entsendung« und die »Selbständigkeit«, gilt also, dass mit ihnen häufig die »24-Stunden-Pflege« in rechtlich schwierige Gewässer gerät. Allerdings bieten die Vermittlungsagenturen beziehungsweise ihre Geschäftspartner aus den Herkunftsländern den Familien die Möglichkeit, sich der rechtlichen (Mit-)Verantwortung für die damit verbundenen Probleme weitestgehend zu entziehen. Das ist dann der Fall, wenn die Pflegekraft – gleichgültig, ob sie als entsandt oder als selbständig bezeichnet wird – eine gültige A1-Bescheinigung vorlegen kann. Mit dieser bestätigt der Herkunftsstaat der Pflegekraft, dass die betreffende Arbeitnehmerin beziehungsweise Selbständige den nationalen Vorschriften zur Sozialversicherung entspricht und dort Sozialversicherungsbeiträge abführt. Diese A1-Bescheinigung scheint rechtlich eine sehr hohe Hürde darzustellen, die deutsche Behörden zumeist davon abhalten dürfte, gegen Familien vorzugehen, die auf die Hilfe von Live-In-Pflegekräften zurückgreifen.[12]

## Standardisierte Kommunikation und persönliche Kontakte – wie die Agenturen die Familien und die Pflegekräfte zusammenbringen

Nach dem unumgänglichen Vorausgriff auf rechtliche Probleme werde ich nun das Verhältnis der in Deutschland ansässigen Vermittlungsagenturen und ihrer Geschäftspartner aus den Herkunftsländern einerseits zu den Pflegebedürftigen und ihren Angehörigen, andererseits zu den Pflegekräften in den Blick nehmen. Dabei folge ich der Soziologin Dr. Johanna Krawietz, die in ihrer Zeit am Institut für Sozial- und Organisationspädagogik der Universität Hildesheim eine lesenswerte Promotion über die Branche der Vermittlungsagenturen geschrieben hat.[13]

Die Beziehungen zwischen in Deutschland ansässigen Vermittlungsagenturen und den Familien der Pflegebedürftigen bleiben fast durchweg unpersönlich und anonym. Die Kommunikation läuft weithin über Online-Formulare, Print-Fragebögen, E-Mails und Telefonate. Eine wichtige Rolle spielen die online oder handschriftlich ausgefüllten Profilbögen, über die der Versorgungsbedarf des Pflegebedürftigen (Pflegestufe, gegebenenfalls Ausmaß der Demenz, weitere gesundheitliche Beeinträchtigungen, nächtliche Toilettengänge et cetera) und Erwartungen der Angehörigen an die Pflegekraft (unter anderem das Niveau der Deutschkenntnisse, Besitz eines Führerscheins sowie Erwartungen in Bezug auf hauswirtschaftliche Verpflichtungen) ermittelt werden. Nur ganz wenige Agenturen setzen im Kontakt mit den Familien auf persönliche Begegnung und Besuche in den Pflegehaushalten.[14] Die Kosten dafür werden von ihnen offensichtlich als zu hoch angesehen. Das ist weniger naheliegend als es zunächst klingt. Denn die Beschränkung auf Brief-, Online- und Telekommunikation bietet den Angehörigen viele Möglichkeiten, den Aufwand bei der Versorgung des Pflegebedürftigen (zum Beispiel nächtliche Toilettengänge, Grad der Demenz, weitere Erkrankungen, Umfang der notwendigen Hilfestellungen) und damit auch die von ihnen zu zahlende Vergütung klein zu rechnen. Tatsächlich scheinen die Angehörigen von diesen Möglichkeiten zum Schummeln auch recht häufig Gebrauch zu machen.[15]

Die Beziehungen zwischen den Vermittlungsagenturen (beziehungsweise den als Arbeitgeber auftretenden Unternehmen) in Mittel- und Osteuropa und den dort lebenden Interessentinnen für einen Einsatz in Deutschland sind etwas anders gelagert als die Beziehungen zwischen den Agenturen und den Familien in Deutschland. Zwar gibt es auch hier Unternehmen, die bei der Suche nach möglichen Pflegekräften ausschließlich auf Werbung, standardisierte Fragebögen sowie auf E-Mails und kurze Telefonanrufe setzen. Aber viele Unternehmen möchten die Personen, die sie vermitteln, zunächst kennenlernen und bei den Interessentinnen mögliche Bedenken – zum

Beispiel die Angst, zur Prostitution gezwungen zu werden – zerstreuen. Sie bemühen sich daher um persönliche Kontakte. Teils arbeiten sie dazu mit Agenten zusammen, die in verschiedenen Regionen vor Ort sind und mit den Interessentinnen dort persönliche Gespräche führen. Teils führen die Agenturen auch Qualifikationskurse durch, die aber, wie die Journalistin Ingeborg Haffert berichtet, häufig sehr kurz sind, oft sogar nur eintägig.[16] Die Kurse sollen nicht nur in der deutschen Sprache oder in Pflegefragen weiterbilden, sondern werden von den Agenturen auch genutzt, um das Sozialverhalten der Interessentinnen zu erkunden.[17]

Haben die zuständigen Mitarbeiter in der Agentur in Deutschland und ihre Geschäftspartner im Herkunftsland der Pflegekraft den Eindruck, dass eine Familie mit Pflegeverantwortung und eine Pflegekraft zusammenpassen, können die Verträge geschlossen und die Reise der Pflegekraft zu ihrer künftigen Arbeitsstelle organisiert werden. Offenbar gibt es auch Agenturen, die dem Abschluss der Verträge noch ein erstes Treffen der Pflegekraft mit dem Pflegebedürftigen und seiner Familie vorschalten. Bei einer Tasse Kaffee im Pflegehaushalt können die Beteiligten einander »abtasten«, also ein Gefühl dafür entwickeln, ob sie zueinander passen. Für diese ersten Treffen gibt es dann eigene Mitarbeiterinnen, die als eine Art Außendienst die Familie und die Pflegekraft auch nach Vertragsschluss noch durch regelmäßige Kontaktaufnahme begleiten sollen. Eine solche kontinuierliche, persönliche Betreuung durch die Agentur ist aber leider die Ausnahme und nicht die Regel.[18] Zumeist besteht die weitere Arbeit der Agenturen im Wesentlichen darin, für die Pflegekraft eine Kollegin zu besorgen, wenn diese und die Familie nicht miteinander zurechtkommen oder wenn sie für eine längere Erholungsphase in ihr Herkunftsland reist.

Laut Ingeborg Haffert setzt ein Teil der Agenturen die Pflegekräfte erheblich unter Druck. Zum Teil müssten die vermittelten Frauen sogar Schweigeklauseln unterschreiben, in denen sie zusagen, mit niemandem über ihren Lohn und ihre Arbeitsbedingungen zu sprechen. Wer sich bei der Agentur über besonders schlechte Arbeitsbedingungen in einem Pflegehaushalt beschwere, werde gegebenenfalls gar nicht mehr oder nur noch in Familien, die als problematisch bekannt seien, vermittelt. Schließlich werde manchmal auch für den Fall, dass sich Kunden beschwerten, mit Strafen gedroht.[19]

## Branche im Zwielicht

Welches Gesamtbild ergibt sich für die Branche der Vermittlungsagenturen aus ethischer Perspektive? In der Branche scheinen einige Akteure solide zu arbeiten. Sie bemühen sich, das Ihre dazu beizutragen, dass die Familien mit Pflegeverantwortung und die Pflegekräfte zu einem für beide Seiten zufriedenstellenden Pflegearrangement finden. Allerdings gehören viele Vertragsverhältnisse, für die die Agenturen vermitteln, in den rechtlichen Graubereich. Neben der Scheinselbständigkeit gibt es auch das Problem windiger Dienstreise-Konstruktionen. Hinzu kommt, dass in der Branche manch gewissenloser Geschäftemacher unterwegs ist, der für sein Honorar wenig Leistung erbringt und von ausbeuterischen Verträgen profitiert. In den Herkunftsländern der Pflegekräfte gibt es Unternehmer, die ein Großteil der regelmäßigen Zahlungen aus Deutschland »in die eigene Tasche stecken« und gerade einmal die Hälfte dieser Einnahmen an die Pflegekräfte auszuzahlen.[20] Ich halte es für unwahrscheinlich, dass die Inhaber der Agenturen in Deutschland, die mit solchen Unternehmern in Ost- und Mitteleuropa zusammenarbeiten, von diesen und anderen problematischen Praktiken nichts wissen. Damit entsteht insgesamt das Bild einer eher zwielichtigen Branche, die nicht zufällig auch »miese Typen« anzieht.

## Alternative: Vermittlungsangebote im Kontext der Wohlfahrtsverbände

Neben den privaten – im Sinne von: gewinnorientierten – Vermittlungsagenturen haben vor einigen Jahren auch frei-gemeinnützige Träger, also Anbieter aus dem Bereich der Wohlfahrtsverbände, damit begonnen, in Kooperation mit ausgewählten Agenturen Mittel- und Osteuropäerinnen in die »24-Stunden-Pflege« zu vermitteln. Offenbar sind hier vor allem Anbieter aus den beiden kirchlichen Wohlfahrtsorganisationen, der Diakonie und der Caritas, aktiv geworden. Bei einer Durchsicht einschlägiger Internetseiten fällt auf, dass auch bei diesen Trägern in verschiedene Vertragsformen vermittelt wird. Zwar scheint die Vermittlung von Mittel- und Osteuropäerinnen, mit denen die Pflegebedürftigen oder ihre Angehörigen selbst einen Arbeitsvertrag schließen (rechtliche Grundform 1), im Vordergrund zu stehen. Mit dieser – offenbar solidesten – Rechtsform, bei der die Familie mit Pflegeverantwortung selbst die Arbeitgeberrolle übernimmt, arbeitet unter anderem Caritas24 (auch CariFair genannt), im Bereich der Vermittlung von Live-In-Pflegekräften wohl die größte Anbietergruppe aus den Reihen der Wohlfahrtsverbände. Andere Träger der Wohlfahrtsverbände versprechen eine reguläre *Entsendung* der Live-Ins (2). Schließlich gibt es – oder zumindest: gab es – im Bereich der Diakonie sogar Angebote, bei denen die Vermittlung trotz der offensichtlichen rechtlichen Probleme auf Dienstleistungsverträge der Pflegefamilien mit *selbständigen* Pflegekräften (3) zielt(e).[21]

Auch wenn es keinen Überblick über die Angebotspalette der Wohlfahrtsverbände im Vermittlungsbereich gibt, scheint es hier üblich zu sein, dass die Familien mit Pflegeverantwortung und die Pflegekräfte kontinuierlich begleitet werden. Koordinatorinnen, die eigens dafür eingestellt wurden, halten Kontakt zu den Beteiligten, besuchen – mehr oder minder regelmäßig – die Pflegehaushalte und erkundigen sich nach Problemen und Konflikten. In der Evaluation der recht großen Anbietergruppe »Caritas24« durch das Deutsche Institut für angewandte Pflegeforschung wird deutlich, wie sehr beide Seiten die Unterstützung durch die Koordinatorinnen schätzen. Die Familien sind froh, bei Fragen und kleinen Konflikten einen Ansprechpartner zu haben. Die Pflegekräfte geben unter anderem an, dass ihnen die Begleitung Sicherheit gibt – womit offenbar auch Schutz davor gemeint ist, von der Familie ausgenutzt zu werden. Allerdings wird auch Verbesserungsbedarf bezüglich der Erreichbarkeit und der Kontakthäufigkeit der Koordinatorinnen angemahnt.[22] Trotz solcher Einschränkungen ist der Aspekt der kontinuierlichen Betreuung wohl ein wichtiger Vorteil der meisten einschlägigen Angebote der Wohlfahrtsverbände. Das lässt sich mit Sicherheit zumindest für die beiden recht gut durchdachten und weit entwickelten Angebote »Caritas24« und – im Verbund der Diakonie – FairCare des Vereins für Internationale Jugendarbeit (vij) in Stuttgart sagen.[23] Während sich die privaten Agenturen fast immer darauf beschränken, zur Ablösung oder zur Beendigung eines verfahrenen Konfliktes zwischen Familie und Pflegekraft neue Live-Ins zu vermitteln, gibt es hier für den Alltag im Pflegearrangement zumindest etwas Unterstützung – einschließlich einer begrenzten externen Kontrolle des höchst prekären Beschäftigungsverhältnisses der mittel- oder osteuropäischen Pflegekraft.

Als weiterer positiver Aspekt kommt hinzu, dass man erwarten darf, dass sich die Träger aus dem Bereich der Wohlfahrtsverbände solide Geschäftspartner suchen, dass sie also nur mit solchen Agenturen zusammenarbeiten, von deren fairem Umgang mit den Pflegekräften sie sich überzeugt haben. Da die Reputation der Wohlfahrtsverbände – gerade der kirchlichen Wohlfahrtsverbände – beträchtlich ist, wäre das Risiko, wegen der Zusammenarbeit mit einem ausbeuterischen Geschäftspartner ins Gerede zu kommen, sehr hoch. Allerdings, sicher kann man auch bei Angeboten aus dem Umfeld der Wohlfahrtsverbände nicht sein. Immerhin gab oder gibt es – trotz des großen Problems der Scheinselbständigkeit – auch hier Vermittlungen, die auf Dienstleistungsverträge mit selbständigen Live-In-Pflegekräften ziel(t)en.[24] Dieser Umstand lässt erahnen, dass selbst die Rückbindung an einen Wohlfahrtsverband keine absolut verlässliche Garantie für solide Geschäftspraktiken darstellt.

# III. »24-Stunden-Pflege« durch *eine* Pflegekraft?
## Warum es oft nicht legal ist und Rechtsfragen in jedem Fall offen bleiben

In den 1990er Jahren begannen in Deutschland immer mehr Familien mit Pflegeverantwortung auf die »24-Stunden-Pflege« zurückzugreifen. Vor allem in den Jahren um die Jahrtausendwende beschleunigte sich das Wachstum dieses Marktes. Polen war damals noch nicht Mitglied der Europäischen Union. Deshalb kamen die meisten polnischen Arbeitnehmerinnen mit einem Touristenvisum in die Bundesrepublik. In der häuslichen Pflege arbeiteten sie dann nicht nur schwarz, sondern auch ohne Arbeitserlaubnis. So war die schnell expandierende »Branche« in besonderem Maße von einer Spannung gekennzeichnet: Einerseits waren die Arbeitsverhältnisse in die Privatsphäre der Arbeitgeber eingebunden, die wir gerne als Hort vertrauensvoller und fürsorglicher Beziehungen sehen; andererseits fand die »24-Stunden-Pflege« in der arbeits- und aufenthaltsrechtlichen Illegalität statt. Auf die Spitze getrieben wurde dieser Gegensatz, als die Frankfurter Staatsanwaltschaft im Jahr 2001 eine bundesweite Großrazzia bei 350 Familien mit Pflegeverantwortung veranlasste – und anschließend der Presse von unguten Gefühlen berichtete, die man bei den Durchsuchungen gehabt habe. Das schlechte Gewissen nutzte den 200 Mittel- und Osteuropäerinnen, die man bei der Razzia als unangemeldete Arbeitnehmerinnen aufspürte, wenig; sie wurden abgeschoben.[1]

Heute sind wir von den Zeiten weit entfernt, in denen die Live-In-Pflegekräfte und die Familien, die sie beschäftigten, damit rechnen mussten, dass die Behörden aus eigenem Antrieb

Nachforschungen aufnehmen und gegebenenfalls Strafverfahren einleiten würden. Mittlerweile gehören Polen, Ungarn, Tschechien und die Slowakei, aber auch Bulgarien und Rumänien zur EU; ihre Bürgerinnen und Bürger sind arbeitsrechtlich den Deutschen gleichgestellt. Ohne Einschränkungen können sie in der Bundesrepublik eine Arbeitsstelle annehmen oder auch als Selbständige Dienstleistungen anbieten. Aus den genannten EU-Mitgliedsstaaten kommt offenbar die weit überwiegende Mehrheit der Live-Ins, die heute in Deutschland tätig sind. Mit dem Aufenthaltsstatus und dem Zugang zum regulären Arbeitsmarkt gibt es bei den Pflegekräften, die in deutschen Privathaushalten tätig sind, also nur noch selten Probleme.[2] Die Politik bemüht sich, gesetzliche Regelungen – zum Beispiel zur Arbeitszeit – so vorzunehmen, dass es möglichst nicht zu Gesetzesverstößen kommen kann.

Wie in diesem Kapitel deutlich werden soll, sind mit der »24-Stunden-Pflege« trotzdem auch heute noch zahlreiche rechtliche Probleme verbunden. Sie bleiben aber weitgehend unsichtbar – auch weil Polizei und Staatsanwaltschaft schon seit Jahren nicht mehr untersuchen, ob die Live-In-Pflegekräfte legal beschäftigt sind. Dabei dürften auch in der Gegenwart die meisten dieser Arbeitsverhältnisse im Graubereich irregulärer Beschäftigung liegen. Die Spannung zwischen der Privatsphäre vertrauensvoller und fürsorglicher Beziehungen und der Illegalität vieler Arbeitsverhältnisse ist also nach wie vor für die »24-Stunden-Pflege« kennzeichnend.

Findet die Familie mit Pflegeverantwortung und die Pflegekraft über »Mund-zu-Mund-Propaganda« zueinander, entsteht häufig ein Beschäftigungsverhältnis ohne schriftlichen Arbeitsvertrag, bei dem weder Steuern noch Sozialabgaben abgeführt werden. Zu solcher Schwarzarbeit dürfte es in Deutschland etwa bei der Hälfte der Pflegehaushalte mit einer Live-In kommen, schätzt die Sozialwissenschaftlerin Dr. Margret Steffen, die bei ver.di die Entwicklung der »24-Stunden-Pflege« seit langem intensiv beobachtet.[3] Beschäftigungsverhältnisse, die als Schwarzarbeit gelten, stehen eindeutig im Widerspruch zum geltenden

Arbeits- und Sozialrecht. Daneben gibt es – vor allem organisiert und unterstützt von den Vermittlungsagenturen – mehrere Vertragstypen, die auf eine legale Form von Erwerbsarbeit zielen. Bei näherer Betrachtung zeigt sich jedoch, dass auch diese teilweise kein legales Arbeitsverhältnis begründen.

Im Folgenden stelle ich dar, welche rechtlichen Probleme und Fragen mit welchen Vertragstypen verbunden sind. Dabei beginne ich mit dem Typ der Selbständigkeit, um anschließend die Entsendung und eine weitere Vertragsform, die von vielen Agenturen fälschlicherweise als Entsendung »verkauft« wird, in den Blick zu nehmen. Dann geht es um die Bedeutung der Entsendebescheinigung. Ich ende mit dem relativ seltenen Fall, dass der Pflegebedürftige oder einer seiner Angehörigen sich als regulärer Arbeitgeber sieht, einen schriftlichen Vertrag mit der Pflegekraft schließt und allen seinen Melde- und Zahlungsverpflichtungen nachkommt. Nur Familien, die den Aufwand eines solchen direkten Arbeitsvertrages nicht scheuen, können sich sicher sein, die Live-In nicht doch illegal zu beschäftigen. Aber selbst hier gibt es rechtliche Probleme, die auf das Zeitregime der »24-Stunden-Pflege« zurückgehen.[4]

## Live-Ins im Normalfall nicht selbständig, sondern nur scheinselbständig

Sehr viele Vermittlungsagenturen versprechen die Vermittlung von Pflegekräften, die Selbständige sind; wahrscheinlich ist es aktuell sogar die Mehrheit der Agenturen. Tatsächlich steht es Polinnen, Ungarinnen, Tschechinnen, Slowakinnen, Bulgarinnen und Rumäninnen heute frei, in Deutschland als Selbständige zu arbeiten und Privathaushalten Pflegedienstleistungen anzubieten. Sie haben dabei die freie Wahl, ob sie ihr Gewerbe in Deutschland oder in ihrem Herkunftsland anmelden. Folgt man der Darstellung der Vermittlungsagenturen, dann schließt die Familie mit Pflegeverantwortung zwei Dienstleistungsverträge ab: einen mit der in Deutschland ansässigen Agentur über die Vermittlungsdienstleistung und einen mit der Pflegekraft aus Mittel- oder Osteuropa über die im Pflegehaushalt zu erbringenden Leistungen. Allerdings sind sich die deutschen Arbeitsrechtler darin einig, dass eine Pflegekraft, die in einem Haushalt lebt und ausschließlich dort für einen Pflegebedürftigen hauswirtschaftliche und pflegerische Leistungen erbringt, nicht selbständig sein kann.[5] Insofern kommt statt des vermeintlichen Dienstleistungsvertrags zwischen der Live-In und der Familie in Wirklichkeit ein Arbeitsvertrag zustande.

Ob eine Erwerbstätigkeit als Selbständigkeit einzuschätzen ist, muss anhand des Gesamtbildes entschieden werden. Als Kennzeichen, die für Selbständigkeit sprechen, gelten unter anderem das Tragen eines unternehmerischen Risikos, die Existenz einer eigenen Betriebsstätte oder zumindest der Einsatz eigenen Kapitals und eigener Betriebsmittel sowie eine weitgehend frei gestaltete Tätigkeit und Arbeitszeit. So ist davon auszugehen, dass eine Pflegekraft, die nur für einen Pflegebedürftigen[6] (beinahe) rund um die Uhr arbeitet und bei diesem wohnt, im Normalfall nicht selbständig ist: Sie trägt kein eigenes Unternehmerrisiko, setzt nur Arbeitsmittel ein, die ihr gestellt werden, ist mit ihren Tätigkeiten ganz in die Abläufe des Pflegehaushalts eingebunden, arbeitet zumeist nach den Weisungen eines Angehörigen, die dieser gegebenenfalls auch in eigenem Ermessen verändern kann, ist persönlich zur Anwesenheit verpflichtet und kann ihre Arbeitszeit nicht frei wählen; auch verfügt sie über keinen Freiraum, Aufträge anderer Personen einzuwerben und auszuführen.[7] Zu der Einschätzung, dass Live-Ins, die von ihren Vermittlern als Selbständige bezeichnet wurden, scheinselbständig waren, kam in einem Fall auch das Amtsgericht München.[8]

Prinzipiell können nicht nur die Vermittler, sondern auch die Familien mit Pflegeverantwortung, die scheinselbständige Live-Ins in ihren Haushalten einsetzen, belangt werden. Fliegt eine scheinbare Selbständigkeit auf, gilt die Pflegekraft als abhängig beschäftigt. Die Familie muss für sie dann zumindest die Sozialversicherungsbeiträge nachzahlen. Trotzdem haben Pflegebedürftige und Angehörige, die eine mittel- oder osteuropäische Pflegekraft beauftragen, wenig zu befürchten, *wenn* sich diese in ihrem Herkunftsland als Selbständige angemeldet hat und ihnen eine gültige sogenannte A1-Bescheinigung vorlegt.

Auf diese Entsendebescheinigung werde ich später noch eingehen. Hier sei nur noch kurz erwähnt, dass ich in diesem Buch alle Live-In-Pflegekräfte als Arbeitnehmerinnen bezeichne und immer wieder von »Beschäftigung« oder »Beschäftigungsverhältnissen« spreche, weil Live-Ins im Allgemeinen nicht als Selbständige in deutschen Pflegehaushalten tätig werden können. Wenn es nicht um rechtliche Fragen geht, bezeichne ich zudem jeweils die Pflegebedürftigen selbst oder ihre Angehörigen als Arbeitgeber der Pflegekraft. Prinzipiell können Live-Ins allerdings auch bei einem Unternehmen in ihrem Herkunftsland beschäftigt sein – wie das bei den beiden Rechtsformen, die ich im Folgenden darstelle, zumindest angezielt ist.

## Die Entsendung und ihre Tücken

Sofern die Vermittlungsagenturen Aussagen über die Rechtsform machen, in der die vermittelten Live-Ins tätig werden, und nicht von selbständigen Haushaltshilfen oder Pflegekräften sprechen, behaupten sie, dass sie gemeinsam mit einem Partnerunternehmen im Herkunftsland der Live-In das Modell der Entsendung praktizieren.

Wie bei der behaupteten Selbständigkeit, so schließt die Familie mit Pflegeverantwortung auch hier zwei Dienstleistungsverträge ab – einen Vertrag mit der in Deutschland ansässigen Vermittlungsagentur, den anderen über das Erbringen der Pflegeleistung jetzt allerdings mit dem Unternehmen aus dem Herkunftsland. Das ausländische Unternehmen wiederum fungiert als Arbeitgeber der Live-In.

Der entscheidende Vorteil des Entsendemodells liegt darin, dass die Familien mit Pflegeverantwortung weder die Rolle des Arbeitgebers und die damit verbundenen Verpflichtungen übernehmen noch Ärger wegen Scheinselbständigkeit befürchten müssen. Dennoch sind die von ihr zu tragenden Kosten bei der Entsendung mit denen bei Scheinselbständigkeit oder Schwarzarbeit vergleichbar. Aber auch für die Unternehmen im Herkunftsland der Live-In war die Entsendung einige Jahre lang sehr attraktiv. Denn für ihre Beschäftigten gilt weitgehend das Arbeitsrecht des Herkunftslandes. Hier werden auch Steuern und Sozialversicherungsbeiträge fällig.[9] Vor allem konnten die entsendenden Unternehmen bis Ende 2014 den Lohn der Live-Ins stärker am Einkommensniveau des eigenen Landes orientieren. Mit der Einführung des gesetzlichen Mindestlohnes in Deutschland am 1. Januar 2015 ist dem allerdings ein Riegel vorgeschoben. Nun sind die entsendenden Unternehmen gezwungen, ihren Beschäftigten mindestens 8,50 Euro pro Stunde zu zahlen.[10] Das entspricht bei einer Vollzeitstelle gut 1 400 Euro im Monat. Der Mindestlohn im Land des Entsendeunternehmens, der bis Ende 2014 die absolute Lohnuntergrenze markierte, liegt natürlich deutlich unter dieser deutschen Marke (in Polen beispielsweise aktuell bei umgerechnet etwa 450 Euro), so dass es für die Unternehmen bis Dezember 2014 sehr viel mehr Gestaltungsspielraum gab – sprich: sie hatten sehr viel mehr Möglichkeiten, die Lohnkosten auf einem niedrigeren Niveau zu halten.

Der gesetzliche Mindestlohn der Bundesrepublik ist aber nicht das einzige Problem, das sich den Unternehmen in den Herkunftsländern der Live-Ins bei Entsendung stellt. Europarechtlich ist eine Entsendung unter anderem an die Bedingung gebunden, dass das Entsendeunternehmen in seinem eigenen Land in dem gleichen oder in einem ähnlichen Geschäft aktiv ist wie im Zielland der Entsendung. Zugang zum lukrativen deutschen Markt für häusliche Pflege haben demnach nur Unternehmen, die in ihrem Land Pflegedienstleistungen anbieten.[11] Das dürfte auf viele mittel- oder osteuropäische Partnerunternehmen der deutschen Vermittlungsagenturen nicht zutreffen. Zudem darf bei Entsendung keine dauerhafte Dienstleistung angeboten werden. Nach 24 Monaten müsste der Dienstleistungsvertrag zwischen der Familie mit Pflegeverantwortung und dem Unternehmen im Herkunftsland der Live-In eigentlich auslaufen. Die bisherige Pflegekraft durch eine neue abzulösen reicht auf jeden Fall nicht aus.[12]

Auch für die Familie mit Pflegeverantwortung gibt es beim Entsendemodell einen Wermutstropfen. Da das Unternehmen aus dem Herkunftsland als Arbeitgeber fungiert, ist aus rechtlicher Sicht auch nur dieses befugt, der Live-In Weisungen – zum Beispiel bezüglich der Arbeitszeit oder zur Art und Weise einzelner pflegerischer Tätigkeiten – zu geben. Der Pflegebedürftige oder ein Angehöriger dürfen das nicht. Zudem kommt es häufig vor, dass sich die Leistungen verändern, die in einem Pflegehaushalt zu erbringen sind. Zum Beispiel kann sich im Alltag eine bestimmte Arbeitsteilung zwischen Angehörigen und Pflegekraft als praktikabler herausstellen, oder der Pflegebedarf des Gepflegten ändert sich. In diesen Fällen müssten eigentlich die Familie und das Unternehmen die eingekauften Dienstleistungen und deren Preis neu aushandeln. Zugleich müsste sich das Unternehmen als Arbeitgeber mit der Live-In als Arbeitnehmerin neu über ihre Tätigkeiten vor Ort einigen.[13] Das ist natürlich nicht praktikabel; dass es anders geschieht, entspricht aber nicht der Rechtslage.

Zum Teil wird in der arbeitsrechtlichen Literatur darauf verwiesen: Der Umstand, dass solche Bedingungen der Entsendung bei der Arbeit von Live-Ins in Pflegehaushalten nicht erfüllt sind, kann weitreichende rechtliche Folgen für den Pflegebedürftigen und seine Angehörigen haben. Aus der Entsendung kann so unter Umständen eine Arbeitnehmerüberlassung werden, für die es einer Erlaubnis bedarf. Ohne diese Erlaubnis wäre das Arbeitsverhältnis zwischen dem Unternehmen und der Arbeitnehmerin unwirksam. Damit wäre die Familie wieder in der gleichen Position wie bei Scheinselbständigkeit: Sie würde zum Arbeitgeber der Live-In und hätte in Deutschland die Sozialversicherungsbeiträge nachzuzahlen. Allerdings ist sie auch hier wieder gegenüber der Polizei und den Gerichten »aus dem Schneider«, wenn ihr die Pflegekraft eine A1-Bescheinigung vorgelegt hat.[14]

## Eine »Entsendung«, die keine Entsendung, sondern eine Dienstreise ist

Da mit der Einführung des gesetzlichen Mindestlohns in Deutschland die Rentabilität der Entsendung für die mittel- oder osteuropäischen Unternehmen und ihre deutschen Partneragenturen deutlich gesunken ist, scheint der Anteil der (schein-)selbständigen Live-Ins in deutschen Pflegehaushalten seit ein paar Monaten zu steigen.[15] Zum Teil greifen die Unternehmen in Mittel- und Osteuropa aber auch auf ein anderes Rechtskonstrukt zurück: die Dienstreise. Mit ihr hoffen sie nicht nur den deutschen gesetzlichen Mindestlohn zu umgehen. Vielmehr sehen sie darin auch die Chance, als Unternehmen eigene Beschäftigte in deutsche Pflegehaushalte zu schicken, obwohl sie selbst im eigenen Land nicht in der Pflege tätig sind und damit eine wichtige Bedingung für das Entsendemodell nicht erfüllen.

Beim Dienstreisemodell[16] erhält die Live-In eine Grundvergütung etwa in Höhe des landeseigenen Mindestlohns, eine Polin 2016 also in Höhe von umgerechnet etwa 450 Euro. Hinzu kommen Spesen für die Dienstreise zu einem deutschen Pflegehaushalt, die in der Summe deutlich über dieser Grundvergütung liegen. Der hohe Spesenanteil hat den Vorteil, dass dieses Einkommen nicht oder weniger stark mit Steuern und Abgaben belastet wird. Die Arbeitnehmerin hat dadurch ein günstigeres Verhältnis des Nettoeinkommens zum Bruttoeinkommen. Ihre Dienstreise dauert zwei oder drei Monate. Danach kehrt sie wieder in ihr Heimatland zurück, wo sie das Unternehmen erst einmal nicht weiter beschäftigt. In dem Pflegehaushalt arbeitet statt ihrer in den nächsten zwei oder drei Monaten eine Kollegin, die das Unternehmen nach dem gleichen Schema bezahlt. Wenn diese wieder zurückkehrt, kann die erste Arbeitnehmerin erneut eingestellt und zu einer Dienstreise nach Deutschland geschickt werden. Der Pflegebedürftige und seine Angehörigen dürften im Allgemeinen von dem problematischen Vertrag zwischen der Live-In und dem Unternehmen in ihrem Herkunftsland nichts mitbekommen. Die deutschen Agenturen, die die

Live-Ins auf Dienstreise vermitteln, sind dreist genug, nach wie vor zu versprechen, sie würden Pflegekräfte vermitteln, die im Entsendeverfahren zu den deutschen Pflegehaushalten geschickt würden.

Dass das Dienstreisemodell eine windige rechtliche Konstruktion darstellt, liegt auf der Hand. Betrogen wird hier vor allem der Staat des Herkunftslandes, dem Steuereinnahmen und Sozialabgaben verloren gehen. Das Risiko, dass sich das vorgebliche Vertragsmodell – in diesem Fall: die Dienstreise – wiederum als Arbeitnehmerüberlassung entpuppen könnte, besteht auch hier. Die Gründe sind die gleichen wie bei der Entsendung. Die geringe Rückbindung an das Unternehmen im Herkunftsland und der Umstand, dass der Pflegebedürftige oder ein Angehöriger als weisungsberechtigt auftritt, begründen erhebliche Zweifel daran, dass die Live-In wirklich bei dem mittel- oder osteuropäischen Unternehmen beschäftigt ist. Erneut stehen die oben erwähnten Konsequenzen für die Familie mit Pflegeverantwortung im Raum, die mit einem Mal als Arbeitgeber dastehen könnte. Aber auch hier dürften die Familien bei Vorliegen einer gültigen A1-Bescheinigung strafrechtlich »fein raus« sein.

## Die A1-Bescheinigung – der Persilschein der »24-Stunden-Pflege«

Schon drei Mal kam sie in diesem Kapitel zur Sprache: die A1-Bescheinigung, auch Entsendebescheinigung genannt und früher E101-Bescheinigung. Deshalb möchte ich sie hier noch kurz vorstellen.[17] Mit der A1-Bescheinigung legt die Erwerbstätige aus dem EU-Ausland eine offizielle Bestätigung vor, dass sie bei der Sozialversicherung in ihrem Herkunftsland gemeldet ist und dass sie dort Sozialversicherungsbeiträge zahlt beziehungsweise dass dort solche für sie bezahlt werden. Die Bescheinigung erhält sie, wenn sie bei einem Unternehmen in ihrem Herkunftsland beschäftigt ist (vergleiche Entsende- oder Dienstreisemodell) oder wenn sie sich in ihrem Heimatland als Selbständige registrieren lässt. Den inländischen Auftraggeber, bei dem die Person tätig wird, entbindet die Entsendebescheinigung davon, bei der deutschen Sozialversicherung eine Beschäftigung anzumelden und in Deutschland Sozialversicherungsbeiträge abzuführen.

Ohne die A1-Bescheinigung geht eine Familie, die eine Live-In-Pflegekraft aus Mittel- oder Osteuropa in ihre häusliche Pflege einbindet und dieses Arbeitsverhältnis bei der Sozialversicherung nicht anmeldet, ein gewisses Risiko ein: Sollten die Behörden einmal Kontrollen durchführen und feststellen, dass zwischen einem Angehörigen (oder dem Pflegebedürftigen selbst) und der Live-In doch ein Beschäftigungsverhältnis besteht, muss dieser nicht nur alle Sozialversicherungsbeiträge nachzahlen. Vielmehr muss er auch damit rechnen, dass er strafrechtlich belangt wird. Gegebenenfalls muss er eine Geldstrafe zahlen oder sogar eine Freiheitstrafe von bis zu fünf Jahren verbüßen (§ 266a. 1 StGB). Das Risiko, dass es zu einer solchen Klärung kommt, mag in Deutschland aktuell sehr gering sein. Träte der Fall allerdings ein, wäre der Schaden erheblich.

Die Entsendebescheinigung, die von der Live-In vorgelegt wird, befreit die Auftraggeber im Inland von dieser Sorge. Denn deutsche Behörden sind daran gebunden, den bescheinigten Sachverhalt so lange anzuerkennen, bis die Behörde des Herkunftslandes die Bescheinigung widerruft. Nachforschungen, ob der Sachverhalt so besteht wie auf der A1-Bescheinigung angegeben, sind den deutschen Behörden nicht gestattet.

Um es klar auf den Punkt zu bringen: Die in Deutschland ansässigen Agenturen für die »24-Stunden-Pflege« nehmen für sich in Anspruch, dass sie Live-Ins als Selbständige vermitteln oder eben als Arbeitnehmerinnen eines Unternehmens in Mittel- oder Osteuropa, das sie dann nach Deutschland entsendet. In den letzten Abschnitten habe ich herausgestellt, dass vor allem mit der Selbständigkeit, aber auch mit der Entsendung und der Dienstreise erhebliche rechtliche Probleme verbunden sind. Diese bedeuten, dass wahrscheinlich viele Kunden der Vermittlungsagenturen rechtlich doch als Arbeitgeber der Live-Ins und eben nicht als deren Auftraggeber (Selbständigkeit) oder als Auftraggeber des Unternehmens in Mittel- oder Osteuropa (Entsendung, Dienstreise) gelten. Weil sie als Arbeitgeber die Beschäftigung der Live-Ins nicht angemeldet haben und für diese in Deutschland keine Sozialversicherungsbeiträge zahlen, verstoßen sie gegen geltendes Recht. Die A1-Bescheinigung sorgt dafür, dass sie dafür von keinem Gericht belangt werden können.

Die meisten Agenturen werben damit, dass die »24-Stunden-Pflege« durch die von ihnen vermittelten Pflegekräfte legal sei. Das ist – so wurde hier deutlich – häufig nicht der Fall. Die als selbständig bezeichneten Live-In-Pflegekräfte sind in den meisten Fällen nur scheinselbständig. Rechtlich sind sie dann Beschäftigte der Pflegebedürftigen oder ihrer Angehörigen, und ihre Beschäftigung ist nicht legal. Aber auch bei den Pflegekräften, die entsendet oder auf Dienstreise geschickt wurden, gibt es erhebliche rechtliche Zweifel, ob sie nicht eher in einem Beschäftigungsverhältnis zu dem von ihnen Gepflegten oder einem Angehörigen stehen, das dann ebenfalls nicht legal wäre.

Auch durch die Entsendebescheinigung wird das Dienstleistungs- oder Arbeitsverhältnis zwischen der Familie und der Pflegekraft nicht legal. Vielmehr sorgt die A1-Bescheinigung nur dafür, dass der Pflegebedürftige und seine Angehörigen vor der Pflicht, Sozialversicherungsbeiträge nachzuzahlen, und vor Strafverfolgung geschützt sind. Durch diesen Schutz der Arbeits- beziehungsweise der Auftraggeber ist die Bescheinigung für die Vermittlungsagenturen ein wichtiger Teil ihres Geschäftsmodells. Ohne sie würden vermutlich deutlich weniger Familien mit Pflegeverantwortung ihre Vermittlungsdienste nachfragen. Für die Familien, die auf die Unterstützung von agenturvermittelten Live-Ins zurückgreifen, gleicht die A1-Bescheinigung einem Persilschein. Der befreit aber nur von den strafrechtlichen Konsequenzen der Gesetzesverstöße. Moralisch ist die Lage anders. Haben die Angehörigen nämlich die windigen Rechtskonstruktionen vieler Agenturen durchschaut, dann stehen sie vor der Gewissensfrage, ob sie sich – auch wenn sie nicht dafür belangt werden können – auf Verträge einlassen wollen, mit denen sie gegen geltendes Arbeitsrecht verstoßen.

## Selbst Arbeitgeber werden und die Arbeitnehmerin anmelden – nur so wird mit Sicherheit kein illegales Beschäftigungsverhältnis begründet

In den vorangehenden Abschnitten habe ich herausgestellt: Die Agenturen haben keine Vertragskonstruktion entwickelt, bei der die Pflegebedürftigen und ihre Angehörigen sicher sein könnten, dass sie arbeitsrechtlich nicht doch als Arbeitgeber gelten; werden sie als die Arbeitgeber identifiziert, dann ist zugleich klar, dass sie eine Straftat begehen, weil sie das Beschäftigungsverhältnis nicht angemeldet haben und für die Pflegekraft keine Sozialversicherungsbeiträge zahlen. Den rechtlichen Graubereich illegaler Beschäftigung sicher meiden kann nur, wer sich selbst als Arbeitgeber der Live-In-Pflegekraft begreift, mit ihr einen schriftlichen Arbeitsvertrag schließt und ihre Beschäftigung anmeldet.

Mit der Arbeitgeberrolle sind einige Verpflichtungen verbunden. So muss bei der Sozialversicherung eine Betriebsnummer beantragt sowie die Arbeitnehmerin bei der Krankenkasse und der gesetzlichen Unfallversicherung angemeldet werden; die Lohn-, die Kirchensteuer und der Solidaritätszuschlag sind an das zuständige Finanzamt abzuführen und die Sozialversicherungsbeiträge an die entsprechenden Träger.[18] Es sind unter anderem diese Aufgaben, die viele Angehörige vor der Arbeitgeberrolle zurückschrecken lassen. Aber die vertragliche Übernahme der Arbeitgeberrolle und das Erfüllen der damit verbundenen Pflichten bieten die einzige Chance, auf die Unterstützung einer mittel- oder osteuropäischen Live-in-Pflegekraft zurückzugreifen und mit Sicherheit nicht in den Graubereich illegaler Beschäftigung zu geraten.

Immerhin bieten kirchliche Wohlfahrtsverbände an, für die Beschäftigung im eigenen Haushalt nicht nur Live-In-Pflegekräfte zu vermitteln, sondern auch die Angehörigen beim Erfüllen ihrer Arbeitgeberpflichten zu unterstützen.[19] Außerdem hat der Deutsche Caritasverband eine Informationsschrift online gestellt, die denjenigen Familien eine verlässliche Orientierung bietet, die über persönliche Kontakte eine Live-In-Pflegekraft gefunden haben und diese legal beschäftigen wollen.[20]

Wenn man – wie gerade skizziert – die Live-In selber einstellt und allen Melde- und Zahlungsverpflichtungen eines Arbeitgebers nachkommt, dann endlich befindet man sich rechtlich mit der »24-Stunden-Pflege« ganz im grünen Bereich – oder? Nein! Denn bezüglich der Arbeitszeit gibt es auch dann noch ein rechtliches Problem.

## Ein rechtliches Problem bleibt: das Zeitregime der »24-Stunden-Pflege«

Das Arbeitszeitgesetz (ArbZG) sieht unter anderem vor, dass ein Arbeitnehmer in der Woche höchstens 48 Stunden arbeitet. An Werktagen sollen es normalerweise acht Stunden sein. An Einzeltagen kann die Arbeitszeit bis zu zehn Stunden betragen, wenn im Halbjahresdurchschnitt die Grenze von acht Stunden pro Werktag nicht überschritten wird. Nach der täglichen Arbeitszeit muss eine ununterbrochene Ruhezeit von mindestens elf Stunden eingehalten werden. Hausangestellte können auch an Sonn- oder Feiertagen arbeiten. In diesem Fall steht ihnen aber als Ersatz ein voller freier Tag (24 Stunden am Stück) zu.[21] Klar ist, dass diese Regelungen des Arbeitszeitgesetzes auch für die Beschäftigungsverhältnisse in privaten Haushalten verbindlich sind. Durch Begrenzungen der Arbeitszeit soll prinzipiell für alle Arbeitnehmer sichergestellt werden, dass ihre Gesundheit nicht durch überlange Arbeitszeiten gefährdet wird. Wie andere Bereiche des Arbeitsschutzes dient auch das Arbeitszeitgesetz dem Schutz der körperlichen Unversehrtheit, auf den der Staat gemäß Artikel 2 Absatz 1 Satz 1 des Grundgesetzes verpflichtet ist.

Die Brisanz dieser Beschränkungen für die »24-Stunden-Pflege« wird deutlich, wenn man sich vor Augen führt, dass Zeiten, in denen ein Arbeitnehmer den Arbeitsplatz nicht verlassen darf, damit er dem Arbeitgeber bei Bedarf zur Verfügung steht, europarechtlich als Arbeitszeit gelten.[22] Das bedeutet: Würden die erwähnten Regeln des Arbeitszeitgesetzes auch für die Live-In-Pflegekräfte gelten, wäre nicht nur die »24-Stunden-Pflege« durch *eine* bezahlte Pflegekraft legal nicht möglich, sondern nicht gesetzeskonform wären dann auch viele andere Konstellationen der häuslichen Pflege, zum Beispiel ein vergleichsweise fairer Pflegemix, bei dem sich eine bezahlte Pflegekraft und ein Angehöriger die Pflegearbeit und die Arbeitszeiten etwa fifty-fifty teilen.

Die offenen Rechtsfragen entstehen dadurch, dass einige Beschäftigtengruppen von der Geltung des Arbeitszeitgesetzes ausgenommen sind, darunter »Arbeitnehmer, die in häuslicher Gemeinschaft mit den ihnen anvertrauten Personen zusammenleben und sie eigenverantwortlich erziehen, pflegen oder betreuen« (§ 18 Absatz 1 Nummer 3 ArbZG). Eingeführt hatte man diese Ausnahme für die »Mütter« und »Väter«, die in den Familienhäusern der SOS-Kinderdörfer arbeiten. Unter Arbeitsrechtlern ist nun strittig, unter welchen Voraussetzungen die Live-In-Pflegekräfte unter diese Ausnahmeregelung fallen. Dabei geht es darum, wann ein »Zusammenleben in häuslicher Gemeinschaft« vorliegt und wann die Arbeitnehmerin »eigenverantwortlich« pflegt und betreut. Hier steht unter anderem eine *weite* Interpretation[23], bei der vergleichsweise viele Beschäftigte in der »24-Stunden-Pflege« unter die Ausnahme fallen, einer *engen*[24] gegenüber, der zufolge die Ausnahme vom Arbeitszeitgesetz für die meisten Live-Ins nicht gilt.

Als juristischer Laie versuche ich hier nicht, die Unterschiede in der Auslegung des Arbeitszeitgesetzes darzustellen. Sie spielen für den vorliegenden Kontext auch keine entscheidende Rolle. Für das Thema des Kapitels sind an der erwähnten Differenz der Gesetzesinterpretationen allein zwei Punkte bedeutsam: *Erstens* sind sich alle Beteiligten darin einig, dass die Ausnahmeklausel (§ 18 Absatz 1 Nummer 3 ArbZG) sicher *nicht alle*

Live-In-Pflegekräfte aus der Geltung des Arbeitszeitgesetzes ausnimmt, sondern nur einen Teil von ihnen. Der Streit geht allein darüber, wie groß diese Gruppe ist. Stellungnahmen der Bundesregierung lassen zwar die Tendenz erkennen, das Arbeitszeitgesetz so zu interpretieren, dass die »24-Stunden-Pflege« nicht eindeutig als Verstoß gegen dieses Gesetz identifiziert werden kann.[25] In der Antwort auf eine Kleine Anfrage aus dem Jahre 2012, die in diesem Zusammenhang besonders aufschlussreich ist, wird jedoch zugleich deutlich, dass auch die Bundesregierung eine »generelle Aussage« zu der Gültigkeit der genannten Ausnahmeregelung für Live-In-Pflegekräfte nicht für möglich hält. Vielmehr seien jeweils »alle Umstände des Einzelfalls zu berücksichtigen«[26]. *Zweitens* ist die Unterschiedlichkeit der Auslegung als solche bedeutsam. Denn sie verdeutlicht, dass es zu der Frage, ob die Regelungen des Arbeitszeitgesetzes für eine Live-In, die in einer bestimmten Weise »in häuslicher Gemeinschaft« mit dem Pflegebedürftigen lebt und in einem bestimmten Sinne »eigenständig« arbeitet, keine eindeutige Antwort gibt. Auch liegen zu diesen Fragen noch keine richterlichen Entscheidungen vor.

Beide Punkte zusammen bedeuten, dass es bei der Beschäftigung in der »24-Stunden-Pflege« erhebliche Rechtsunsicherheit gibt. Niemand, der eine Live-In beschäftigt und diese deutlich länger arbeiten lässt, als es normalerweise bei Arbeitnehmern üblich ist, kann sich sicher sein, dass er nicht gegen das Arbeitszeitgesetz verstößt. Deshalb können bei der »24-Stunden-Pflege« nicht einmal diejenigen Familien mit Pflegeverantwortung rechtlich »auf der sicheren Seite« sein, die die Arbeitgeber-Rolle annehmen, mit der Arbeitnehmerin einen Arbeitsvertrag schließen und ihren Melde- und Zahlungsverpflichtungen vollständig entsprechen. Kurzum, für Arbeitgeber, deren Beschäftigte in der häuslichen Pflege deutlich mehr arbeiten als bei einer Vollzeitstelle üblich, ist die Sicherheit, gesetzeskonform zu handeln, nicht möglich.

Für die Live-In-Pflegekräfte hat die – in puncto Arbeitszeit – unbestimmte Rechtslage gravierende Konsequenzen: Es gibt keine einzige eindeutige gesetzliche Beschränkung der Arbeitszeit, die mit Sicherheit auch für ihre Beschäftigungsverhältnisse gelten würde. Die Vermittlungsagenturen werben mit der ständigen Verfügbarkeit der Live-Ins. Auch der Begriff »24-Stunden-Pflege« spielt auf die völlige Entgrenzung der Arbeitszeit an. So haben die Arbeitgeber den Eindruck, dass sie ihre Verfügung über die Arbeitskraft der Live-Ins tatsächlich auf 24 Stunden an sieben Tagen in der Woche ausdehnen können. Dem widerspricht zwar eine sehr allgemeine Fürsorgepflicht im Bürgerlichen Gesetzbuch, die den Arbeitgeber einer Live-In unter anderem verpflichtet, für gesundheitsverträgliche Arbeits- und Lebensbedingungen zu sorgen (§ 618 Abs. 2 BGB), was zweifellos auch eine Begrenzung der Arbeitszeit beinhaltet. Aber diese gesetzliche Bestimmung dürfte so gut wie allen Arbeitgebern unbekannt sein und enthält auch keine eindeutige gesetzliche Höchstgrenze der Arbeitszeit. Das Fehlen einer solchen klaren Höchstgrenze bestätigt die Arbeitgeber in der Auffassung, zeitlich unbegrenzt über die Arbeitskraft ihrer Pflegekraft verfügen zu können. Es öffnet einer ausbeuterischen Dauerbeanspruchung der Arbeitnehmerinnen durch die Pflegebedürftigen und ihre Angehörigen Tür und Tor.

In diesem Kapitel bin ich auf ein Spektrum von Vertragstypen eingegangen, durch die Familien sich die Unterstützung ihrer häuslichen Pflege durch eine Live-In-Pflegekraft sichern. Neben dem Extrem der Schwarzarbeit gibt es eine ganze Reihe weiterer Vertragstypen, die alle im rechtlichen Graubereich der (möglicherweise) illegalen Beschäftigung angesiedelt sind. Allein Arbeitgeber, die mit der Live-In-Pflegekraft direkt einen Arbeitsvertrag schließen, die Beschäftigung anmelden und ihren Zahlungsverpflichtungen auch gegenüber der Sozialversicherung nachkommen, können sich sicher sein, die Live-In nicht illegal zu beschäftigen. Allerdings bleiben – wenn die Arbeitgeber die Arbeitszeit deutlich über 38,5 Wochenarbeitsstunden ausdehnen – auch in diesem Fall rechtliche Probleme, die im Zeitregime der »24-Stunden-Pflege« begründet sind. Sicherheit, allen Gesetzen zu entsprechen, ist nicht erreichbar, wenn die Hauptverantwortung für die Pflege einer einzelnen Erwerbstätigen übertragen wird. Der Gesetzgeber hat es bisher versäumt, für die Arbeitszeit von Live-In-Pflegekräften klare Rahmenbedingungen zu setzen.

# IV. Arbeiten und Leben in der Wohnung eines anderen
## Von Abhängigkeiten und Beziehungen

Viele Pflegehaushalte, in denen mittel- und osteuropäische Live-In-Pflegekräfte arbeiten, sind Orte, in denen viel Menschliches geschieht: Pflegekräfte und Angehörige kümmern sich liebevoll um Pflegebedürftige und erbringen qualitativ hochwertige Unterstützungsleistungen. Gesundheitlich schwer beeinträchtigte Menschen werden so unterstützt, dass sie sich Alltagsfähigkeiten, die sie verloren hatten, wieder erarbeiten können. Freundschaftliche Beziehungen entstehen zwischen den Arbeitnehmerinnen und den zu pflegenden Personen sowie ihren Angehörigen. Menschen aus früher verfeindeten Ländern begegnen sich und bauen ihre Vorurteile ab. Sterbende werden gemeinsam einfühlsam begleitet. Live-Ins werden gut behandelt und kollegial in die Pflege eingebunden.

Mehr noch. Die sozialwissenschaftliche Biographieforschung zu mittel-und osteuropäischen Pflegekräften, die unter anderen von Prof. Dr. Juliane Karakayali und Dr. Agnieszka Satola mit fundierten Studien vorangetrieben wurde, identifiziert die »24-Stunden-Pflege« in deutschen Privathaushalten keineswegs nur als Phasen, in denen die Live-Ins ausgenutzt werden, in Lebenskrisen stürzen oder sich in Fatalismus flüchten. Die Pendelmigration und die Arbeit als Live-In-Pflegekraft bedeuten vielmehr für viele Mittel- und Osteuropäerinnen auch einen Ausweg aus finanziellen Engpässen sowie einen Zugang zu besseren Lebensbedingungen und – allem voran für ihre Kinder – zu mehr Lebenschancen. In der Lebensgeschichte mancher Live-Ins stößt die Erfahrung, einen Haushalt zu managen, Pflegeleistungen zu erbringen und damit Geld zu verdienen, Prozesse an, die zu mehr Selbstbewusstsein und mehr Handlungsspielräumen führen. Die eigene Sorgetätigkeit wird als wertvoll, gesellschaftlich notwendig und Grundlage beruflicher Selbständigkeit begriffen. Selbst Geld zu verdienen, ja, die Hauptverdienerin der Familie zu sein führt gegebenenfalls auch in der Partnerschaft zu mehr Selbstbewusstsein der Frauen und zum Aushandeln neuer Strukturen des Alltagslebens, die eher egalitär sind und ihnen neue Entfaltungsspielräume eröffnen.[1]

All das ist richtig; es ist Realität und nicht nur erfunden. Es steht für die Lichtseite der »24-Stunden-Pflege«. Aber diese Lichtseite ändert nichts an der Schattenseite dieser Pflegearrangements, einer Schattenseite, die – wie in diesem Kapitel deutlich werden soll – vor allem für viele Live-In-Beschäftigte mit bitteren Erfahrungen des Unrechts und der Missachtung verbunden ist. Es scheint geradezu typisch zu sein für die »24-Stunden-Pflege«, dass es hier Pflegehaushalte mit besonders hellen Lichtseiten und Haushalte mit besonders dunklen Schattenseiten gibt, dass es Familien gibt, in denen Menschen gut miteinander umgehen und wechselseitig auch auf das Wohl des anderen bedacht sind, Familien, in denen es auch den beschäftigten Pflegekräften vergleichsweise gutgeht, und Familien, in denen zwischen Eltern und Kindern Schweigen und Eiseskälte herrscht, ja, Familien, die man als Orte einer gewissenlosen Ausbeutung von Beschäftigten charakterisieren muss.

## Die Machtasymmetrie der »24-Stunden-Pflege«

Dass Hell und Dunkel so ausgeprägt sind, liegt daran, dass die Beschäftigung von Live-In-Pflegekräften ein Bereich der Erwerbsarbeit ist, in den die deutsche Politik nicht mehr eingreift. Sie ist bemüht, die Arbeitsverhältnisse in der »24-Stunden-Pflege« von möglichst vielen Bestimmungen auszunehmen, und lässt die Strafverfolgungsbehörden nicht gegen Arbeitgeber und Arbeitnehmerinnen ermitteln, die in der häuslichen Pflege Schwarzarbeit praktizieren. Damit überlässt sie die Beteiligten sich selbst. Die Arbeitgeber und die Arbeitnehmerinnen sollen ihre Arbeitsbeziehungen, die im Privathaushalt zugleich immer auch persönliche Beziehungen sind, selbst regeln. Sie sollen selbst dafür sorgen, dass sie gut miteinander klarkommen. Mancher Politiker hofft vielleicht, dass auf diese Weise Strukturen des Alltagslebens entstehen, die für alle Beteiligten – für die zu pflegenden Personen, die Angehörigen *und* die Live-Ins – gut sind, Strukturen eben, die allen Beteiligten einen fairen Anteil an den Vorteilen des miteinander Kooperierens geben. Aber dem ist nicht so. Da alles von den Beteiligten selbst abhängt und zwischen Arbeitgebern und Arbeitnehmerinnen eine Machtasymmetrie besteht, kommt es nicht selten zu Konstellationen, die für die Pflegekraft schlecht sind, manchmal auch sehr schlecht.

Es mangelt aber nicht nur an rechtlichen Strukturen, die die Politik beschließen und durchsetzen müsste. Es gibt auch keine – gegenüber den Pflegehaushalten externe – Institution, die die Regeln durchsetzen würde. Auch die Vermittlungsagenturen greifen so gut wie nie in die gelebte Praxis eines Pflegehaushalts ein. Das bedeutet – wie der Hamburger Soziologe Dr. Philipp Staab herausgearbeitet hat – für die Arbeitssituation einer Live-In, dass »Lob und Tadel … in erster Linie vom Kunden (kommen), nicht vom Chef oder den Kollegen. Institutionelles Feedback ist auf ein Mindestmaß zusammengeschrumpft. Handlungskataloge und Aufgabenprofile existieren nicht. Die Unsichtbarkeit der Organisation (der Vermittlungsagentur, B.E.) führt in eine Situation der Unbestimmtheit.«[2] Was geschieht, welche Strukturen alltäglichen Handelns sich herausbilden, hängt deshalb allein von der »persönliche(n) Machtausübung (oder deren Unterlassung)«[3] durch die Beteiligten ab.

Das Ergebnis des Machtspiels, das zwischen der zu pflegenden Person, den Angehörigen und der Pflegekraft zum Teil nur indirekt ausgetragen wird, ist in vielerlei Hinsicht offen. Manche 90-Jährige, in deren Haushalt eine resolute polnische Live-In »eingerückt« ist, muss schlucken, wenn diese ihre Küche auf Vordermann bringt, Essenspläne erstellt und Vorschläge macht, was man wie besser organisieren könne. Manch 85-Jähriger wundert sich über sich selbst, dass er sich von der erfahrenen Pflegekraft nicht nur lieber helfen lässt als von seinem etwas ungeschickten Sohn, sondern dass er ihren freundlichen, aber bestimmten Hinweisen, wie er seine Bewegungsabläufe verbessern kann, auch gerne Folge leistet. Mancher Angehörige wird nachdenklich, warum er sich über einen anstehenden kleinen Umbau, der die Wohnung altersgerecht machen soll, so viele Gedanken gemacht hat, da die erfahrene Ungarin, die er jetzt zur Pflege seiner Mutter eingestellt hat, so klar und kompetent zu einer bestimmten Maßnahme rät.

Man kann also sagen: Bei vielen kleinen Entscheidungen und bei vielen Abläufen des alltäglichen Lebens ist es offen, wer welchen Einfluss darauf hat. Manches Mal ist es durchaus die Live-In-Pflegekraft, die den Alltag im Pflegehaushalt am stärksten prägt. Allerdings ist ihr Einfluss davon abhängig, dass ihre Kompetenz anerkannt und ihre Person wertgeschätzt wird. Ist das nicht der Fall, dann schwebt über jedem ihrer Versuche, zur Entscheidungsfindung beizutragen oder Alltagsabläufe zu gestalten, das Damoklesschwert der Entlassung. Das bringt sie von vornherein in eine schwächere Position – ganz besonders dann, wenn sie schwarz beschäftigt und deshalb vor einer unbegründeten, fristlosen Kündigung nicht geschützt ist. Es ist vor allem diese Möglichkeit, beinahe jederzeit entlassen und durch eine andere der vielen Mittel- und Osteuropäerinnen, die nach einer solchen Beschäftigung suchen, ersetzt zu werden, die die Live-Ins in allen Aushandlungsprozessen mit ihren Arbeitgebern schwächt. Was die Prozesse des Alltags angeht, kann sie auf die Dauer versuchen, diese Schwäche wenigstens teilweise dadurch zu kompensieren, dass sie sich gewissermaßen »unersetzlich« macht. Das gelingt ihr dann, wenn die gepflegte Person und die Angehörigen zu der Überzeugung kommen, dass ihr Weggang ein schmerzlicher Verlust wäre.

Die Option der Arbeitgeber, ihre Arbeitnehmerin gegebenenfalls gegen eine andere auszuwechseln, bringt die Live-In-Pflegekräfte vor allem dann in eine schwächere Position, wenn es um ihre Arbeitsbedingungen geht – um ihren Lohn, um Einsatz, Aufsichts- und Bereitschaftszeiten, um Aufgaben, die von ihnen zu erledigen sind, und um ihre arbeitsfreien Zeiten. Einen Teil dieser Bedingungen haben die Arbeitnehmerinnen unter Umständen schon mit einer Vermittlungsagentur ausgehandelt. Diese nutzen ihre schwache Verhandlungsposition nicht selten knallhart aus. Zum Beispiel behalten einige Agenturen fast die Hälfte der Zahlungen ein, die sie aus Deutschland von den Pflegehaushalten erhalten. Nur der Rest fließt als Lohn oder Honorar an die Live-Ins weiter.[4] Aber keineswegs immer werden die wichtigsten Arbeitsbedingungen bereits mit einer Agentur (oder einem anderen Unternehmen im Herkunftsland der Live-In) ausgehandelt. Vor allem gibt es in der 24-Stunden-Pflege Arbeitsbedingungen (wie etwa die zu erledigenden Aufgaben oder die Arbeits- und Freizeiten), für die es kaum formale Entscheidungen gibt, sondern die weithin »im laufenden Betrieb« von den Beteiligten entschieden und – mit partiellen Veränderungen – immer wieder neu entschieden werden. Bei diesen Entscheidungen über Arbeitsbedingungen sind die Live-Ins strukturell fast immer in der schwächeren Position: durch die breite Konkurrenz aus ihren Herkunftsländern, die ihren Arbeitgebern immer eine recht gute »Exitoption« (die Option, sie zu entlassen und schnell einen Ersatz zu finden) gibt, und durch ihre zumeist ziemlich ausgeprägte Abhängigkeit von dem Einkommen, die ihren eigenen »Exit«, die Kündigung, zu einer ziemlich unattraktiven Option macht.

Die Frage, was diese Asymmetrie des Beschäftigungsverhältnisses für das Arbeiten und Leben in der »24-Stunden-Pflege« bedeutet, steht im Mittelpunkt dieses Kapitels. Bei den Ausführungen stütze ich mich stark auf den Abschlussbericht des Forschungsprojekts »Ausländische Pflegekräfte in Privathaushalten«, das das Nell-Breuning-Institut im Auftrag der Hans-Böckler-Stiftung in den Jahren 2011 und 2012 durchgeführt hat.[5] Um ein möglichst vollständiges und ein möglichst gut abgesichertes Bild der Arbeits- und Lebensbedingungen von Live-Ins zeichnen zu können, greife ich an vielen Stellen weitere sozialwissenschaftliche Fachliteratur zu dem Thema auf. Da vermutlich die allermeisten Beschäftigungsverhältnisse in der »24-Stunden-Pflege« entweder der Schwarzarbeit zuzuordnen sind oder auf andere Weise mit dem in der Bundesrepublik geltenden Arbeits- und Sozialrecht kollidieren, verwundert es nicht, dass es bisher keine quantitativen Studien zu den Arbeits- und Lebensbedingungen der Live-Ins gibt. Niemand kann also sagen, dass eine bestimmte Feststellung zur Arbeit oder zum Alltag von Live-In-Pflegekräften auf die Mehrheit oder zum Beispiel nur auf etwa 20 Prozent von ihnen zutrifft. Dennoch dürfte das Bild, das in diesem Kapitel entsteht, die Realität der »24-Stunden-Pflege« recht gut treffen. Allein die vier Studien, auf die ich neben den Ergebnissen des kleinen Forschungsprojekts im Nell-Breuning-Institut am meisten zurückgreife, basieren auf Interviews mit über 70 verschiedenen Live-In-Pflegekräften.[6] Die Namen der Angehörigen der Pflegekräfte und der Gepflegten sind übrigens in diesem Buch wie in der gesamten sozialwissenschaftlichen Literatur frei erfunden.

In einem ersten Schritt stelle ich dar, wie der Live-In-Status, also das Mitleben im gleichen Haushalt, zu einer ständigen Verfügbarkeit der Pflegekraft führt und ihre Arbeitszeiten völlig entgrenzt. Dann arbeite ich heraus, dass die ausgeprägte Machtasymmetrie im Beschäftigungsverhältnis häufig dazu führt, dass viele Pflegekräfte ihren Arbeitgebern sehr ergeben sind und sich intensiv darum bemühen, ihnen alles recht zu machen. Mein dritter Fokus ist die Dauerbeanspruchung der Live-Ins, die ihnen während ihres Pflegeeinsatzes in Deutschland beinahe alle Möglichkeiten nimmt, selbstbestimmt zu leben. Nach einem kurzen Blick auf skandalöse Extremfälle von Missachtung oder Ausbeutung beleuchte ich dann noch die gängige Praxis vieler mittel- und osteuropäischen Pflegekräfte, sich in die vorgefundene familiäre Ordnung einzuordnen, die in ihrer Anrede der Gepflegten als Mutti, Papa, Oma oder ähnlichem zum Ausdruck kommt. Anschließend widme ich mich der Bedeutung persönlicher Beziehungen zwischen Angehörigen und Live-Ins für die Arbeitsbedingungen der Pflegekräfte. Ich beende das Kapitel, indem ich drei zentrale Charakteristika der Arbeitsbeziehungen in der »24-Stunden-Pflege« herausstelle.

## Mit einem Ohr ständig bei Opa. Von den besonderen Herausforderungen der Pflegearbeit als Live-In

Der Live-In-Status, also der Umstand, dass die Pflegekraft mit dem Gepflegten in einer Wohnung lebt, führt dazu, dass sie für die anfallenden Tätigkeiten ständig verfügbar ist. Dies wiederum bedingt vielfach eine völlige Entgrenzung ihrer Arbeitszeit.[7] Selbst dann, wenn feste Arbeitszeiten vereinbart wurden, können sich die Arbeitnehmerinnen – solange sie in der Wohnung sind – den mitunter zahlreichen Unterstützungswünschen der Pflegebedürftigen kaum entziehen.[8] Das hat vermutlich viel mit den Besonderheiten des Arbeitsortes Privathaushalt zu tun, wie sie unter anderem die Bielefelder Arbeitssoziologin Prof. Dr. Birgit Geissler herausgestellt hat.[9] In Betrieben wird den Arbeitnehmern eine gewisse Autonomie gegenüber ihrer Arbeit eingeräumt. So können sie zum Beispiel selbst bestimmen, wie sie ihr Leben nach Feierabend gestalten. In den Beziehungen innerhalb eines privaten Haushalts sind Bindungen und Verpflichtungen stärker ausgeprägt als die Autonomie. Hier gelten andere Regeln. So ist bei Familienangehörigen, die in einem Haushalt zusammenleben, die Erwartung stark ausgeprägt, dass man einander bei Engpässen und Notfällen auch dann hilft, wenn dies persönliche Wünsche und Pläne durchkreuzt.[10] Solche Erwartungen werden auf die Live-Ins übertragen.

Häufig muss eine Live-In feststellen, dass sie die Einzige ist, die sich für das Wohl der Pflegebedürftigen verantwortlich sieht. Umso größer ist der moralische Druck, den sie empfindet, für den Pflegebedürftigen immer da zu sein.[11] Einem Angehörigen vergleichbar, der ohne weitere Unterstützung Pflegeverantwortung für ein Familienmitglied übernommen hat, deckt eine mittel- oder osteuropäische Pflegekraft dann alleine

eine Art Drei-Schicht-Betrieb mit zwei Tagesschichten und einer Nachtschicht ab.

Insofern ist schon der Begriff »Arbeitszeit« bei der »24-Stunden-Pflege« durch eine Live-In problematisch. Da die Pflegekraft im Prinzip 24 Stunden am Tag im Haushalt des Pflegebedürftigen präsent ist und für eventuell anfallende Aufgaben zur Verfügung steht, ist es kaum möglich zu spezifizieren, wann sie in dieser Zeit nicht arbeitet. Freie Zeit, also eine Zeit, in der eine Live-In nicht arbeitet, kann – wegen der allseits unterstellten Verfügbarkeit – nur eine Zeit sein, in der sie sich nicht in dem Pflegehaushalt aufhält und keine Aufgaben des Arbeitgebers erfüllt, sondern wirklich das tut, was ihren Interessen, Wünschen oder Bedürfnissen entspricht. Auch der Begriff der Bereitschaftszeit passt für die Zeiten, die die Live-Ins ohne konkrete pflegerische oder hauswirtschaftliche Tätigkeiten im Pflegehaushalt verbringen, nicht. Schließlich sind die Arbeitnehmerinnen in diesen Zeiten ständig vor Ort und für Aufträge verfügbar. Oder sie haben zumindest »ein Auge auf den Pflegebedürftigen« beziehungsweise »ein Ohr bei ihm«. Bei geistig verwirrten Klienten wird ihnen von den Angehörigen eine permanente Aufsichtspflicht zugewiesen.

Die aktiven Einsatzzeiten richten sich nach den Biorhythmen und Gewohnheiten der Pflegebedürftigen sowie nach den eingespielten Rhythmen und Abfolgen der Pflege und des Versorgens. Gelegentlich kommt es zu Störungen oder unvorhersehbaren Situationen, die sich ebenfalls der Kontrolle der Live-Ins entziehen. Wann welche Tätigkeiten im Bereich der Haushaltsführung und der Pflege ausgeführt werden, mag innerhalb eines gewissen Zeitkorridors variieren. Aber alle Arbeitnehmerinnen stehen – bis auf wenige Ausnahmen – rund um die Uhr zur Verfügung, sind immer abrufbar, immer bereit, die Bedürfnisse der Pflegebedürftigen sowie ihre Wünsche und die der Angehörigen zu erfüllen. Die Pflegekräfte fühlen sich zu jedem Zeitpunkt für alles zuständig und verantwortlich für das, was im Haushalt der Pflegebedürftigen passiert oder passieren soll.

Die meisten Angehörigen sehen in der Zeit, in der der Pflegebedürftige seinen Mittagsschlaf hält oder zumindest ruht (häufig etwa 13.00 bis 15.00 Uhr), eine Pause der Live-Ins. Einige haben dann auch wirklich frei, das heißt, dass sie nach eigenen Vorstellungen etwas unternehmen können.[12] Andere haben in der Ruhezeit der zu pflegenden Person zwar nichts Konkretes zu tun, können aber – was die Angehörigen nicht einsehen – keine freie Zeit erleben, weil sie auch in dieser Phase der Macht des Arbeitgebers unterstehen[13] und dann, wenn sich plötzlich doch Bedarf ergibt, eingreifen müssen. Wieder andere müssen die Schlafenszeit für Hausarbeiten oder für Einkäufe nutzen; die ständige Beanspruchung durch den Pflegebedürftigen außerhalb der Ruhezeiten lässt ihnen keine andere Wahl.

Viele Arbeitgeber nehmen diese Aufgaben und vor allem die – von ihnen selbst geforderte – Dauerverfügbarkeit der Arbeitnehmerin nicht als Arbeit oder Belastung wahr. Sie vertreten die Ansicht, die Zeiten ohne konkrete Pflegetätigkeiten seien keine Arbeitszeit, und deshalb verfüge die Pflegekraft über ausreichend Freiräume, sich auszuruhen oder eigenen Beschäftigungen nachzugehen.[14] Manche Arbeitnehmerin dagegen nimmt das Verweigern von Zeiten, in denen sie von allen Verpflichtungen gegenüber dem Arbeitgeber befreit ist, als Ausbeutung wahr. Gegenüber der heute in Warschau lehrenden Historikerin Dr. Dobrochna Kałwa brachte eine polnische Live-In das so zum Ausdruck:

*»Hier werde ich einfach nicht wie ein Mensch behandelt. Oder einfach so, als wäre ich ein Sklave. Das regt mich auf, dass man nicht frei bekommt, nein, nein, nein. Die Tochter (der Arbeitgeberin) sagte einmal zur Mutter (zu der zu betreuenden Person) durchs Telefon, da sagte sie, ich habe gelauscht: ›Wenn sie […] frei haben will, dann muss sie was anderes machen.‹ […] Es ist ihr nicht klar, sie kann das nicht verstehen, dass der Mensch nicht so lange (arbeiten kann); denn dort ist schwere Arbeit, ja, schwer […]. Da muss man einfach psychisch entspannen.«*[15]

In vielen Pflegehaushalten gibt es für die Arbeitnehmerinnen keine regelmäßigen freien Zeiten. In anderen Haushalten haben die Pflegekräfte in der Woche ein Mal (zum Beispiel am Wochenende) oder zwei Mal einen Nachmittag oder einen halben Tag (etwa sechs Stunden) frei. Aber auch diese Regelungen liegen noch deutlich unter einem globalen Mindeststandard, der für Beschäftigte in Haushalten als absolutes, menschenrechtlich begründetes Minimum an Freizeit vorsieht, dass die Beschäftigten wenigstens ein Mal pro Woche eine Ruhezeit von mindestens 24 Stunden am Stück haben.[16] Urlaubstage sind auch bei mehrmonatigen Pflegeeinsätzen nicht die Regel; selbst bei Dauereinsätzen gibt es manchmal keine feste Urlaubsregelung. In einigen Beschäftigungsverhältnissen gibt es überhaupt keine Freizeitregelung. Dann soll die Live-In den Pflegehaushalt und sein Umfeld nur im Ausnahmefall verlassen.

Die Pflegekräfte erfahren die Drei-Schichten-Dauerbeanspruchung als große Belastung.[17] Es gibt keine Möglichkeit zu entspannen oder einmal abzuschalten. Besonders mühevoll wird der Pflegealltag, wenn zum ununterbrochenen Tagesdienst auch noch häufige nächtliche Einsätze hinzukommen, zum Beispiel um Toilettengänge zu begleiten, die Position des Pflegebedürftigen im Bett zu verändern oder um eine demente Person, die regelmäßig die Nacht zum Tag macht, zu beruhigen. Bis ins Unerträgliche kann sich die Anstrengung steigern, wenn die Arbeitnehmerin permanent die Unberechenbarkeit oder die stupiden Wiederholungen eines geistig Verwirrten aushalten muss. Hinzu kommt, dass manche Angehörigen nicht nur am Leben ihres psychisch erkrankten Familienmitglieds desinteressiert sind und die Verantwortung völlig auf die Live-In abschieben, sondern dann auch noch kundtun, dass sie in der Dauerbetreuung, die sie an die Arbeitnehmerin delegiert haben, keine besondere Herausforderung sehen. Die Arbeitnehmerinnen sehen sich dann missachtet.

Ihr Entsetzen über eine solche Einstellung hat die Ungarin Aniko Csilla, damals Ende 40, in einem Interview mit der heute in Berlin lehrenden Sozialwissenschaftlerin Prof. Dr. Juliane Karakayali einprägsam zum Ausdruck gebracht. Obwohl sie selbst eine eigene Wohnung hatte, war sie von der Tochter einer dementen Dame, für die sie damals arbeitete, aufgefordert worden, die Mutter *rund um die Uhr* zu betreuen. Schließlich sei das bei ihr – anders als bei der Tochter selbst – kein Problem; sie könne diese Aufgabe doch einfach in ihre Alltagsaktivitäten integrieren. In dem Interview stellte Frau Csilla den Dialog mit der Tochter so dar:

*»Ich möchte das nicht machen. [...] Da sagt die Tochter: Wieso? Du? Du kannst mit meiner Mutti überall hingehen, wohin Du willst. [...] – Ja bitte, ich gehe regelmäßig ins Schwimmbad. Was soll ich mit Deiner Mutti machen? Ich lasse sie in der Garderobe oder wie? [...] Ich bin auch ein Mensch. Ich bin kein Roboter oder ich bin keine Maschine oder was. Glaubst Du, ich bin ein Duracell-Hase, ich brauche nur eine Batterie und ich kann 24 Stunden immer alles nach euren Wünschen machen? So geht es nicht.«*[18]

## Damit Oma und Katrin auf jeden Fall zufrieden sind. Unterwerfung unter die Wünsche der Arbeitgeber

Live-Ins, deren Kompetenz anerkannt, deren Sorgearbeit wertgeschätzt und deren Person in das persönliche Beziehungsnetz des Arbeitgebers integriert wird, sind gegebenenfalls in der Lage, im Pflegealltag ihre Position der Schwäche teilweise zu kompensieren. Trotzdem ist die Machtasymmetrie zwischen Arbeitgebern und Arbeitnehmern in den Beschäftigungsverhältnissen der »24-Stunden-Pflege« besonders ausgeprägt: Die deutschen Arbeitgeber verfügen über ein sehr viel höheres Einkommen als die Live-Ins aus Mittel- und Osteuropa. Genau das ermöglicht es ihnen, die aus ihrer Sicht billige ausländische Arbeitskraft extensiv und intensiv zu nutzen. Dabei nehmen die Pflegebedürftigen und die Angehörigen die Arbeitskraft der Live-Ins auch als billig wahr – offenbar auch manches Mal gepaart mit einem Gefühl deutscher Überlegenheit gegenüber Polen und anderen Mittel- und Osteuropäern. Ob mit oder ohne solche ethnischen Ressentiments, die in der deutschen Geschichte eine sehr ungute Rolle gespielt haben – in jedem Fall glauben viele deutsche Arbeitgeber, für ihr Geld über die Arbeitskraft der Polinnen, Ungarinnen, Rumäninnen, Bulgarinnen und der Bürgerinnen anderer ökonomisch schwächerer Herkunftsländer *unbegrenzt* verfügen zu können. Die Live-Ins dagegen haben ein starkes Interesse an dem Einkommen, das in ihrem Land vergleichsweise viel Geld ist; zudem müssen sie befürchten, von einem unzufriedenen Arbeitgeber gegen eine der vielen anderen Mittel- und Osteuropäerinnen ausgewechselt zu werden, die ebenfalls an einem Einkommen in dieser Höhe und folglich an Pflegearbeit im Westen interessiert sind. Hinzu kommt, dass sie sich vor die Aufgabe gestellt sehen, sich in die Strukturen und Rhythmen eines fremden Haushalts einzupassen – und das nicht nur über acht Stunden an jedem Werktag, sondern wochen- oder monatelang Tag für Tag rund um die Uhr.

Der Druck, den Arbeitgebern alles recht zu machen, ist vor allem bei Schwarzarbeit groß.[19] Schließlich bedeutet die Irregularität der Erwerbsarbeit auch eine weitgehende Schutzlosigkeit. Die Pflegekraft kann – ohne Frist und ohne die Pflicht, juristisch korrekte Gründe anzugeben – vom Arbeitgeber entlassen werden und verliert dann mit dem Arbeitsplatz zugleich auch die Unterkunft. Mit einem Schlag werden ihrem Aufenthalt in der Bundesrepublik gleich zwei wesentliche Grundlagen entzogen.

Die starke Abhängigkeit bringt manche Pflegekraft dazu, sich allen Wünschen des Arbeitgebers zu fügen. Vor allem dann, wenn kein schriftlicher Arbeitsvertrag vorliegt, in dem die zu leistenden Aufgaben beschrieben sind, haben viele Live-Ins Angst davor, weitergehende Forderungen der Pflegebedürftigen oder ihrer Angehörigen abzulehnen. Gleichzeitig fühlen sie sich dann bei der Übernahme solcher Aufgaben (wie zum Beispiel der Gartenarbeit, Grabpflege oder Wäschewaschen für Angehörige) ausgenutzt. Wenn sie nicht in einer finanziellen Notlage sind, führt dies nicht selten dazu, dass sie nach einiger Zeit das Beschäftigungsverhältnis schließlich doch beenden.[20] Anders verhält es sich bei Haushalts- und Versorgungsaufgaben, die den Arbeitnehmerinnen von Anfang an übertragen wurden. Um hier die Erwartungen des Arbeitgebers auf keinen Fall zu enttäuschen, fühlen sich viele Live-Ins zu 100 Prozent und ununterbrochen für das Wohlergehen der Pflegebedürftigen verantwortlich; dazu stellen sie eigene Bedürfnisse größtenteils hintan. Vielfach nehmen sie sogar eklatant ungerechte Praktiken wie das Vorenthalten vereinbarter freier Zeiten hin.[21]

Die massive Asymmetrie im Beschäftigungsverhältnis zwingt manche Pflegekraft gegenüber dem Arbeitgeber in eine Rolle der beinahe vollständigen Ergebenheit. Das zeigt sich unter Umständen auch in ihrem Umgang mit dem Pflegebedürftigen. Zum Beispiel berichteten zwei Pflegekräfte, die im Forschungsprojekt des Nell-Breuning-Institutes interviewt wurden, dass sie geneigt waren, den Wünschen und Impulsen der betreuten Person selbst dann nachzugeben, wenn sie überzeugt waren, dass dies auf die Dauer nicht in deren Interesse liege. Eine der beiden Pflegekräfte war Petra Disztl, eine Donauschwäbin, Mitte 60. Sie war von Katrin Lauterbach eingestellt worden, um deren Mutter, Anna Römer, eine demente, aber noch resolute Mittachtzigerin, zu pflegen. Dazu war sie jeweils drei Monate ununterbrochen, das heißt auch ohne freie Zeiten, im Pflegeeinsatz und hatte dann eine Woche frei, in der sie oft nach Ungarn zu ihrer Verwandtschaft fuhr. Frau Disztl berichtete, dass sie um des lieben Friedens willen Frau Römer nur dann duschte, wenn es der Gepflegten auch passte:

»(Es) soll Konflikte nicht (geben). Wie soll ich sagen, zu der Arbeit braucht man Geduld und gute Nerven. [...] Sie ist noch selbstbewusst, meint, dass sie noch alles kann. Wenn ich sag: Komm, jetzt gehen wir duschen. Dann hat sie gesagt: Ich hab mich doch erst (geduscht). Ich brauch doch noch nicht. [...] Nur, wie soll ich sagen, wir tun nicht streiten. Da ist keine Widerrede. Ich muss mich mit ihr zusammenharmonieren. Weil anders geht's ja nicht.«[22]

Bei Frau Disztl wie bei der anderen befragten Pflegekraft geraten zwei Handlungsorientierungen in Konflikt zueinander: das uneingeschränkte Verantwortungsgefühl für das Wohl des

Pflegebedürftigen und die Zielsetzung, mit ihm zu harmonieren. Beide kann man in ihrer starken Ausprägung auf die massive Abhängigkeit vom Wohlwollen des Arbeitgebers zurückführen.

Für die Ergebenheit mancher Live-In-Pflegekraft gibt es auf Seiten der Gepflegten leider ein Pendant: Einige Pflegebedürftige nehmen die Pflegekraft in ihrem Haushalt ausschließlich instrumentell wahr: als Werkzeug zur Befriedigung ihrer Bedürfnisse. Als Individuum mit besonderen Charaktereigenschaften, als Person mit eigenen Rechten, Bedürfnissen, Gefühlen und Wünschen kommt die Arbeitnehmerin nicht in den Blick.[23] Sicher, manche zu pflegende Person ist so gebrechlich, dass die Mühen, den Tag zu überstehen, groß sind. Dann fordert es den Einsatz aller Kräfte und eben auch die Hilfe anderer, um die eine oder andere kleine Freude, die man sich noch wünscht, doch noch erreichen zu können. Oder vielleicht war der so eingestellte Pflegebedürftige eindeutig gegen die »24-Stunden-Pflege« durch eine Mittel- oder Osteuropäerin, so dass er diese jetzt nur wahrnimmt als Ersatz für das Umsorgen und Versorgen durch die eigenen Kinder, das ihm »eigentlich zusteht« würde. Insofern mag es Gründe geben, welche die rein funktionale Perspektive auf die Live-In-Pflegekraft verständlicher machen. Aber es bleibt befremdlich, wenn eine andere Person allein zählt, weil und insofern sie hilft, Bedürfnisse möglichst unmittelbar und vollständig zu verwirklichen. Befremdlich und – unter den Bedingungen einer Machtasymmetrie, in der manche Pflegekraft in die Position völliger Ergebenheit rutscht – gefährlich.

Für jede Pflegebeziehung[24] ist zuerst einmal eine Machtasymmetrie kennzeichnend, in der der Gepflegte auf der schwächeren Seite steht. Er ist vom Pflegenden abhängig, von seinen Hilfestellungen und von den vielen Entscheidungen, die dieser trifft. Zugleich gibt es in der häuslichen Pflege oft eine gegenläufige Asymmetrie: Die Pflegenden wollen gute Pflegende sein, sie wollen etwa als liebevolle Angehörige angesehen sein, die den an sie gestellten Erwartungen einer guten Tochter, eines guten

Sohnes oder Partners auch entsprechen. So sehen sie sich zum Dienst verpflichtet – und zwar umso nachdrücklicher, je hilfloser der Pflegebedürftige ist.

Die zweite Asymmetrie ist bei Live-In-Pflegekräften – vor allem bei denen, die irregulär beschäftigt sind – besonders ausgeprägt. Sie wollen den pflegenden Angehörigen, an deren Stelle sie treten, gleich sein, beziehungsweise dem Idealbild, das sie von pflegenden Angehörigen haben, entsprechen. So sind sie bereit, sich auf eine große räumliche Nähe zu dem Gepflegten einzulassen und mitunter die Pflegeverantwortung ganz zu übernehmen. So verspüren sie großen moralischen Druck, dem Anvertrauten alles recht zu machen. Auch als irregulär Erwerbstätige sehen sie sich durch die Schutzlosigkeit des Beschäftigungsverhältnisses gezwungen, den Erwartungen des Pflegebedürftigen und der Angehörigen voll und ganz zu entsprechen. Dann ordnen sie beinahe alles dem Ziel unter, den eigenen prekären Arbeitsplatz zu erhalten. Nicht nur eigene Bedürfnisse werden dem untergeordnet, sondern gegebenenfalls auch Überzeugungen, was ihres Erachtens richtig ist und dem Pflegebedürftigen auf die Dauer guttut.

Dass Live-Ins unter Umständen sogar bereit sind, den »Flausen« eines dementen Pflegebedürftigen, die für diesen selbst schädlich sind, nachzugeben, verdeutlicht, wie ohnmächtig sie in der irregulären Pflegearbeit sind. Unter keinen Umständen wollen sie das Wohlwollen und die Zuneigung des Pflegebedürftigen aufs Spiel setzen; denn davon hängen die eigene Arbeitsstelle und das damit verbundene Einkommen ab. Während die Pflegekräfte in der erste Asymmetrie in der bestimmenden und dominanten Position sind, stehen sie in dieser zweiten Asymmetrie auf der schwachen Seite. Sie sehen sich der Willkür der Arbeitgeberseite oder sogar den Launen eines dementen Pflegebedürftigen ausgeliefert.

## Das andere Leben ist das eigentliche Leben. Die vollständige Okkupation des Lebens in den Phasen der Pflege

Durch das Arrangement der »24-Stunden-Pflege«, in das die Pflegekräfte jeweils über Wochen oder Monate eingebunden sind, verschwindet der Lebensalltag der Arbeitnehmerinnen *außerhalb* der Pflegearbeit fast vollständig. Arbeit und Alltag fallen in eins; die Versorgung und Betreuung der pflegebedürftigen Person und die damit verbundenen hauswirtschaftlichen Tätigkeiten nehmen fast das ganze alltägliche Leben der mittel- und osteuropäischen Arbeitnehmerinnen in Deutschland in Beschlag. Da es nur sehr wenige Sozialkontakte außerhalb gibt, entsteht das starke Bedürfnis, die bestehenden Sozialkontakte innerhalb des Pflegesettings so positiv wie irgend möglich zu gestalten – oder zumindest: erscheinen zu lassen. Das ist sicher auch ein Faktor, der erklärt, warum sich viele Live-Ins als Quasi-Familienmitglieder in die Familien mit Pflegeverantwortung einordnen und die ihnen Anvertrauten als Mutti oder Vati, Oma oder Opa ansprechen (siehe unten).

Dabei orientiert sich der Alltag der Arbeitnehmerinnen im Pflegehaushalt vollständig und ausnahmslos an der erwarteten Abfolge von Pflege- und Versorgungsaktivitäten sowie an den Bedürfnissen, Wünschen und Problemen der Pflegebedürftigen. Die Pflegekräfte haben sich daran anzupassen. Viele implizite, unausgesprochene Erwartungen der Pflegebedürftigen und der Angehörigen gilt es, intuitiv zu erfassen und »aus eigenem Antrieb« heraus zu erfüllen.

Nicht nur eigene Bedürfnisse müssen die Live-In-Pflegekräfte weitgehend zurückstecken. Vielmehr ignorieren sogar viele von ihnen – über einen langen Zeitraum – gesundheitliche Beschwerden.[25] Gegenüber den Arbeitgebern verschweigen sie häufig die Beeinträchtigungen, weil sie Angst haben, ihren Arbeitsplatz zu verlieren. Dabei nehmen bei der oft jahrelangen häuslichen Pflege eines älteren Menschen die physischen und psychischen Belastungen des Pflegenden mit der Zeit zu und mit diesen auch seine gesundheitlichen Probleme.

Viele Pflegekräfte arbeiten in einem Rotationssystem. Sie wechseln sich mit einer Kollegin ab, sind also für zwei bis vier Wochen oder für zwei oder drei Monate in einer Pflegephase in Deutschland und anschließend für die gleiche Zeit in ihrem Herkunftsland, um danach wieder nach Deutschland in den Pflegehaushalt zurückzukehren. Diese Pendelmigration mit etwa gleich langen Phasen des Lebens in Deutschland und im Herkunftsland wird in der Literatur häufig als ein Leben in oder zwischen zwei Welten beschrieben.

Wilfried Kayser, Sohn einer dementen, auf den Rollstuhl angewiesenen über 80jährigen Frau, der unter anderen Klaudia Górniak, eine polnische Mittdreißigerin, im Rotationssystem beschäftigte, hat die Situation seiner Arbeitnehmerin einfühlsam als »zwei Leben« auf den Punkt gebracht. Weil er wahrnahm, dass Frau Górniak in den Phasen in Deutschland von der Pflegearbeit weitgehend absorbiert war, antwortete Herr Kayser in einem Interview, das der Sozialwissenschaftler Uwe Schacher für das Forschungsprojekt des Nell-Breuning-Institutes mit ihm führte, auf die Frage nach seiner Einschätzung der aktuellen Befindlichkeit von Frau Górniak:

*»Ich denke, sie hat zwei Leben [...] und hier hat sie wenig Gestaltungsmöglichkeiten. Aber sie schafft sich eine finanzielle Grundlage für Gestaltungsmöglichkeiten.«*[26]

In der Formulierung von den »zwei Leben« kommt – deutlicher noch als bei »zwei Welten« – der Bruch zwischen den beiden Phasen, den Zeiten in Deutschland und den Zeiten in Polen, zum Ausdruck: hier die hundertprozentige Einbindung in die Pflegearbeit, die für ein selbstbestimmtes Leben keinen Platz lässt, und dort die für Frau Górniak emotional hoch bedeutsame Familie. Gerade um diesen Gegensatz auszudrücken, hat Uwe Schacher dafür plädiert, in unseren Untersuchungen der »24-Stunden-Pflege« das Bild von den »zwei Leben« stark zu betonen.

Schließlich berichten viele Arbeitnehmerinnen, die im Rotationssystem arbeiten, dass sie die Pflegephase in Deutschland nicht als »eigenes Leben« erfahren. Sie leben in den Strukturen eines anderen. Für die Zeit ihres wochen- oder gar monatelangen Pflegeeinsatzes können sie sich der – nicht selten vollständig an sie delegierten – Betreuungsverantwortung fast gar nicht entziehen; sie haben keine Zeit für sich. Deshalb bekommt zum Beispiel Einkaufen eine Bedeutung, die weit über den Erwerb von Konsumgütern hinausgeht. In den Phasen der Pflege sind die Arbeitnehmerinnen an die Wohnung des Pflegebedürftigen gebunden. Sie müssen rund um die Uhr aufmerksam sein und jederzeit einsatzbereit. Kommen belastende Problemfaktoren hinzu, dann verläuft jeder Tag zäh und nahezu gleich, ohne Abwechslung. Bei eingeschränkter Kommunikationsfähigkeit der betreuten Person, etwa bei Demenz, oder auch bei Sprachproblemen der Pflegekraft kann es zu Vereinsamung kommen, mit der nicht selten auch Heimweh und Trennungsschmerz verbunden sind. Soziale Isolation aber erhöht die Verletzlichkeit der Arbeitnehmerinnen, macht sie anfälliger für psychische und körperliche Beeinträchtigungen, unter anderem auch für eine Alkoholabhängigkeit.[27]

Diese triste Realität des von der Pflege bestimmten Alltags ist das »eine Leben«; das »andere Leben« ist das Leben im Herkunftsland, in den Phasen ohne Pflegearbeit. Nur Letzteres sehen viele Live-Ins als das eigentliche Leben an. Das scheint ein zentrales Problem der »24-Stunden-Pflege« im Rotationssystem zu sein, bei der wochen- oder monatelang jeweils nur eine Live-In rund um die Uhr für die Pflegearbeit zuständig ist.

Die Phasen in Polen oder in einem anderen Herkunftsland spielen eine wichtige Rolle für die Regeneration der Arbeitnehmerinnen, für ihr eigenes Familienleben und für das Aufrechterhalten ihres sozialen Netzwerkes. Tatsächlich dürfte die körperliche und seelische Erschöpfung bei den Live-Ins, die – abgesehen von Kurzurlauben – im Dauer-Pflegeeinsatz sind, im Durchschnitt deutlich größer sein als bei den Pflegekräften in einem Rotationssystem.[28]

Allerdings sollte man sich die – häufig emotional hoch aufgeladene – Zeit, die die Arbeitnehmerinnen bei ihren Freunden und ihrer Familie verbringen, auch nicht zu rosig ausmalen.[29] Die meisten von ihnen übernehmen nach ihrer Rückkehr unverzüglich und vollständig die ihnen traditionell zugewiesenen Aufgaben als Hausfrau, als fürsorgliche Mutter und Partnerin sowie unter Umständen auch als pflegende (Schwieger-)Tochter. Diese Tätigkeiten werden nicht nur durch zahlreiche Verwandtenbesuche ergänzt, sondern eben auch durch einige Sonderaufgaben. Dazu gehören ein gründlicher, Vernachlässigtes nachholender Hausputz, das Einmachen und Einfrieren von Obst und Gemüse oder das Vorkochen für den Ehepartner und die Kinder für die kommenden Wochen oder Monate des nächsten Pflegeeinsatzes in Deutschland.

Manche Live-In fährt nach der Zeit daheim ziemlich erschöpft nach Deutschland zurück, obwohl sie sich doch in der Heimat von dem harten Pflegeeinsatz im Westen erholen wollte. Einigen anderen wurde mit der Distanz zum Pflegehaushalt und dem Ausstieg aus der Dauerbelastung überhaupt erst bewusst, wie sehr sie die schwere Arbeit, der weitgehende Verzicht auf ein selbstbestimmtes Leben und die Distanz zur eigenen Familie belasten. Oder sie mussten wahrnehmen, dass Partner und Kinder zwar ihr sauer verdientes Geld gerne nehmen, aber ihre Plackerei in Deutschland kaum wertschätzen. Sie mussten vielleicht erfahren, dass sich die Ihren für das »eine Leben«, das sie im Westen führen, gar nicht interessieren oder dass sie ihnen sogar Vorhaltungen machen wegen angeblich vernachlässigter Pflichten als Ehefrauen, Mütter und Töchter. Manche partnerschaftliche oder familiäre Verbindung wird über die langen Phasen großer Entfernung schwächer oder bricht gar völlig ab. Das ist auch deshalb besonders bitter, weil die meisten Live-Ins als wichtigstes Motiv für die Pendelmigration und die harte Arbeit in Deutschland finanzielle Engpässe in ihrer Familie angeben oder den Wunsch, ihren Kindern eine Ausbildung zu finanzieren. Die Journalistin Ingeborg Haffert berichtet, dass die 47 Jahre alte Pflegekraft Goska aus Polen dieses Dilemma ihr gegenüber in die folgenden Worte gefasst hat:

*»Ich liebe meine Familie über alles. Man braucht viel Kraft und einen star-ken Charakter, um das hier jeden Tag auszuhalten. Manchmal weine ich. Ganz für mich allein. Und manchmal denke ich auch, dass es verlorene Jahre sind, die ich hier verbringe. Ich habe irgendwie auch meine Familie verloren, die Wärme, die Nähe, die Geborgenheit. Dabei mache ich das alles hier doch nur für meine Familie.«* [30]

## Skandalöse Erfahrungen der Missachtung. Der Berg der schlechten Behandlung von Live-Ins hat auch eine Spitze

In der tristen Realität eines endlos dahinfließenden Pflegeall-tags vieler Live-Ins, in der Verweigerung des Rechts auf eine wirklich freie Zeit, in der Schutzlosigkeit vieler mittel- und ost-europäischer Pflegekräfte, in der ängstlichen Ergebenheit man-cher Pflegekraft, die es ihren Arbeitgebern unbedingt recht ma-chen will, in der Rücksichtslosigkeit einiger Pflegebedürftiger, die die Arbeitnehmerin ausschließlich als Werkzeug zur Befrie-digung ihrer Bedürfnisse wahrnehmen ... – in der Gesamtheit dieser Phänomene und in der grundlegenden Machtasymme-trie, die sie alle mit bedingt, sehe ich das zentrale ethische Pro-blem der »24-Stunden-Pflege« in unserem Land. Dabei handelt es sich um Phänomene, die sich jeweils in einer ganzen Reihe von Interviews spiegeln, die Sozialwissenschaftlerinnen und So-zialwissenschaftler veröffentlicht haben. Sie stehen also nicht für Ausnahmefälle, sondern sind – nach allem, was wir wissen – ziemlich verbreitet.

Zu diesen keineswegs seltenen Phänomenen kommen einige Berichte hinzu, denen zufolge Live-Ins misshandelt, erniedrigt, schikaniert oder gewissenlos einer lebensgefährlichen Situation ausgesetzt wurden. Die Phänomene, die ich bisher beschrieben habe, bilden gewissermaßen die breite Basis eines ganzen Bergs von Missachtungserfahrungen der Live-Ins, der eben auch eine skandalöse Spitze hat. Berichtet wird unter anderem von rassis-tischen Beschimpfungen, sexuellen Übergriffen, tätlichen Angriffen, angedrohten Schlägen, einbehaltenen großen Lohnsummen, von Verboten der Kontaktaufnahme, vom Verschweigen hochgefährlicher ansteckender Krankheiten und von sadistischem Verhalten.[31]

Am Telefon der Juristin Dr. Sylwia Timm, die in der DGB-Beratungsstelle »Faire Mobilität« arbeitet, laufen Beschwerden der in Privathaushalten beschäftigten polnischen Arbeitnehmerinnen aus der ganzen Bundesrepublik zusammen. Gegenüber der Journalistin Ingeborg Haffert hat sie ihre Wahrnehmung der Schattenseite der »24-Stunden-Pflege« so zusammengefasst: »Hier rufen Frauen an, die erzählen, dass sie in den Familien, in denen sie arbeiten, nicht genug zu essen bekommen, dass sie im Keller in einem fensterlosen Raum schlafen, dass die Verträge, die sie unterschrieben haben, in keiner Weise eingehalten werden oder dass die Agenturen, von denen sie sich Verbindlichkeit und auch einen gewissen Schutz versprechen, sie ausbeuten und unter Druck setzen. Wenn man die polnischen Internetforen durchstöbert, wie ich das aus beruflichen Gründen oft tue, dann stößt man auf eine regelrechte Klagemauer dieser Frauen.«[32]

## Tochter Ewa. Die Arbeitnehmerinnen als Quasi-Familienmitglieder

Viele Live-In-Pflegekräfte bezeichnen die Pflegebedürftigen als Mutti/Vati, Mama/Papa oder Oma/Opa und ordnen sich als Quasi-Töchter fiktiv in den vorgefundenen Familienzusammenhang ein. Dieser Aspekt der alltäglichen Interaktion in vielen Pflegehaushalten dürfte weithin bekannt sein. Vor dem Hintergrund der vielen negativen Erfahrungen und der zuletzt aufgezählten Schikanen und Erniedrigungen wirkt er deplatziert. Tatsächlich hat diese verbreitete Praxis für die Pflegekräfte selbst negative Seiten, die noch zu beleuchten sind. Aber zuerst einmal ist die Herstellung eines Scheins von Verwandtschaft[33] als ein Versuch der Live-Ins zu verstehen, mit der schwierigen Beziehungskonstellation der »24-Stunden-Pflege« klarzukommen.

Eine Live-In-Pflegekraft ist zwar eine Arbeitnehmerin, die für ihre Arbeit Lohn erhält. Aber bei ihrer Arbeit – kochend, putzend, Betten machend, beim Waschen, Essen oder bei Toilettengängen und anderen alltäglichen Tätigkeiten – wird sie Teil einer familiären Interaktion. Im Unterschied etwa zu den Mitarbeiterinnen eines ambulanten Pflegedienstes ist diese Interaktion nicht auf einige Minuten oder wenige Stunden am Tag beschränkt. Sie lebt mit dem Gepflegten zusammen und schläft in seiner Nähe, isst mit ihm, liest ihm vor und führt mitunter auch lange Gespräche mit ihm. Für Geld macht sie all das, was sonst pflegende Angehörige tun. Haben die Angehörigen nicht die gesamte Pflegearbeit an sie delegiert, dann teilt sie sich mit einer Tochter, einem Sohn oder einem Partner die Aufgaben und tauscht sich mit diesen über den Gesundheitszustand des Pflegebedürftigen und die beste Organisation der notwendigen Tätigkeiten aus. Mit der Zeit tauschen sie sich häufig auch über sehr viel mehr aus – nicht selten über viel Persönliches.

Die Aufgabe, Nähe zu erst einmal wildfremden Personen aufzubauen sowie die – an sich sehr unterschiedlichen – Interaktionsformen des Beschäftigungsverhältnisses und der persönlichen Beziehung zusammenzubringen, dürfte auch eine erfahrene Live-In immer wieder verunsichern; schließlich steht sie jedes Mal aufs Neue vor der Aufgabe, sich auf Personen mit besonderen Charakterzügen und Familien mit ihren Eigenheiten einzulassen. Diese Unsicherheit kann die Live-In dadurch reduzieren, dass sie Primärbindungen aus ihrer eigenen Biographie in die Beziehung zu den neuen, erst einmal noch unbekannten Personen projiziert. So fällt es ihr leichter, den Ausdruck ihrer Gefühle zu kontrollieren, was für personenbezogene Dienstleistungen auch in anderen Kontexten häufig notwendig ist (»emotional labour«[34]). Schließlich steht sie in dem Pflegehaushalt, in dem sie zugleich lebt, vor der Aufgabe, negative Emotionen nicht deutlich werden zu lassen und dem Pflegebedürftigen, der häufig hilflos oder gar vereinsamt ist, die menschliche Wärme zu geben, der er bedarf.[35] Die Anrede mit Mutti, Papa, Oma und Ähnlichem ist demnach Ausdruck einer inneren »Strategie« der Live-In, mit der eigenen Unsicherheit umzugehen und sich der Aufgabe der Emotionsarbeit zu stellen. Zugleich steht sie für ein Beziehungsmuster, das sich häufig einstellt und das von der Live-In mit der familiären Anrede bejaht und angestrebt wird. Mit der Anrede signalisiert die Pflegekraft dem Pflegebedürftigen und den Angehörigen, dass sie bereit ist, sich auf eine Nähe einzulassen, die für ein Beschäftigungsverhältnis eigentlich unüblich ist, und dass sie mit Gesten der Zuneigung nicht heucheln will, sondern es ernst meint.

Dabei ist die besondere Form der Anrede häufig nur Teil eines umfassenderen Bemühens, die Interaktion und Kommunikation insgesamt familiär zu gestalten. Das kann in verschiedenen Handlungsweisen zum Ausdruck kommen und sich darüber verwirklichen – unter Umständen auch in liebevollen körperlichen Gesten. Im Interview mit der Sozialwissenschaftlerin Dr. Agnieszka Satola vom Frankfurter Institut für Sozialforschung hat Ewa Kowalska, eine Pflegekraft aus Polen, verdeutlicht, dass die Zärtlichkeiten, die sie mit der ihr anvertrauten älteren Dame austauscht, durch ihren eigenen Wunsch nach Nähe, vor allem aber durch ihre Diagnose eines ungestillten Bedürfnisses der Pflegebedürftigen motiviert sind:

*»Ich sage (zu) ihr ›Mama‹ und mache Witze, dass ich zwei Mamas habe, zwei Mamas, deutsch und polnisch. Sie ist sehr zufrieden, sie freut sich so sehr. […] Also, du kannst dir darüber gar nicht im Klaren sein, wie sehr sie diese Gefühle, solches Sitzen und Streicheln braucht. Und das ist wirklich, nicht dass ich (nur) so spreche, weil du es aufnimmst. Aber, ich kuschele viel mit ihr, weil ich sehe, dass es ihr eine große Freude macht. Und ich sehe, dass sie das von Seiten ihres Sohnes oder Schwiegertochter nicht bekommt. Und ich will wirklich ihr das geben, weil ich mir vorstelle, als ob sie meine Mama wäre.«* [36]

Dr. Agnieszka Satola zeigt in ihrer Studie auf, dass sich die Konstruktion solcher »als ob«-Verhältnisse auf die Lebensperspektiven der Pflegekräfte nicht ausschließlich negativ auswirken muss. Mit dem Arbeitsbeginn in einem Pflegehaushalt tritt eine Live-In großenteils an die Stelle der Angehörigen. Die fiktive

Verwandtschaft erleichtert es ihr, eine fürsorgliche Haltung zu der ihr anvertrauten Person einzunehmen, das umfassende Spektrum der Sorgeaufgaben zu erfüllen und sich als gesamtverantwortlich für das Leben, die gesundheitliche Entwicklung und das Wohlbefinden des Pflegebedürftigen zu begreifen. In dem familiär gedeuteten »vollen« – die ganze Person fordernden – »Einsatz« erfährt sie unter Umständen ihr Tun und ihre Existenz als sinnvoll. Das wiederum kann eine wichtige Ressource darstellen für persönliche Entwicklungsprozesse der Live-In, insbesondere dafür, dass sie sich in Zukunft neue Handlungsmöglichkeiten erschließt.[37]

Allerdings bedeutet die Konstruktion und Übernahme einer Tochterrolle auch, dass sich viele Live-In-Pflegekräfte mit den problematisch hohen Arbeitsanforderungen ihres Arbeitgebers arrangieren, und das heißt unter Umständen auch: mit ausbeuterischen Praktiken. So trägt das asymmetrisch angelegte Ineinander von Arbeits- und persönlichen Beziehungen feudale Züge; die persönliche, quasi-familiäre Beziehung macht es der Live-In sehr schwer, sich für ihre Interessen als Arbeitnehmerin einzusetzen und dabei gegebenenfalls auch einen Konflikt einzugehen.[38]

Besonders problematisch wird die konstruierte Tochterrolle, wenn der vorgebliche Vater oder die vorgebliche Mutter die Pflegekraft – wie oben skizziert – rein funktional als Werkzeug zur Bedürfnisbefriedigung und eben nicht auch als eine eigenständige, mit Rechten ausgestattete Person wahrnimmt. Das scheint in zwei der Pflegehaushalte, die im Forschungsprojekt des Nell-Breuning-Institutes untersucht wurden, der Fall gewesen zu sein. Von einem der beiden Haushalte war bereits die Rede; es ist der von Anna Römer, der resoluten, aber etwas dementen Dame, die von der donauschwäbischen Pflegekraft Petra Disztl gepflegt wurde. Für Frau Römer schien Frau Disztl nur relevant zu sein, insofern sie ihr bei der Befriedigung ihrer Bedürfnisse eine Hilfe war. Die Eigenschaften von Petra Disztl, ihr Leiden an der tristen Realität des Pflegealltags, ihre Wünsche und Sehnsüchte nahm Anna Römer nicht einmal in Ansätzen wahr. Insofern ist es bezeichnend, dass sie deren Herkunftsland verwechselte, von der Ukraine sprach statt von Ungarn. Demgegenüber berichtete Frau Disztl, dass sie, da ihre Mutter früh verstorben sei, die Gefühle gegenüber der Mutter auf Frau Römer übertragen habe, was für sie wichtig sei,

*»dass ich das (die Arbeit, B.E.) so mit Leib und Seele machen kann«* [39].

Die Beziehung war also emotional hochgradig asymmetrisch: Während sich die Live-In Petra Disztl der Vorstellung familiärer Nähe anheimgab, scheint sie für die von ihr gepflegte Frau Römer nur ein Instrument zur Befriedigung der eigenen Bedürfnisse gewesen zu sein. Ihren weitgehenden Verzicht auf eigene Bedürfnisse deutete Frau Disztl als Moment ihrer Tochterrolle. Und für Anna Römer schien die Beziehung positiv zu sein, allein weil und insofern Petra Disztl unter Absehung eigener Bedürfnisse rund um die Uhr verfügbar war und nicht nur die expliziten, sondern auch die impliziten Arbeitsaufträge unverzüglich erledigte.

Für Live-Ins, die sich ähnlich stark wie Frau Disztl in die Tochterrolle hineinversetzen, sich weitgehend an die Bedürfnisse des Pflegebedürftigen anpassen und an seinem Leidensprozess intensiv teilnehmen, ist diese Konstellation gefährlich: als eine von ihnen bejahte und deshalb kaum noch zu hinterfragende Ausbeutungssituation und als ein Zustand hoher emotionaler Involviertheit, in dem gegebenenfalls eigene Gefühle verdrängt werden. Das kann zu einem Burnout führen und weitreichende gesundheitliche Folgen haben.[40]

## Wie Freundinnen. Gute persönliche Beziehungen machen die »24-Stunden-Pflege« erträglicher

Zu Beginn des Kapitels habe ich skizziert, dass es in der »24-Stundenpflege« kaum Regeln gibt, die von einer externen Instanz, vom Gesetzgeber oder von einer für diese Pflegehaushalte wichtigen Organisation, durchgesetzt werden, so dass das tägliche Leben und Arbeiten in diesen Pflegehaushalten in hohem Maße von der Machtkonstellation unter den Beteiligten geprägt ist. Diese Perspektive legt es nahe, dass die Qualität der Arbeitsverhältnisse einer Live-In auch von der Konstellation der persönlichen Beziehungen unter den Beteiligten beeinflusst wird.

Leider ist dieser Zusammenhang bisher nur wenig untersucht worden. Im Rahmen des Forschungsprojektes »Ausländische Pflegekräfte in Privathaushalten« fiel uns immerhin auf, dass sich die vier untersuchten Pflegehaushalte recht eindeutig zwei Gruppen zuordnen ließen.

Zwei Haushalte waren gekennzeichnet durch gute persönliche Beziehungen zwischen der Pflegebedürftigen und demjenigen Angehörigen, der hauptsächlich die Pflegeverantwortung übernommen hatte. Das gute familiäre Verhältnis wurde nicht nur in den Interviews deutlich, sondern äußerte sich auch darin, dass sich die Angehörigen – wenn auch mit unterschiedlicher Intensität – jeweils an der Pflege beteiligten. Die gleichen Pflegehaushalte zeichneten sich durch tendenziell eher freundschaftlich-kooperative Beziehungen zwischen dem Angehörigen und der Live-In aus. Darin nahmen sich die beiden wechselseitig als Personen mit eigener Identität, eigenen Bedürfnissen und eigenen Befindlichkeiten wahr. Hier waren dann auch die Arbeitsbedingungen für die beteiligten Live-Ins relativ moderat, was vor allem in einer Freizeitregelung zum Ausdruck kam, an die sich die Angehörigen wohl auch hielten.[41]

Für die beiden anderen Pflegehaushalte war dagegen eine schwierige Mutter-Sohn- beziehungsweise Mutter-Tochter-Beziehung kennzeichnend, in der dem leiblichen Kind das Wohlergehen der pflegebedürftigen Mutter offenbar wenig bedeutete. Der Sohn beziehungsweise die Tochter beteiligten sich in keiner Weise an der Pflege ihrer Mutter. Diese hatten sie vollständig an die Live-In-Pflegekraft delegiert, die sich im Dauereinsatz (also nicht in einem Rotationssystem) der Versorgung, Betreuung und Pflege der Pflegebedürftigen widmete. In diesen beiden Haushalten lebten auch die Pflegebedürftigen, die jeweils »ihre« Pflegekraft nur instrumentell wahrzunehmen schienen. Allerdings ließen auch die beiden Angehörigen wenig Einfühlungsvermögen für die Person und die Lebenssituation der Arbeitnehmerin erkennen. Vor diesem Hintergrund ist es wenig überraschend, dass in diesen beiden Haushalten die Arbeitsbedingungen der Live-Ins besonders schlecht waren. Das zeigte sich unter anderem darin, dass es hier keine Freizeitregelungen gab, an die sich die Angehörigen auch gehalten hätten.[42]

Die geringe Zahl der untersuchten Haushalte verbietet es, aus diesen Beobachtungen weitreichende Schlüsse zu ziehen. Zwischen der Beziehung zu den eigenen Eltern, der Möglichkeit und Bereitschaft, ein Elternteil zu pflegen, und der Sensibilität für die eigenen Pflichten als Arbeitgeber gibt es keine eindeutigen Zusammenhänge. Sie hängen von einer Vielzahl von Faktoren ab – und dabei werden sie nicht alle von den gleichen Faktoren in der gleichen Weise beeinflusst. Immerhin scheint es mir vertretbar, zwei Zusammenhänge als plausibel zu postulieren[43]:

(1) Wenn Angehörige eine gute Beziehung zu dem Pflegebedürftigen haben, dann wird ihnen zumeist auch das Wohlergehen der ihn pflegenden Live-In nicht völlig egal sein. Dass eine gute Angehörigenbeziehung und eine – zumindest begrenzte – Rücksichtnahme auf die Beschäftigte häufig zusammengeht, kann etwas mit positiven Charaktereigenschaften (wie etwa Empathie) zu tun. Gegebenenfalls ist das Wohlergehen der Pflegekraft für die Angehörigen aber auch nur deshalb relevant, weil es langfristig gesehen die Qualität der Pflege für das geschätzte Familienmitglied beeinflussen wird – vermittelt über die Motivation und die gesundheitliche Konstitution der aktuellen Live-In oder auch durch den Ruf als guter oder schlechter Arbeitgeber. Mit dieser Überlegung behaupte ich übrigens nur, dass eine ausbeuterische Arbeitsbeziehung bei Angehörigen, die sehr am Wohl des Pflegebedürftigen interessiert sind, etwas unwahrscheinlicher ist. Ein Schluss – etwa von einer schwierigen Mutter- beziehungsweise Vater-Kind-Beziehung auf einen schlechten Umgang mit Live-Ins oder umgekehrt – ist natürlich nicht möglich.

②) Die regelmäßige Beteiligung von Angehörigen an der Pflege erhöht die Wahrscheinlichkeit, dass die Arbeitsbedingungen der Live-In nicht extrem schlecht sind. Schließlich ist mit den Phasen der Angehörigenpflege die Chance wirklich freier Zeiten für die Pflegekraft verbunden. Zudem dürfte die Beteiligung an der anfallenden Sorgearbeit den Angehörigen vor Augen führen, wie stark die Pflegekraft Tag für Tag belastet ist und wie hoch ihre Leistung einzuschätzen ist.

In eine ähnliche Richtung wie diese Überlegungen weist Dr. Agnieszka Satola. In ihrer Studie konstatiert sie zum einen: »je mehr sich die Arbeitsbeziehungen durch eine fehlende Perspektivübernahme und eine defizitäre moralische Reflexionsfähigkeit [...] seitens der ArbeitgeberInnen bzw. der Familienangehörigen der Pflegebedürftigen auszeichnen, desto mehr nimmt das Arbeitsverhältnis einen ausbeuterischen Charakter an.«[44] Zum anderen betont die heute in Fulda lehrende Soziologin die Bedeutung eines kooperativen Arbeitsverhältnisses zwischen dem Angehörigen und der Live-In für die Lebens- und Entfaltungsbedingungen Letzterer. Dabei grenzt sie den kooperativen Stil unter anderem von zwei anderen Interaktionsformen ab: von rein instrumentellen Interaktionen, in denen die Live-Ins nicht als eigenständige Personen wahrgenommen werden, und von hierarchischen Handlungszusammenhängen, in denen die Pflegekräfte autoritär kontrollierend in die Rolle ergebener Dienstboten gezwungen werden. Zugleich verweist sie aber auch nachdrücklich auf die Grenzen quasi-familiärer oder freundschaftlicher Beziehungen zwischen Angehörigen und Live-Ins. Zwar kann es für die Live-In positiv sein, wenn es nicht nur einen kooperativen Stil im Pflegealltag gibt, sondern dieser Arbeitszusammenhang in quasi-familiäre oder freundschaftliche Kontakte (gemeinsame Unternehmungen, Abende, an denen man sich »festquatscht«, Teilnahme an Familienfesten ...) eingebunden ist. Zugleich besteht aber die Gefahr, dass die persönlichen Beziehungen für die Pflegekraft zu eng werden und sie sich gegenüber ihrem Arbeitgeber nicht traut, die von ihr eigentlich gewünschte Distanz zu erhalten. Auch wenn die Teil-

nahme an entsprechenden Aktivitäten als »freiwillig« gekennzeichnet wird, sieht sie sich vielleicht gezwungen, quasi-familiär
oder freundschaftlich mitzuspielen. Auf diese Weise gerät sie
möglicherweise in einen emotionalen Zwiespalt oder in eine
zwischenmenschliche Gemengelage, in der sie es auch mit Blick
auf ihre Pflegearbeit kaum noch wagt, die hohen Erwartungen
an sie zu enttäuschen und sich für ihre Interessen als Arbeitnehmerin einzusetzen.[45]

## Von der Eigenartigkeit des Arbeitsverhältnisses in der »24-Stunden-Pflege«

Zum Abschluss des Kapitels möchte ich für die Arbeitsbeziehungen zwischen Pflegebedürftigen beziehungsweise Angehörigen
und Live-Ins noch drei Charakteristika herausheben. Jede dieser
Eigenschaften hebt sie von den meisten anderen Arbeitsbeziehungen in Deutschland deutlich ab.

*Erstens* gibt es für die Arbeitsstelle einer Live-In-Pflegekraft
kaum Regeln, die auch wirklich von außen durchgesetzt würden. Schwarzarbeit ist verbreitet; nicht einmal abschreckende
Beispiele der Ausbeutung oder Erniedrigung einer Live-In
scheinen aktuell zu einer Strafverfolgung zu führen. Der Staat
hält sich mit der Durchsetzung von Gesetzen – insbesondere
von arbeitsrechtlichen Mindeststandards – völlig zurück, ja,
ist sogar bemüht, gezielt Ausnahmen (etwa bei der Arbeitszeit) zu etablieren. Politik und Strafverfolgungsbehörden
schrecken davor zurück, Regeln durchzusetzen, weil es um
Beschäftigungsverhältnisse in Privathaushalten geht. Zugleich dürfte den Entscheidungsträgern die schwere Lage der
Arbeitgeber vor Augen stehen: die Lage der Pflegebedürftigen, die unter großen Einschränkungen ihren Alltag bewältigen müssen, und der Angehörigen, die häufig von heute auf
morgen in großem Umfang Pflegearbeit organisieren müssen.
Auch die Vermittlungsagenturen mischen sich kaum einmal
in die Arbeitsbeziehungen zwischen Pflegebedürftigen bezie-

hungsweise Angehörigen und Live-Ins ein; auch sie verzichten darauf, die Einhaltung bestimmter Mindeststandards durchzusetzen. Sie beschränken sich fast durchweg darauf, Live-Ins in die Pflegehaushalte zu vermitteln und – wenn es nicht »klappt« – Ersatz zu organisieren.

*Zweitens* sind die Arbeitsbeziehungen in der »24-Stunden-Pflege« aufs engste mit persönlichen Beziehungen verknüpft. Voneinander sauber zu trennen sind die beiden Beziehungsaspekte wohl bei keiner Arbeitsstelle; auch bei anderen Dienstleistungen in Privathaushalten beeinflussen sie sich häufig stark. Hier jedoch, bei der »24-Stunden-Pflege«, leben die Beschäftigten mit im Privathaushalt; sie leben an ihrer Arbeitsstelle. Im Unterschied etwa zu den Hausangestellten in einigen Ländern der südlichen Hemisphäre ist dies bei uns völlig unüblich. Für viele Pflegebedürftige ist die Live-In eine wichtige Bezugsperson, mit der sie alltäglich interagieren, unter Umständen ist sie sogar über Wochen hinweg die einzige. Dort, wo Angehörige im gleichen Haushalt leben oder sich an der Pflege beteiligen, entsteht manches Mal eine recht enge freundschaftliche Verbundenheit. Aber obwohl persönliche Nähe und Verbundenheit wahrscheinlich ist, gibt es eine ausgeprägte Arbeitgeber-Arbeitnehmer-Asymmetrie der Macht.

Die Besonderheiten der Beziehungskonstellation, in die das Beschäftigungsverhältnis der Live-In eingebettet ist, möchte ich noch etwas deutlicher herausarbeiten: Es handelt sich um eine asymmetrische Zwangsgemeinschaft. Einerseits haben sich alle Beteiligten die Situation nicht ausgesucht. Die Pflegebedürftigen wünschen sich ein Leben ohne ihre Beeinträchtigungen, können sich diesen aber nicht entziehen. Die Angehörigen versuchen, den Wünschen der Pflegebedürftigen zu entsprechen. Um die von diesen vehement abgelehnte stationäre Pflege zu vermeiden, lassen sie sich auf ein Beschäftigungsverhältnis im rechtlichen Graubereich ein. Die Pflegekräfte finden auf dem Arbeitsmarkt in ihrem Herkunftsland keine geeigneten Einkommensquellen und weichen deshalb nach Deutschland in die – sie stark beanspruchende – »24-Stunden-Pflege« aus. Andererseits hat im Beschäftigungsverhältnis – besonders bei Schwarzarbeit – jeweils die Arbeitgeberseite die entscheidende Macht. Der Angehörige legt den Rahmen des ganzen Pflegearrangements fest und bestimmt – gegebenenfalls in Absprache mit dem Pflegebedürftigen – über die Einstellung und Weiterbeschäftigung der Pflegekraft. Letzteres wirkt sich aufgrund des fehlenden Schutzes vor willkürlichen Kündigungen massiv auf das Beschäftigungsverhältnis und die Beziehungen zwischen den Beteiligten aus. Begrenzte Gegenmacht kann die Pflegekraft dann aufbauen, wenn die gepflegte Person oder der Angehörige zu der Überzeugung kommt, dass ihr Weggang ein schmerzlicher Verlust wäre. Dass die Beschäftigte vor allem dadurch Einfluss gewinnen kann, dass sie die Wünsche und Erwartungen des Arbeitgebers möglichst vollständig erfüllt, verdeutlicht, wie schwach ihre Verhandlungsposition hier ist. Der Widerspruch zwischen der Intimität der Situation und der Machtasymmetrie wird nicht aufgelöst. In dieser starken Ausprägung dürfte er ein genuines Charakteristikum der Beschäftigungsverhältnisse in der »24-Stunden-Pflege« sein.

*Drittens* ist für die Arbeitsstellen von Live-Ins eine – kaum noch steigerungsfähige – Dauerbeanspruchung charakteristisch. Die Arbeitskraft eines Arbeitnehmers wird hier derart extensiv genutzt, wie man es in der Bundesrepublik eigentlich kaum für möglich halten würde. Weit verbreitet sind Abmachungen, die für die Pflegekräfte Freizeit nur in minimalem Umfang (zum Beispiel ein Nachmittag pro Woche) vorsehen. Nicht selten gibt es gar keine Zeiten, in denen sie nicht zur Aufsicht oder zum Einsatz bei Bedarf verpflichtet sind. Ist der Pflegebedürftige hochgradig dement oder unterstützungsbedürftig, werden die Psyche und unter Umständen auch die Physis der Pflegekraft nicht nur ex-, sondern auch intensiv beansprucht. Offenbar werden aufgrund der hohen Dauerbeanspruchung auch ältere Frauen bevorzugt. Sie haben nicht den Wunsch, am Wochenende auszugehen, fallen seltener wegen eigener familiärer Verpflichtungen aus und sind belastbarer. Die Soziologin Dr. Johanna Krawietz berichtet, dass bei Interviews in einer polnischen Vermittlungsagentur das folgende Bild von den Anforderungen der Angehörigen an Live-Ins vermittelt wurde:

>>Die Angehörigen wollen am liebsten Frauen haben, die zwischen 40 und 50 sind. Am besten solche Frauen, die keine Verpflichtungen haben, am besten keine Kinder, die sie dann vermissen würden [...]. Sondern eine Frau, die sich ihnen voll und ganz hingibt, ein Stahlroboter eben; wie ein Stahlroboter sollen die Frauen arbeiten.<<[46]

# V. Verkannte Pflegearbeit
## Warum behandelt die deutsche Gesellschaft die Pflegenden so schlecht?

Die deutsche Politik tut nichts, um die Bedingungen für die »24-Stunden-Pflege« zu verbessern. Das gilt mit Blick auf die Angehörigen, die die hohen Belastungen der häuslichen Pflege auf sich genommen haben, nun aber die Anforderungen an Betreuung und Versorgung des Pflegebedürftigen nicht mehr allein bewältigen können und sich deshalb die Hilfe einer Live-In-Pflegekraft ins Haus holen. Sie stehen plötzlich vor der Aufgabe, die Rolle von Arbeitgebern zu übernehmen, und werden in dieser Rolle von der Politik völlig alleingelassen. Im Regen stehen gelassen werden aber vor allem die Live-In-Pflegekräfte selbst; für ihre Arbeits- und Lebenssituation scheint sich die deutsche Politik nicht im Geringsten zu interessieren – dabei geht es um ein Arbeiten und Leben mitten in Deutschland.

Doch dieses Versagen der Politik ist kein Grund für Politikverdrossenheit. Schließlich liegt, wenn es um einen wichtigen Bereich des Alltagslebens geht, in demokratischen Gesellschaften die Grundlinie der politischen Gestaltung zumeist recht nahe bei den Plausibilitäten und Überzeugungen großer Teile des »Wahlvolkes«. Das dürfte auch in diesem Fall nicht anders sein. Der Verzicht, die Erwerbsarbeit der Live-In-Pflegekräfte politisch zu gestalten, ist nicht vom Himmel gefallen. Vielmehr kommt in ihm zum Ausdruck, dass Pflegearbeit – insbesondere häusliche Pflegearbeit – in unserer Gesellschaft wenig geschätzt wird.

Im Folgenden soll es um diese geringe Wertschätzung der Pflegearbeit gehen. Damit sie verständlich wird, werde ich sie in einen größeren gesellschaftlichen Kontext stellen. Zuvor muss ich aber noch klären, was ich unter dieser geringen Wertschätzung von Pflegearbeit verstehe.

## Geringe Wertschätzung der Pflegearbeit: Was ist damit gemeint?

Wird Pflegearbeit in unserer Gesellschaft wirklich so wenig wertgeschätzt? Schließlich werden die Pflegenden in unzähligen Sonntagsreden in den höchsten Tönen gelobt. Mehr noch, viele Bürgerinnen und Bürger haben – nach entsprechenden Erfahrungen in ihrem persönlichen Umfeld – großen Respekt vor der Arbeit der Altenpflegerinnen oder der pflegenden Angehörigen. Aber all dies ändert nichts daran, dass in Deutschland Pflegearbeit nicht durchweg als eine Leistung anerkannt ist, die für die Gesellschaft so wertvoll ist, dass sie auch mit einem »anständigen« Lohn entgolten werden muss: mit einem Lohn, der bei einer Vollzeit-Beanspruchung der Pflegekraft für ein Leben ohne Armut ausreicht. Fulltime-Pflegearbeit schafft in der Bundesrepublik häufig kein zufriedenstellendes Auskommen. Aufgrund dessen wissen sich die Pflegenden – ob es sich um Altenpflegerinnen oder pflegende Angehörige handelt – nicht durch ihre Pflegearbeit als Gleiche unter Gleichen in die gesellschaftliche Arbeitsteilung einbezogen: Ihre Pflegeleistung scheint der Gesellschaft nicht so viel wert zu sein, dass sie dafür ein Entgelt erhalten würden, von dem sie (bei einer Vollzeit-Belastung) ohne massive finanzielle Engpässe leben könnten. Das ist gemeint, wenn ich von einer geringen Wertschätzung[1] der Pflegearbeit spreche. Es geht um eine Geringschätzung, die sich in den schlechten Bedingungen, unter denen Altenpflegerinnen arbeiten, und in ihren niedrigen Löhnen ausdrückt. Eine Geringschätzung, die sich genauso darin zeigt, dass viele pflegende Angehörige ein Einkommen nur auf Sozialhilfeniveau haben. Eine Geringschätzung, die auch greifbar ist in den Ungerechtigkeiten und in den strukturell menschenunwürdigen Arbeitsbedingungen in der »24-Stunden-Pflege«, um die es in diesem Buch vor allem geht.

Diese Geringschätzung teilt Pflegearbeit mit anderen Formen von Sorgearbeit. Woran das liegt, wird verständlich, wenn man die Stellung der Sorgearbeit in der gesellschaftlichen Arbeitsteilung näher in den Blick nimmt. Dem wende ich mich im Folgenden zuerst zu. Im weiteren Verlauf des Kapitels werde ich mich dann wieder auf Pflegearbeit im Besonderen konzentrieren. Dabei zeige ich zum einen auf, dass sich die Art und Weise, wie in Deutschland Pflegearbeit organisiert wird, in den letzten zwei Jahrzehnten grundlegend verändert hat. Zum anderen nehme ich Phänomene der Geringschätzung von Pflegearbeit etwas genauer unter die Lupe.

## Hohe Bedeutung und geringe Wertschätzung der Sorgearbeit insgesamt

Bei Sorgearbeit geht es neben der Pflege von Kranken und älteren Menschen vor allem um Putzen und Aufräumen, um Waschen, Bügeln und Kochen sowie um die Betreuung kleiner Kinder. Alle diese Tätigkeiten sind auf die Leiblichkeit des Menschen bezogen.[2] Das, was getan wird, hat mit dem eigenen Körper und mit den Körpern anderer zu tun. Über unseren Körper stehen wir Menschen mit unserer materiellen Umwelt im Austausch: Wir nutzen Dinge, die häufig nach ihrem Gebrauch etwas andere Eigenschaften haben oder an einem anderen Platz sind als vorher. Wir verleiben uns Nahrung ein und scheiden deren Reste aus. Wir schwitzen und dünsten Gerüche aus. Sorgearbeit bezieht sich auf diesen Austausch des Menschen mit seiner Umwelt. Abgesehen von der Nahrungsaufnahme thematisieren wir diesen Austausch des menschlichen Leibes mit der übrigen materiellen Welt nur ungern; häufig verbinden wir ihn mit Dreck und Schmutz. Aus diesem Grund gilt Sorgearbeit vielfach als unreine und minderwertige Arbeit. Sorgearbeitende, die mit den stofflichen Ausscheidungen anderer Menschen zu tun haben, müssen bei ihrer Arbeit nicht selten Ekel überwinden. Traditionell hat man viele Sorgetätigkeiten den »niederen Diensten« zugeordnet.

Dabei macht Sorgearbeit einen Großteil der gesellschaftlich notwendigen Arbeit aus. Sie ist eine unverzichtbare Grundlage für dauerhaftes Wohlbefinden. Ohne Sorgearbeit, die zum größten Teil, aber nicht ausschließlich in den privaten Haushalten erbracht wird, gäbe es die meisten Gelegenheiten zu Freude und Genuss, zu Kommunikation und Kontemplation nicht. Auch jene Erwerbsarbeit, bei der es selbst nicht um Sorgetätigkeiten geht, wäre ohne Sorgearbeit – zum Beispiel ohne die Reinigung des Arbeitsraums – überhaupt nicht möglich. Sorgearbeit besteht zu einem erheblichen Teil darin zu ermöglichen, dass produktiv gearbeitet, aber auch gefeiert, gelacht, gestritten und sich entspannt werden kann. Ein Großteil der Sorgearbeit dient dazu, für alle diese Aktivitäten den Raum zu bereiten und die Teilnehmenden beziehungsweise ihren Leib »instand zu setzen«, sich daran zu beteiligen. Der Frankfurter Arbeitssoziologe Dr. Stephan Voswinkel spricht deshalb davon, dass Sorgearbeit zu einem erheblichen Teil Normalisierungsarbeit ist.[3] Durch sie wird immer wieder neu ein Zustand der Normalität hergestellt, in dem man leben und arbeiten kann. Dieser Aspekt von Sorgearbeit unterstreicht aber nicht nur ihre zentrale Bedeutung für menschliches Zusammenleben; es ist auch ein wichtiger Faktor dafür, dass Sorgearbeit weithin unsichtbar ist und kaum wertgeschätzt wird: Nach getaner Sorgearbeit fällt nichts als störend auf, ist alles wieder »normal«. Was soll an einer Arbeit, die für Normalität sorgt, schon Besonderes sein?

Ein anderer wichtiger Grund für die geringe Wertschätzung von Sorgearbeit ist, dass sie großenteils *in* Wohnungen erbracht wird, mit anderen Worten: ihre Einbindung in die Privatsphäre. Moderne Gesellschaften werden häufig als Arbeitsgesellschaften bezeichnet. Damit wird zum Ausdruck gebracht, dass die Erwerbsarbeit eine zentrale Rolle spielt für das Einkommen und die soziale Sicherheit der Menschen, aber auch für ihre persönliche Identität und Entfaltung sowie ihre gesellschaftliche Anerkennung und soziale Integration. Aufgrund dieser enormen Wertschätzung der – zumeist außerhäuslichen – Erwerbsarbeit wird heute das alltägliche Leben wahrgenommen in einer Dualität von Arbeit und Freizeit; dabei steht »Arbeit« für die Erwerbsarbeit und die mit anderen geteilte Arbeitsstätte, »Freizeit« dagegen für alles, was nicht Erwerbsarbeit ist, und die häusliche Privatsphäre. Die Sorgearbeit, die eben großenteils im privaten Bereich geleistet wird, fällt damit durch das Raster; sie bleibt weithin unsichtbar.

## Sorgearbeit in der gesellschaftlichen Arbeitsteilung

Wird Sorgearbeit im privaten Haushalt von einem Mitglied dieses Haushalts erbracht, dann gilt sie nicht als eine Leistung, die monetär entgolten werden muss. Noch vor wenigen Jahrzehnten war die traditionelle Arbeitsteilung zwischen den Geschlechtern kaum umstritten. Darin fiel den Frauen fast die gesamte Sorgearbeit zu. Durch deren Übernahme hatten sie den Männern »den Rücken freizuhalten«, damit diese möglichst ungestört arbeiten und mit dem Lohn den Lebensunterhalt des Paares und seiner Kinder verdienen konnten. Diese »Dienstverpflichtung der Frauen«[4] wurde als »natürlich« angesehen, als »gottgegeben«. Ohne jeden Zweifel, diese Sicht ist heute völlig überholt – und doch wirkt sie nach. Denn nach wie vor wird Sorgearbeit mit dem weiblichen Geschlecht assoziiert: Mehrheitlich sehen sowohl Männer die Frauen als auch Frauen sich selbst als erstzuständig für Sorgearbeit an. Nach wie vor übernehmen Frauen das Gros der Sorgetätigkeiten. Nach wie vor erschwert das ihren Zugang zur Erwerbsarbeit, obwohl hier eine umfassendere Teilhabe der Frauen von diesen selbst gewünscht und von der Politik – vor allem aus wirtschaftspolitischen Gründen – gefördert wird.

Die zunehmende Erwerbsbeteiligung von Frauen und die Sorge-»Muffeligkeit« der Männer, ihre Weigerung, die Hälfte der im Haushalt anfallenden Sorgetätigkeiten zu übernehmen, sind gemeinsam die entscheidende Triebfeder dafür, dass die *bezahlte* Sorgearbeit gegenwärtig schnell wächst. Immer mehr Arbeitsplätze entstehen in der Pflege, in der Kinderbetreuung sowie für die Übernahme hauswirtschaftlicher Tätigkeiten.

Dabei ist diese Entwicklung im Kontext eines sehr langfristigen Trends gesellschaftlicher Entwicklung zu sehen. Vor allem im Laufe der letzten 200 Jahre wurden immer mehr Tätigkeiten aus den Familien und Haushalten heraus in spezialisierte Organisationen ausgegliedert. Die Verantwortung für die entsprechenden Aufgaben wurde von Familienmitgliedern, die unentgeltlich tätig sind, an Externe übertragen, die dafür entlohnt werden. Das war etwa bei der Produktion so, die durch die Entstehung eigenständiger, vom Haushalt getrennter Betriebe ausgegliedert wurde. Und das war beim Aufbau des Schulwesens und der Einführung der Schulpflicht nicht anders. Nun ist bei der Externalisierung von Tätigkeiten offenbar die Sorgearbeit an der Reihe.

Sozialwissenschaftlich kann dieser Prozess zum Beispiel als funktionale Differenzierung beschrieben werden. Damit bezeichnet man die Entstehung von Handlungsbereichen der Gesellschaft, die jeweils auf die Erledigung einer bestimmten – für den Bestand der Gesellschaft wichtigen – Aufgabe spezialisiert sind, während sie von anderen Aufgaben weitgehend entlastet sind. Unser Handeln in jedem dieser Bereiche folgt einer eigenen Logik. Typische Beispiele wären die großen gesellschaftlichen Handlungsbereiche Wirtschaft, Politik, Wissenschaft oder Religion. Aber die funktionale Differenzierung der Gesellschaft ist nicht abgeschlossen; es entstehen neue, kleinteiligere Handlungsbereiche wie etwa der Spitzensport oder das Finanzsystem, in denen die Akteure häufig einer ganz spezifischen Logik folgen.

Eine andere Deutung der skizzierten Externalisierung von Tätigkeiten ist die ökonomische Sicht, dass die Arbeitsteilung in der Gesellschaft immer weiter voranschreitet. Es entstehen neue Berufe, weil Menschen sich auf Tätigkeiten, in denen sie besonders gut sind, spezialisieren und weil diese Spezialisierung und

Aufteilung der Aufgaben immer kleinteiliger wird. Gegen ein Entgelt nehmen Menschen Anderen eine bestimmte Aufgabe ab, während sie selbst die Einnahmen dazu verwenden, die Leistungen zu bezahlen, die wieder Andere für sie erbringen. So werden immer mehr Tätigkeiten – geldvermittelt – gegeneinander getauscht. Man kann auch sagen: Immer mehr Tätigkeiten werden monetisiert und professionalisiert. »Monetisieren« heißt, dass sie zu wirtschaftlichen Leistungen werden, für die man bezahlt, so dass dann auch das, was sie Anderen wert ist, in der zu zahlenden Geldsumme zum Ausdruck kommt. »Professionalisieren« verweist darauf, dass mit der Zeit auch Qualitätsstandards etabliert werden, bei denen man zumeist davon ausgeht, dass sie nur von Menschen erfüllt werden können, die sich beruflich auf diese Tätigkeiten spezialisiert haben. Um diese Spezialisierung zu ermöglichen, werden Ausbildungswege gestaltet, in denen das Arbeiten entsprechend der Qualitätsstandards erlernt werden kann. Es entsteht ein Beruf, zu dem prinzipiell nur Zugang erhalten soll, wer die Ausbildung absolviert hat. Rund um das Arbeiten entsprechend der etablierten Qualitätsstandards entsteht ein professionelles Selbstverständnis derer, die nach der Ausbildung in dem Beruf tätig sind.

Zurück zur Sorgearbeit, die, wie es scheint, seit etwa zwei Jahrzehnten verstärkt an der Reihe ist bei der Übertragung und Auslagerung von bisher familiären Aufgaben. Bei ihr sind der Externalisierung allerdings Grenzen gesetzt. Wenn man einem anderen Menschen liebevoll zugewandt ist, dann gehört dazu offenbar auch die Bereitschaft, ihn zu umsorgen – vor allem dann, wenn er darauf angewiesen ist. Familiäre oder partnerschaftliche Beziehungen wären wie entkernt, wenn die Familienmitglieder beziehungsweise Partner alle Sorgetätigkeiten restlos an externe Dienstleister übertrügen; sie würden vermutlich langsam veröden. Eine räumliche Verlagerung aller Sorgeaufgaben aus dem Haushalt heraus in andere Einrichtungen wäre sowieso nur denkbar als vollständige Auflösung der Haushalte. Aber von solchen totalen – oder sollte man besser sagen: totalitären – »Lösungen« sind wir natürlich sehr, sehr weit entfernt. Die Diagnose, dass es bis dahin noch sehr weit ist, ist zutreffend, obwohl sich die Externalisierung von Sorgetätigkeiten in den letzten zehn bis zwanzig Jahren enorm beschleunigt hat. Sie gilt auch für Länder, in denen – wie dies in Skandinavien zum Teil der Fall ist – diese Externalisierung viel weiter fortgeschritten ist als bei uns in Deutschland.

Für die Übergabe von Sorgeaufgaben an Externe gibt es zwei Muster: Sie kann verbunden sein mit der räumlichen Verlagerung der Tätigkeit aus dem familiären Haushalt heraus in spezialisierte Institutionen, wie dies zum Beispiel bei Kleinkinderhorten der Fall ist. Oder die Tätigkeiten verbleiben im privaten Haushalt, obwohl sie nun von Außenstehenden erledigt werden. In diesem Fall – ein Beispiel sind die Reinigungsdienstleistungen in der Wohnung – spricht man von haushaltsbezogenen Dienstleistungen.

Die Frankfurter Soziologin Prof. Dr. Helma Lutz nennt zwei Gründe, die der Überführung von unbezahlter, privat geleisteter Sorgearbeit in gut bezahlte Arbeitsplätze entgegenstehen: zum einen, weil es sich um einen »*vergeschlechtlichten* strukturell entwerteten Tätigkeitsbereich« handelt, also um einen Bereich, der mit dem weiblichen Geschlecht assoziiert wird und deshalb wenig wertgeschätzt wird. Zum anderen sperrt sich dieser Tätigkeitsbereich gegen Bemühungen, ihn zu professionalisieren, da im Haushalt eine grundlegend andere Eigenlogik herrscht als im traditionellen Erwerbsleben: Während in einem Betrieb etwa Geschwindigkeit und Effizienz hoch bewertet werden (und gegebenenfalls immer weiter gesteigert werden können), sind im Umgang mit alten Menschen und Kindern im Haushalt eher Geduld und Flexibilität vonnöten.[5] Auch die Rückbindung der Sorgearbeit an den häuslichen beziehungsweise familiären Kontext, der Umstand, dass die heute von Externen übernommenen Sorgetätigkeiten noch vor wenigen Jahrzehnten fast durchweg unentgeltlich von Familienmitgliedern erledigt wurden, trägt zur geringen Wertschätzung der bezahlten Sorgearbeit bei. Für die entsprechenden Arbeitsstellen sind unterdurchschnittliche Löhne und schlechte Arbeitsbedingungen typisch. Besonders problematisch sind die Bedingungen bei vielen haushaltsbezogenen Dienstleistungen, die großenteils an Migrantinnen delegiert werden – nicht selten in Schwarzarbeit.

Bevor ich die Pflegearbeit als eine besondere Form der Sorgearbeit in den Blick nehme, möchte ich die vorgestellten Gründe für eine Geringschätzung der Sorgearbeit noch einmal zusammenfassen. Sorgearbeit wird gesellschaftlich wenig wertgeschätzt, weil das, worum es bei ihr zumeist geht, »nicht hoch im Kurs steht«. So dreht sich ein Großteil der Sorgearbeit um den Austausch des menschlichen Körpers mit seiner materiellen Umwelt, mit dem wir nicht selten Dreck und Schmutz assoziieren. Oder bei Sorgearbeit geht es darum, einen Normalzustand herzustellen, der Leben und Arbeiten ermöglicht, wobei solche Normalisierung kaum als eine besondere Leistung wahrgenommen wird. Weil Sorgetätigkeiten erst seit zwei Jahrzehnten verstärkt externalisiert, das heißt zunehmend an Dienstleister delegiert und zum Teil auch an anderen Orten als in den Haushalten erledigt werden, ist zudem der berufliche Status der entsprechenden Arbeitsplätze noch umstritten: Inwiefern gibt es bei Sorgetätigkeiten Standards guter Arbeit, und inwiefern bedarf es spezifischer Kompetenzen, die eine eigene Ausbildung erforderlich machen? Klare Qualitätsstandards, einleuchtende Kompetenzbeschreibungen und eigene Ausbildungswege würden es den Gewerkschaften wohl leichter machen, höhere Löhne durchzusetzen.

Besonders wenig Wertschätzung ist mit Sorgearbeit *in* Familien beziehungsweise privaten Haushalten verbunden. Sofern es Haushaltsmitglieder sind, die sie erbringen, wird sie gar nicht bezahlt. Sorgearbeit in Privathaushalten wird häufig nicht als eine Leistung wahrgenommen, die zu entlohnen wäre. Schließlich werden in Arbeitsgesellschaften Betrieb und Privathaushalt als polare Sphären begriffen, als die Sphären von »Arbeit« und »Freizeit«. Daher scheint der private Haushalt geradezu dadurch definiert zu sein, dass es hier keine Arbeit gibt. Wenn dann doch einmal jemand im privaten Haushalt erwerbstätig ist, dann sieht diese Erwerbstätigkeit in den Augen vieler den unentgeltlichen Sorgetätigkeiten von Haushaltsmitgliedern zum Verwechseln ähnlich. Bezahlte Sorgearbeit gilt als schlechter Ersatz, als Notlösung und scheint keine besonderen Qualifikationen zu erfordern. Entsprechend schlecht sind die Arbeitsbedingungen und Löhne solcher »domestic workers« beziehungsweise »Haushaltsarbeiterinnen«. Das ist ein weltweites Problem, weshalb die Internationale Arbeitsorganisation im Jahr 2011 mit der Verabschiedung der Konvention 189 eine große Kampagne gestartet hat, die auf eine Verbesserung der Lebens- und Arbeitsbedingungen der Beschäftigten in Privathaushalten und letztlich auf ihre arbeitsrechtliche Gleichstellung mit den Beschäftigten in Unternehmen zielt.

## Entwicklungstrends der Pflegearbeit – typisch für Sorgetätigkeiten

Für die skizzierten Entwicklungen und die geringe Wertschätzung der Sorgearbeit ist die Pflege ein Paradebeispiel. Noch bis in die 1990er Jahre hinein wurde Pflege fast ausschließlich in der Familie geleistet – unentgeltlich von den Partnerinnen, Töchtern und Schwiegertöchtern der Pflegebedürftigen, allenfalls punktuell unterstützt von Gemeindeschwestern. Hinzu kamen einige Altersheime, in denen häufig Ordensfrauen oder Diakonissinnen einen Großteil der Sorgearbeit übernahmen. Mit der Einführung der Pflegeversicherung vor 20 Jahren wurde auch in Deutschland eine Entwicklung beschleunigt, in der sich – vor allem über stationäre Einrichtungen und ambulante Dienste – ein eigenes professionelles Pflegesystem herausgebildet hat und nun immer weiter wächst. Dieses System der bezahlten regulären Pflegearbeit ist zu einem Teil, nämlich bei den ambulanten Pflegediensten, mit dem familiären Kontext noch eng verwoben, zum anderen Teil hat es sich in Form stationärer Einrichtungen von diesem Kontext unabhängig etabliert. In beiden Fällen folgt das Pflegesystem einer eigenen Logik (Finanzierungs- und Dokumentationszwänge, Wettbewerb, »Minutenpflege« et cetera), die der Angehörigenpflege fremd ist. Mit diesen Tendenzen zur Ausbildung eines eigenständigen Pflegesystems wird eine Entwicklung greifbar, die oben unter dem Stichwort *»funktionale Differenzierung«* vorgestellt wurde.

Sicher, das Gros der Pflegearbeit wird nach wie vor in den Familien geleistet, vor allem von den Angehörigen. Seit Einführung der Pflegeversicherung kam es aber eben auch zu einem schnell wachsenden professionellen Pflegesystem und damit zur Entstehung und zum Wachstum eines eigenen Arbeitsmarktsegmentes für entlohnte reguläre Pflegearbeit. Zugleich wurde der Beruf der examinierten Altenpflegerin etabliert. Es entstanden Ausbildungswege, die den Zugang zu diesem Beruf ermöglichen. Diese wurden mittlerweile bundesweit vereinheitlicht. Zudem breiteten sich kürzere Ausbildungswege aus, die zur Altenpflegehelferin qualifizieren. Die Art und Weise, wie die deutsche Gesellschaft die notwendige Pflegearbeit organisiert, hat sich insofern in zwei Jahrzehnten grundlegend verändert. Der Bereich der Pflege wird aktuell – ganz im Sinne der oben angedeuteten ökonomischen Sicht – in den *Prozess der fortschreitenden Arbeitsteilung* hineingezogen. Pflegearbeit wird allmählich als eine Leistung anerkannt, die zu entgelten ist und die von den Pflegenden die Einhaltung hoher Qualitätsstandards erfordert, die in einer regulären Ausbildung zu erwerben sind. Sie wird also Schritt für Schritt monetisiert und professionalisiert. Dieser Prozess ist in der Pflegarbeit weiter fortgeschritten als bei einigen anderen Formen der Sorgearbeit; aber er ist auch hier nicht abgeschlossen, er ist im Gange.

Das Arbeitsmarktsegment der entlohnten regulären Pflegearbeit ist seit 1995 schnell gewachsen. Neben den examinierten Altenpflegerinnen und den Altenpflegehelferinnen kommen auch Hilfskräfte ohne Ausbildung zum Einsatz. Gegenwärtig sind in der Pflege etwa eine Million regulär Beschäftigte tätig, deren Arbeitsvolumen etwa 700 000 Vollzeitstellen umfasst. Dabei ist der Umfang dieser entlohnten Pflegearbeit in den letzten zehn Jahren etwa um ein Drittel gestiegen.[6] Die demographische Entwicklung lässt erwarten, dass der Boom der professionellen Pflegearbeit noch fast drei Jahrzehnte lang andauern wird. Nicht erfasst ist hier die Pflegearbeit der Live-Ins, die ja ebenfalls bezahlt wird, für deren Umfang es aber keine verlässlichen Zahlen gibt.

Die Aussage, dass die Pflege ein »Paradebeispiel« für die Entwicklung der Sorgearbeit ist, bezieht sich nicht nur auf den starken Beschäftigungszuwachs in diesem Tätigkeitsbereich, der früher beinahe ausschließlich unentgeltlich von Familienmitgliedern abgedeckt wurde. Vielmehr treten hier auch die typischen Defizite gesellschaftlicher Wertschätzung deutlich zu Tage.

## Geringe Wertschätzung der Pflegearbeit von Angehörigen und der Live-Ins

Nach wie vor wird die meiste Pflegearbeit von den Angehörigen geleistet – und nicht entlohnt. Das Pflegegeld, das die Angehörigen erhalten, ist im Verhältnis zu der erbrachten Leistung und zu den enormen Belastungen, die damit verbunden sind, lächerlich niedrig. Es ist nicht als Entgelt, sondern nur als »Anerkennung« der Angehörigenpflege konzipiert. Die geringe Wertschätzung der von Familienmitgliedern geleisteten Sorgearbeit bleibt also auch dann erhalten, wenn der Umfang der anfallenden Sorgearbeit durch Eintritt eines Pflegefalls massiv ansteigt. Gleichzeitig ist der Anspruch an pflegende Angehörige ungeheuer hoch. Den Leistungen, die von ihnen erwartet werden, scheinen keine Grenzen gesetzt zu sein. Und paradoxerweise zeigt sich auch in dieser prinzipiell unbegrenzten Leistungserwartung, dass die Pflegearbeit der Angehörigen nicht als eine wirtschaftliche Leistung anerkannt ist: nicht als eine Leistung, die wie jeder andere Beitrag zum gesellschaftlichen Leistungsaustausch auch zu bemessen, zu bewerten und mit einem Lohn zu entgelten ist.

Im Unterschied zur Angehörigenpflege gilt die Arbeit der Live-In-Pflegekräfte zwar als Erwerbsarbeit, aber zugleich bleibt sie in den familiären Kontext eng eingebunden. Im Bemühen, die Fremdheit in der Privatsphäre einzugrenzen, werden Live-Ins häufig als Quasi-Familienmitglieder behandelt. Vor allem jedoch wird ihre Arbeit ähnlich betrachtet wie die Arbeit pflegender Angehöriger. Die Frauen aus Mittel- und Osteuropa sollen so flexibel sein, wie es auch von Angehörigen erwartet wird, ebenso einsatzbereit bis zur Erschöpfung und selbstlos auf das Wohl der Pflegebedürftigen ausgerichtet. Dass derart hohe Erwartungen nur gestellt werden können, weil das Einkommensgefälle zwischen West und Ost so stark ist, bleibt dabei ausgeblendet. Das Gefälle macht es möglich, dass die Arbeitnehmerinnen freiwillig – in der Aussicht auf einen Lohn, der in ihrem Herkunftsland als gutes Einkommen gilt – auf den Schutz verzichten, der mit dem Arbeitnehmerstatus verbunden ist. Es bedingt, dass die Mittel- und Osteuropäerinnen in einer Position der Schwäche sind, die dazu führt, dass die Regelungen zum Schutz des Schwächeren – zum Schutz des Arbeitnehmers – systematisch unterlaufen werden. Die Position der Schwäche ermöglicht es, die Sorgearbeit der Live-Ins der Sorgearbeit von Familienmitgliedern anzugleichen und ihre Arbeitskraft in ähnlicher Weise, nämlich beinahe unbegrenzt, auszunutzen wie die Arbeitskraft pflegender Angehöriger. Sie führt dazu, dass auch Live-Ins mit einer fast grenzenlosen Leistungserwartung konfrontiert sind. Anders als bei Angehörigen wird ihre Leistung zwar als wirtschaftliche Leistung honoriert; sie wird als ein Beitrag zum gesellschaftlichen Leistungsaustausch begriffen, für den ein Lohn zu zahlen ist. Aber die Nähe zur Sorgearbeit von Familienangehörigen bedingt, dass die Pflegearbeit von Live-Ins ähnlich geringgeschätzt wird wie die der Angehörigen. Dies kommt nicht nur in den erwähnten extrem hohen Ansprüchen an die zu erbringende Leistung zum Ausdruck, sondern auch in einem Stundenlohn, den man angesichts von Einsatzbereitschaft, Aufsichtspflichten und Tätigkeiten rund um die Uhr als äußerst gering bezeichnen muss. So dürften die Arbeitsstellen der Live-In-Pflegekräfte wohl mit zu den am wenigsten attraktiven Stellen gehören, die in Deutschland zu vergeben sind. Nicht zufällig sind es fast ausschließlich Migrantinnen, die sie besetzen. Sie bilden eine Gruppe abhängig Beschäftigter, die durch eine Mehrfachbenachteiligung – aufgrund ihres Geschlechts, ihrer Ethnizität und ihrer Staatsangehörigkeit – besonders verletzlich sind und häufiger als andere ausgenutzt werden.[7]

## Geringe Wertschätzung der Erwerbsarbeit von Altenpflegerinnen

Am ehesten ist es den Altenpflegerinnen in den Pflegeheimen und bei den Pflegediensten gelungen, sich von der unentgeltlichen Pflegearbeit der Angehörigen abzugrenzen. Der Arbeitnehmerstatus, der die Arbeitenden mit entsprechenden Schutzrechten ausstattet, steht hier nicht in Frage. Hier gab und gibt es eine gewisse Professionalisierung – spezifische Qualitätsstandards und ein eigener Ausbildungsweg wurden etabliert, ein berufliches Selbstverständnis entstand. Allerdings führt die Kostenkonkurrenz unter verschiedenen Einrichtungen und Pflegediensten immer wieder zu gegenläufigen Entwicklungen. Vor allem führt sie dazu, dass examinierte Altenpflegerinnen Aufgaben an Altenpflegehelferinnen abgeben und diese wiederum an Hilfskräfte ohne formale Qualifikation.

Die Kostenkonkurrenz unter den Anbietern der Pflegedienstleistungen ist wohl auch eine zentrale Ursache jener strukturellen Missstände, die für den Beruf der Altenpflegerin in Deutschland typisch sind. Diese Missstände wurden hier schon mit dem sehr allgemeinen Begriffstandem »niedrige Löhne und schlechte Arbeitsbedingungen« ins Spiel gebracht.[8] Dabei erweist es sich unter anderem als besonders problematisch, dass die Erwerbsarbeit im Bereich der Altenpflege primär als Dazuverdienst organisiert ist. Das zeigt sich vor allem in der weiten Verbreitung von Teilzeitstellen zu sehr ungünstigen Konditionen. Von den Beschäftigten der Pflegeheime und Pflegedienste haben weniger als 30 Prozent eine Vollzeitstelle.[9] Der Anteil der Teilzeitbeschäftigung ist damit mehr als doppelt so hoch als im gesamtwirt-

schaftlichen Durchschnitt. Zweifellos gibt es manche Altenpflegerin, die sich die reduzierte Arbeitszeit auch wünscht. Vor
allem jedoch dürfte der hohe Teilzeitanteil darauf zurückgehen,
dass die Arbeitgeber durch geschickte Strategien der Arbeitszeit-
gestaltung Kosten zu sparen suchen. Dass Teilzeit zu einem erheblichen Teil von den Altenpflegerinnen nicht gewünscht ist,
verdeutlicht unter anderem der Umstand, dass mit steigender
formaler Qualifikation der Teilzeitanteil unter den Altenpflegerinnen stark abnimmt[10]. Das kann man so interpretieren: Je
schwächer die Position der Arbeitnehmerin auf dem Arbeitsmarkt für Pflegekräfte ist, umso eher muss sie sich auf ein un-
günstiges Teilzeitangebot einlassen. Bei der Arbeitszeitgestal-
tung können die Arbeitgeber dann vor allem dadurch Kosten
senken, dass sie mit den Teilzeitkräften jeweils nur die Stoßzei-
ten abdecken, während sie bezahlte Arbeitszeiten, in denen relativ wenig Unterstützungsleistungen oder Behandlungen anste-
hen, auf ein Minimum reduzieren.

Hinzu kommt, dass in der Altenpflege manche Teilzeitstelle
eine verkappte Vollzeitstelle ist. Für diese Sicht spricht nicht nur
die starke Arbeitsverdichtung in der Altenpflege. Vielmehr legen
dies auch die folgenden Praktiken nahe, die bei Arbeitgebern
der Pflegebranche offenbar nicht unüblich sind: Überstunden
nicht zu bezahlen, Dienste zu teilen – also Beschäftigte morgens
und abends für zwei getrennte Dienstphasen an einem Tag ein-
zuteilen – oder ihnen, wenn unerwartet wenig »zu tun« ist, kurzfristig abzusagen.[11] Bei versteckten Vollzeitstellen ist aber das –
im gesamtwirtschaftlichen Vergleich – niedrige Lohnniveau für
Pflegearbeit besonders problematisch. Schließlich tragen die
Beschäftigten dann etwa die Last einer Vollzeitstelle, während
sie nur einen Monatslohn erhalten, der nahe am soziokulturel-
len Existenzminimum liegt, also vom Sozialhilfeniveau nicht
weit entfernt ist.[12] Trotz hoher Arbeitsbelastung sind viele in der
Pflege beschäftigten Mitarbeiterinnen der Pflegeheime und
-dienste auf die Unterstützung ihres Partners angewiesen. Als
Alleinerziehende muss manche von ihnen zum Jobcenter gehen
und sich den geringen Lohn durch Sozialgeld oder Kinderzu-

schlag »aufstocken« lassen. Das Verhältnis zwischen einer großen Arbeitsbelastung und einem geringen Entgelt, das für Altenpflegerinnen typisch ist, macht es offensichtlich, wie wenig Pflegearbeit in der deutschen Gesellschaft wertgeschätzt wird!

Die strukturellen Missstände der Pflegearbeit werden zudem in der Praxis der sogenannten »Minutenpflege« deutlich. Der Begriff »Minutenpflege« verweist zum einen *allgemein* auf einen enormen Zeitdruck in der Altenpflege. Die Altenpflegerinnen sind für zu viele Pflegebedürftige zuständig und haben deshalb für die pflegerische Interaktion mit jedem und jeder Einzelnen zu wenig Zeit. Die freundliche Begrüßung, die Nachfrage nach dem Befinden, der Small Talk über die Familie – all das muss abgekürzt werden, damit bestimmte Handgriffe, Hilfestellungen und Behandlungsschritte zügig ausgeführt werden können, diese sind vorgeschrieben, müssen dokumentiert und können zum Teil eigenständig abgerechnet werden. Zweifellos, manches Mal wird sicher auch bei diesen »Verrichtungen«, für die jeweils bestimmte Minuten Arbeitszeit angenommen werden, »geschummelt«. Insgesamt jedoch treten sie bei der Altenpflege in den Vordergrund, während die für die pflegerische Interaktion so wichtige allgemeine Kommunikation von Mensch zu Mensch leidet.

Zum anderen wird mit dem Begriff »Minutenpflege« auch *spezifisch* der bisherige Begriff der Pflegebedürftigkeit und die ihm entsprechende Praxis der Pflegebedarfsermittlung kritisiert. Bis Ende 2016 ermittelt der Medizinische Dienst für jeden Pflegebedürftigen, bei welchen alltäglichen Aktivitäten – sei es Anziehen, Waschen oder Nahrungsaufnahme – er auf Unterstützung angewiesen ist. Dann wird für jede dieser Unterstützungsleistungen eine durchschnittliche Minutenzahl angenommen und die Summe der Minuten aller Unterstützungsleistungen eines durchschnittlichen Tages ermittelt. Erreicht der tägliche Unterstützungsbedarf 90 Minuten, wird der Pflegebedürftige der Pflegestufe 1 zugeordnet, ab 180 Minuten der Stufe 2 und ab 300 Minuten der Stufe 3. Je höher die Pflegestufe, desto mehr Geld erhalten – bei der häuslichen Pflege –

entweder die pflegenden Angehörigen für ihre eigene Pflegearbeit (»Pflegegeld«) oder die ambulanten Pflegedienste für Pflegeleistungen, die die Angehörigen bei ihnen bestellt haben (»Pflegesachleistungen«). Und je höher die Pflegestufe, desto mehr Geld zahlt die Kasse – bei der stationären Pflege – an das Pflegeheim. Zu Recht wurde diese Ermittlung des Pflegebedarfs seit langem heftig kritisiert. Sie ist ausschließlich an körperlichen Gebrechen orientiert. Den Unterstützungsbedarf als Minutensumme vieler Handgriffe abzuschätzen erinnert daran, wie am Fließband Arbeitsleistungen »ermittelt« wurden. Das passt, wenn überhaupt, zu industriellen Produktionsprozessen, ganz sicher aber nicht zu den Unterstützungsprozessen sozialer Berufe, die vor allem als Kommunikationsgeschehen begriffen werden müssen.

Aufgrund dieser langjährigen Kritik wurde in der letzten Pflegereform beschlossen, ab Januar 2017 den Pflegebedarf »ganzheitlicher« zu ermitteln. Bei der Zuordnung zu dann fünf Pflegegraden soll die Frage nach der Selbständigkeit des Pflegebedürftigen im Mittelpunkt zu stehen. Auch psychische Beeinträchtigungen wie etwa bei Demenz werden dann berücksichtigt.

Zwar wird Anfang des nächsten Jahres diese neue Vorgehensweise zur Ermittlung des Pflegebedarfs eingeführt. Dies allein reduziert aber nicht das Ausmaß der Arbeitsverdichtung in der Pflege; denn auch nach dem 1. Januar 2017 werden die Mitarbeiterinnen der stationären Pflegeeinrichtungen und der ambulanten Pflegedienste für zu viele Pflegebedürftige zuständig sein, so dass für die pflegerische Interaktion jeweils zu wenig Zeit bleibt. An diesem allgemeinen Missstand, der unter dem Schlagwort »Minutenpflege« kritisiert wird, würde sich erst etwas ändern, wenn für die professionelle Pflege in den Heimen und durch die ambulanten Dienste pro Patient deutlich mehr Geld zur Verfügung stünde. Wie hoch der Zeitdruck etwa für die Altenpflegerinnen in der stationären Pflege ist, verdeutlicht eine repräsentative Erhebung bei Pflegeeinrichtungen im Saarland. Bei dieser kam heraus, dass den Pflegekräften für die Pflege (einschließlich Dokumentation und Besprechungen) pro Patient gerade einmal 83 Minuten täglich zur Verfügung stehen. Die Mehrzahl der Bewohner von Pflegeheimen ist jedoch den Pflegestufen 2 und 3 zugeordnet, was einen Unterstützungsbedarf von 180 beziehungsweise 300 Minuten täglich voraussetzt.[13] Vor diesem Hintergrund verwundert es nicht, dass bei einer Repräsentativbefragung von Pflegekräften für den Index *Gute Arbeit* 84 Prozent der befragten Mitarbeiterinnen von Pflegeheimen und -diensten angaben, häufig beziehungsweise sehr häufig »hetzen« zu müssen – was ganze 28 Prozent über dem bundesdeutschen Durchschnitt liegt. 87 Prozent von ihnen vermerkten, dass die Arbeitsintensität in den letzten Jahren in hohem oder gar sehr hohem Maße gestiegen sei. Bemerkenswert ist auch, dass 47 Prozent der Pflegekräfte beklagten, dass sie deshalb Abstriche bei der Qualität ihrer Arbeit machen müssten.[14] Zumindest mit Blick auf die examinierten Altenpflegerinnen und die ausgebildeten Pflegehelferinnen ist deshalb festzuhalten, dass hier ein besonderer Aspekt der Geringschätzung ihrer Arbeit deutlich wird: Die Art und Weise, wie in Deutschland Pflege organisiert ist, hindert sie häufig daran, so zu pflegen, wie es den in der Ausbildung vermittelten Qualitätsstandards entsprechen würde. Strukturell werden sie folglich zu einer Pflegepraxis gezwungen, die ihrem professionellen Selbstverständnis widerspricht. Zu dieser Problemdiagnose passt, dass sich etwa drei Viertel aller Pflegekräfte nicht vorstellen können, ihre Tätigkeit unter den gegebenen Bedingungen bis zur Rente fortzusetzen.[15]

## Zu wenig Geld im Pflegesystem

Es bleibt festzuhalten: mit einem lächerlich niedrigen Pflegegeld »abgespeiste« Angehörige, ausgenutzte Live-Ins, die für einen geringen Lohn rund um die Uhr einsatzbereit sein müssen, Altenpflegerinnen, die unter schlechten Bedingungen Teilzeit arbeiten und bei der Pflege einem Zeitdruck ausgesetzt sind, der ihren eigenen Überzeugungen von guter Pflege widerspricht.

Natürlich gibt es bei der Art und Weise, wie die deutsche Gesellschaft die notwendige Pflegearbeit organisiert, noch ein viel breiteres Spektrum an Problemlagen und -ursachen. Aber im Zentrum der Problematik steht, dass das Pflegesystem allgemein unterfinanziert ist. Das gilt vor allem für die Ausgaben der öffentlichen Hand. Tatsächlich gibt der deutsche Staat für die Langzeitpflege deutlich weniger aus als die meisten anderen Staaten Westeuropas. Deutschland kommt hier auf 1,4 Prozent des Bruttoinlandsproduktes, während der Durchschnitt bei den westeuropäischen Staaten, die nördlich der Alpen liegen, 2,4 Prozent des jeweiligen Bruttoinlandsproduktes ausmacht. Deutlich über dem deutschen Niveau liegen längst nicht nur die skandinavischen Länder, die für hohe Sozialausgaben bekannt sind, sondern auch die Niederlande, Belgien und Frankreich.[16] Dass Deutschland nicht mehr Geld für die Pflege ausgibt, führt zu Defiziten in der Versorgung Pflegebedürftiger und dazu, dass Pflegende vielfältige Erfahrungen einer gesellschaftlichen Geringschätzung ihrer Pflegearbeit machen. Diesen Zusammenhang kann man auch anders ausdrücken: Die im westeuropäischen Vergleich niedrigen öffentlichen Ausgaben für Altenpflege drücken die geringe Wertschätzung der Pflegearbeit in unserer Gesellschaft aus. Sie zeigen, wie wenig der deutschen Gesellschaft und Politik die Pflege wert ist!

# VI. Ungerechte Arbeit, ausbeuterisches Zeitregime
## Zur Sozialethik der Pflegearbeit von Live-Ins

In den vorhergehenden Kapiteln habe ich bereits zum Ausdruck gebracht, dass viele Live-Ins Tag für Tag mit zum Teil extrem hohen Pflegebelastungen konfrontiert sind. Viele wagen es kaum, sich zur Wehr zu setzen, wenn die Arbeitgeber ihre Ansprüche bezüglich des Arbeitseinsatzes oder der zu erledigenden Aufgaben immer weiter steigern. Manche Arbeitnehmerin findet sich gar in einer Rolle völliger Ergebenheit gegenüber den Arbeitgebern wieder oder hat mit einem Pflegebedürftigen zu tun, der sie gar nicht mehr als Person, sondern nur noch als Instrument zur Befriedigung seiner Bedürfnisse wahrnimmt. Vor allem jedoch wurde deutlich, wie sehr ein Rund-um-die-Uhr-Dienst ohne längere freie Zeiten die Lebensmöglichkeiten der Live-In-Pflegekräfte einschnürt.

Nachdem ich diese Erfahrungen der Live-Ins im letzten Kapitel in den Kontext der geringen gesellschaftlichen Anerkennung von Pflegearbeit gestellt habe, geht es nun um eine erste sozialethische[1] Einschätzung der Beschäftigungsverhältnisse in der »24-Stunden-Pflege«. Dazu skizziere ich zuerst, wie in unserer Gesellschaft die Arbeitsverhältnisse der mittel- und osteuropäischen Arbeitnehmerinnen in der häuslichen Pflege häufig wahrgenommen werden und was die involvierten Arbeitgeber und Arbeitnehmerinnen zu der Frage sagen, ob die »24-Stunden-Pflege« auch für die Live-Ins fair seien. Dann widerspreche ich der verbreiteten Position, es sei unnötig, diese Arbeitsstellen ethisch zu problematisieren, da es sich ja um eine Win-Win-Strategie der beiden beteiligten Parteien handele. Denn für eine ethische Bewertung der »24-Stunden-Pflege« spielt meines Erachtens eine zentrale Rolle, von welcher *Qualität* die Erwerbsarbeit der Pflegenden ist: Wird in der »24-Stunden-Pflege« die Arbeit der Live-Ins so organisiert, dass sie ihnen – mit dem gezahlten Lohn, der geforderten Arbeitszeit und den anderen Arbeitsbedingungen – faire Lebens- und Entfaltungschancen erschließt? Um diese Frage zu beantworten, entwickele ich für die Qualität der Arbeit zwei Gruppen ethischer Mindeststandards: die Standards menschenwürdiger Arbeit und die Standards gerechter Arbeit. In diesem Kontext definiere ich auch, was ich unter ausbeuterischer Arbeit verstehe. Anschließend wende ich die eingeführten ethischen Kriterien auf die Erwerbsarbeit der Live-Ins in deutschen Pflegehaushalten an. Ich zeige auf, was an diesen Arbeitsstellen ungerecht ist und warum die Zeitstruktur der »24-Stunden-Pflege« als ausbeuterisch zu kennzeichnen ist. Zum Abschluss des Kapitels ziehe ich dann noch eine Querverbindung zu den hohen Belastungen, denen viele pflegende Angehörige ausgesetzt sind.

## Bewertung der »24-Stunden-Pflege« in der Öffentlichkeit und durch die Beteiligten

In der deutschen Öffentlichkeit wird das Phänomen der »24-Stunden-Pflege« nur selten zum Thema. Wenn überhaupt, dann wird das Arbeitsverhältnis zwischen der Pflegekraft und dem Pflegebedürftigen beziehungsweise seinen Angehörigen gerne als Win-Win-Strategie gedeutet. Beide Seiten haben demnach einen Vorteil davon. Zum einen erhält die Pflegekraft aus Mittel- und Osteuropa einen Lohn in einer Höhe, die für sie auf dem Arbeitsmarkt in ihrem Heimatland unerreichbar wäre. Schließlich muss man sich vergegenwärtigen, dass jeder Euro, den sie mit der Pflegearbeit in der Bundesrepublik verdient, in ihrem Heimatland sehr viel mehr wert ist als in Deutschland. Für das Geld bekommen zum anderen der Pflegebedürftige und seine Angehörigen eine Versorgung und Betreuung rund um die Uhr, die sie sich sonst nicht leisten könnten. Hätten die Live-In-Pflegekräfte den Eindruck, mit ihrem Pflegeeinsatz in deutschen Privathaushalten seien Belastungen verbunden, die gewichtiger seien als der – für ihre Verhältnisse – relativ hohe Lohn, dann würden sie das Arbeitsverhältnis nicht eingehen. Zumindest würden sie nach Abschluss des ersten Arbeitsverhältnisses keine weiteren Stellen in der »24-Stunden-Pflege« mehr antreten. Zwei freie Menschen schließen einen Vertrag, keiner von ihnen wird von dem anderen unter Druck gesetzt, beiden ist bewusst, worauf man sich einigt. Durch den Vertrag stehen beide besser da als vorher. Warum sollte das unfair sein?

Wie ist die Sicht der Beteiligten? Empirisches Material zur ethischen Bewertung der »24-Stunden-Pflege« durch die Arbeitgeber gibt es so gut wie keine. Die vier Angehörigen, die im Rahmen des Forschungsprojektes »Ausländische Pflegekräfte in Privathaushalten« befragt wurden, deuteten das Arbeitsverhältnis alle als eine Win-Win-Situation.[2] Zwei von ihnen räumten allerdings ein, dass vermutlich der Pflegebedürftige beziehungsweise sie selbst mehr profitierten als die Pflegekraft. Sie äußerten die Einschätzung, dass das wohl nicht ganz fair sei. Das führte aber nicht dazu, dass sie im Verlauf des Interviews ihre Position als Arbeitgeber ethisch reflektiert hätten.

Und wie äußern sich die Pflegekräfte? Die drei Live-Ins, die in dem Projekt gefragt wurden, ob das Arbeitsverhältnis fair oder gerecht sei, antworteten ausweichend.[3] Sofern sie es in dem Pflegehaushalt, in dem sie aktuell im Einsatz waren, relativ gut angetroffen hatten, entschärften sie die Frage, indem sie auf die menschliche Praxis in ihrem aktuellen Arbeitsverhältnis und auf schlechte(re) Erfahrungen bei früheren Arbeitgebern verwiesen. Auf diese Weise blendeten sie jenes Moment der Frage aus, das auf ein Urteil über Strukturen zielt. Sie antworteten lediglich auf einer individuellen beziehungsweise zwischenmenschlichen Ebene, in dem sie ausschließlich thematisierten, wie gut oder schlecht sich einzelne Arbeitgeber verhielten und die Beziehungen im Pflegehaushalt gestalteten.

In Interviews mit anderen Sozialwissenschaftlerinnen wurden einige Live-In-Pflegekräfte deutlicher. Sie sprachen davon, dass sie missachtet würden, rechtlos seien und das Gefühl hätten, zu Diensten sein zu müssen, als Dienstmädchen oder gar als moderne Dienerinnen behandelt zu werden.[4] Es gibt auch Pflegekräfte, die einzelne Arbeitsverhältnisse – wenn der Arbeitgeber sie besonders schlecht behandelt, ihnen zum Beispiel jegliche Freizeit vorenthält oder sie mit einer Flut unsinniger Arbeitsaufträge schikaniert – mit Sklaverei vergleichen.[5] Eine Polin in der »24-Stunden-Pflege« benannte gegenüber der Soziologin Prof. Dr. Helene Ignatzi das Problem faktischer Rechtlosigkeit, das für sie auch mit der Angst vor einer Strafverfolgung wegen Schwarzarbeit zusammenhängt. Tatsächlich scheint die Strafandrohung wegen Schwarzarbeit die Live-Ins vielfach davon abzuhalten, sich gegen Unrecht zur Wehr zu setzen und Hilfe zu suchen.[6]

*»Wir haben hier nichts, keine Rechte, keine. Wenn Du auf eine gute Familie triffst, dann danke Gott, weil sich dann irgendein Recht schon finden wird; denn wenn du um etwas bittest, geben sie dir gerne oder sie erledigen etwas für dich. Aber in dem Moment, wenn jemand hört, dass eine schwarz arbeitet, wird man sofort verbannt. Es gibt enorme Strafen und schon ist sie verloren und kommt nie mehr wieder.«[7]*

## Win-Win reicht nicht! Worin die traditionelle Lehre vom »gerechten Lohn« aktuell ist

Die in der Öffentlichkeit verbreitete Rechtfertigung der Arbeitsverhältnisse in der »24-Stunden-Pflege« als Win-Win-Strategie hat einen weltanschaulichen Hintergrund mit langer Tradition. Schon im 19. Jahrhundert haben viele wirtschaftsliberale Autoren jegliche Kritik an den miserablen Arbeitsbedingungen der Arbeiterschaft mit dem Hinweis darauf zurückgewiesen, dass Lohnarbeit – im Unterschied zur Leibeigenschaft – auf den freien Vertragsschluss zwischen Arbeitgeber und Arbeitnehmer zurückgehe. Deshalb liege bei Lohnarbeit das Beschäftigungsverhältnis immer im Interesse beider Seiten. Folglich sei es unangemessen, Vertragsbedingungen, auf die sich die beiden Parteien frei verständigt hätten, gewissermaßen von außen ethisch zu problematisieren. Dieser Meinung diametral entgegengesetzt war die – durch die Marxsche Theorie fundierte – Überzeugung vieler Sozialisten, Lohnarbeit sei in jedem Fall ein Übel, weil sich der Unternehmer den gesamten durch den Arbeiter geschaffenen Mehrwert aneigne. Zwischen diesen beiden Positionen standen sozialreformerische Kreise, für die Beschäftigungsverhältnisse weder *in jedem Fall* ethisch unbedenklich noch *an sich* sittlich schlecht waren, sondern für die Lohnarbeit entsprechend der jeweiligen Qualität der Arbeit ethisch zu bewerten war, die ethische Einschätzung einer Arbeitsstelle also vom Lohn und von den anderen Arbeitsbedingungen abhing. Gemeinsam mit reformorientierten Strömungen der Sozialisten setzten sie sich deshalb für staatliche Maßnahmen zur Verbesserung der Arbeitsbedingungen der Arbeiter ein.

Dieser Einschätzung schloss sich Ende des 19. Jahrhunderts – mit einiger Verspätung – auch die Spitze der katholischen Kirche an. Dabei begründete Papst Leo XIII. in der Enzyklika »Rerum Novarum« seine Sicht mit einer Argumentation, die auch heute noch interessant ist.[8] In der Lehre von den zwei grundlegenden Eigenschaften der Arbeit legt er dar, dass die Arbeit einerseits »persönlich« sei, weil es ja um die »Kraft und Anstrengung« des Arbeiters gehe und um seine freie Entscheidung, das Arbeitsverhältnis einzugehen oder nicht. Allein aus dieser Perspektive betrachtet, stehe es »im Belieben des Arbeitenden [...], in jeden verringerten Lohnsatz einzuwilligen; er leistet eben die Arbeit nach persönlichem Entschluss und kann sich auch mit einem geringen Lohne begnügen oder gänzlich auf denselben verzichten«. Andererseits sei die Arbeit aber eben auch »notwendig«, weil sie dem Arbeiter »den Lebensunterhalt einbringen« müsse. Das könne ihn gegebenenfalls dazu bringen, das Angebot eines ungerechten Arbeitsvertrags anzunehmen. Unter Beachtung dieser Notwendigkeit der Arbeit, also des Umstands, dass der Arbeiter auf den mit der Arbeit erzielten Lohn existenziell angewiesen sei, kommt Leo XIII. zu dem folgenden Schluss:

*»Wenn also auch immerhin die Vereinbarung zwischen Arbeiter und Arbeitgeber, insbesondere hinsichtlich des Lohnes, beiderseitig frei geschieht, so bleibt dennoch eine Forderung der natürlichen Gerechtigkeit bestehen – die nämlich, dass der Lohn nicht etwa so niedrig sei, dass er einem genügsamen, rechtschaffenen Arbeiter den Lebensunterhalt nicht abwirft. Diese schwerwiegende Forderung ist unabhängig von dem freien Willen der Vereinbarenden. Gesetzt, der Arbeiter beugt sich aus reiner Not oder um einem schlimmeren Zustande zu entgehen, den allzu harten Bedingungen, die ihm nun einmal vom Arbeitsherrn oder Unternehmer auferlegt werden, so heißt das Gewalt leiden, und die Gerechtigkeit erhebt gegen einen solchen Zwang Einspruch.«*

Leo XIII. forderte deshalb einen Lohn, der den Lebensunterhalt sichert, und weitere Maßnahmen wie Arbeitsschutz und Höchstgrenzen für die tägliche Arbeitszeit. Seine Nachfolger haben die so grundlegende römische Lehre vom gerechten Lohn weiter entwickelt und für die Erwerbsarbeit weitergehende Gerechtigkeitsansprüche formuliert. Nicht jede ihrer Schlussfolgerungen vermag heute zu überzeugen. Überholt wirken etwa Forderungen nach einem gerechten Familienlohn, sofern sich in ihnen die traditionelle Arbeitsteilung der Geschlechter spiegelt.

Aktuell ist dagegen die ethische Perspektive in der gerade zitierten Passage aus »Rerum Novarum«: Wenn sich der Arbeitgeber *und* der Arbeitnehmer freiwillig auf das Arbeitsverhältnis eingelassen haben, dann haben sie darin wohl auch beide einen Vorteil für sich gesehen. Der Umstand, dass es vermutlich für beide Seiten besser war, das Arbeitsverhältnis einzugehen statt es nicht einzugehen, sagt aber noch nichts darüber aus, wie die Vorteile aus dem Vertragsverhältnis zwischen den Parteien verteilt sind. Dies hängt von der relativen Verhandlungsmacht der beiden Parteien ab. Wenn es dem Arbeitnehmer wirtschaftlich schlecht geht, so dass er keinen anderen Ausweg aus der Misere als die ihm angebotene Arbeitsstelle sieht, dann wird seine Verhandlungsposition besonders schwach sein – und folglich: sein Anteil an den Vorteilen des Arbeitsvertrags besonders gering. Das Gleiche ist der Fall, so kann man die Ausführungen Leos XIII. ergänzen, wenn es sehr viele Personen gibt, die auf diese und ähnliche Stellen angewiesen sind, aber keine gemeinsame Interessenvertretung. Dass mit einem Arbeitsverhältnis vermutlich für beide Seiten Vorteile verbunden sind, ist insofern keine hinreichende Begründung dafür, es als gerecht zu bezeichnen. Vielmehr ist für eine solche Einschätzung auch die Verteilung der Vorteile relevant, oder anders ausgedrückt: die Qualität der Arbeit. Sind die Vorteile aus dem Arbeitsverhältnis sehr ungleich verteilt, so dass der Arbeitnehmer nur einen geringen Lohn erhält oder schlechte Arbeitsbedingungen hinnehmen muss, ist das Arbeitsverhältnis ungerecht.

Dagegen, Gerechtigkeitsmaßstäbe an die Erwerbsarbeit mittel- und osteuropäischer Live-In-Pflegekräfte in deutschen Privathaushalten anzulegen, kann man vor allem zwei Einwände erheben.[9] *Erstens* kann man darauf verweisen, dass sich die Gerechtigkeitsreflexionen der Päpste, aber auch der meisten anderen Autoren nicht zufällig ausschließlich auf Arbeitsplätze in Unternehmen bezogen haben und nicht auch auf Arbeitsplätze in privaten Haushalten. Schließlich sei die Erwerbsarbeit in der häuslichen Privatsphäre Tätigkeit in einem Raum, der von Vertrauen und wechselseitigem Respekt geprägt sei. *Zweitens* sei zu beachten, dass man für die Mittel- und Osteuropäerinnen, die zur häuslichen Pflege nach Deutschland kommen, nicht einfach die gleiche Notsituation voraussetzen könne wie für die Arbeiterschaft im 19. Jahrhundert.

Zu diesen beiden Einwänden ist Folgendes zu sagen: *Erstens* ist der Hinweis auf die Besonderheiten der häuslichen Privatsphäre prinzipiell richtig. Aus ihm leitet sich die Verpflichtung der Politik und der Behörden ab, bei der Durchsetzung rechtlicher Regeln in diesem Bereich vorsichtig und mit Fingerspitzengefühl vorzugehen. Mit ihm ist jedoch nicht aufgezeigt, dass sich der Gesetzgeber bei Arbeitsplätzen, die Privatpersonen in ihrem häuslichen Bereich schaffen, nicht einmischen dürfe, so dass

ihm in diesem Fall nichts anderes übrig bleibe, als auf den An-
stand, das Wohlwollen oder das recht verstandene langfristige
Eigeninteresse der Arbeitgeberseite zu vertrauen. Wie etwa an
Gesetzen gegen häusliche Gewalt deutlich wird, ist der Privathaushalt kein rechtsfreier Raum. Der Umstand, dass nicht wenige Arbeitgeber bemüht sind, ihre Pflegekräfte gut zu behandeln, macht die Verabschiedung und Durchsetzung von
Schutzregeln nicht überflüssig. Auf den Schutz dieser Regeln
sind ja immer diejenigen besonders angewiesen, deren Arbeitgeber weniger wohlwollend sind.

*Zweitens* ist es natürlich richtig, dass die wirtschaftliche Misere in den Herkunftsregionen der Live-Ins hinter den Ausma-
ßen des Elends in der Frühzeit der Industrialisierung weit zu-
rückbleibt. Dennoch muss man davon ausgehen, dass die
mittel- und osteuropäischen Live-Ins in einer sehr viel schwächeren Position sind als ihre deutschen Arbeitgeber und dass
deshalb Letztere deutlich mehr Nutzen aus den Arbeitsverhältnissen in der »24-Stunden-Pflege« ziehen als die Arbeitnehmerinnen. Dem nach wie vor großen Einkommensgefälle von
West nach Ost entspricht auch ein Machtgefälle. Der (potenzielle) Arbeitgeber in Westeuropa weiß, dass er von den Mittel-
und Osteuropäerinnen für sein Geld viel erwarten kann. Ihm
beziehungsweise dem verhandelnden Mitarbeiter der Vermittlungsagentur ist bewusst, dass es neben dieser einen Pflegekraft,
mit der er gerade zu tun hat, viele andere Mittel- und Osteuropäerinnen gibt, die ebenfalls an einer solchen Arbeit in der
»24-Stunden-Pflege« interessiert sind. Die (potenzielle) Arbeitnehmerin sieht auf dem heimischen Arbeitsmarkt keine Chance
auf eine Stelle mit einem befriedigenden Einkommen. Auch sie
ist sich bei ihren Gesprächen in den Vermittlungsagenturen oder
beim Anbahnen eines Pflegeeinsatzes über informelle Netzwerke der Konkurrenz vieler anderer Frauen aus Mittel- und
Osteuropa bewusst. Diese Position der Schwäche wird auch in
keiner Weise durch eine gewerkschaftliche oder gewerkschafts-
ähnliche Organisation kompensiert, in der die Live-Ins die Ver-
tretung ihrer gemeinsamen Interessen bündeln würden. Wenn

die Arbeitnehmerinnen auf das Einkommen nicht ganz verzichten wollen, bleibt ihnen deshalb nichts anderes übrig, als schlechte Vertragsbedingungen zu akzeptieren und gegebenenfalls im Arbeitsalltag hinzunehmen, dass Arbeitgeber ihnen etwa aufgrund eines steigenden Pflegebedarfs ad hoc mehr Arbeit aufbürden.

Zudem gibt es mindestens vier Gruppen mittel- und osteuropäischer Pflegekräfte, deren Verhandlungsposition besonders schwach ist: *erstens* Live-Ins mit geringen Deutschkenntnissen und *zweitens* Arbeitnehmerinnen, die mit dem Einkommen einen akuten finanziellen Engpass zu überwinden versuchen – beides ist offenbar beim ersten Einstieg in die »24-Stunden-Pflege« häufig der Fall[10]; *drittens* Beschäftigte, deren Familien das Einkommen aus der »24-Stunden-Pflege« in Deutschland bereits fest einplanen und deshalb – zum Beispiel für die Ausbildung eines Kindes – dauerhaft hohe Zahlungsverpflichtungen eingegangen sind; und schließlich *viertens* Pflegekräfte, die schwarzarbeiten und Angst vor Strafverfolgung haben. Dabei betrifft die schwache Verhandlungsposition nicht nur die Bedingungen, unter denen sie die Arbeitsstelle antreten, vielmehr ist sie auch nach Beginn des Arbeitsverhältnisses noch relevant.

Natürlich hängt viel vom persönlichen Charakter der Arbeitnehmerin ab. Dennoch ist davon auszugehen, dass diese vier Gruppen von Live-Ins weniger in der Lage sind, sich gegen krasse Unrechtserfahrungen zu wehren. Stellt sich nach Antritt der Arbeitsstelle heraus, dass ihnen der Arbeitgeber überhaupt keine freie Zeit einräumt und sie permanent zu belastender Arbeit zwingt oder dass er sie gar schikaniert, dann fällt es ihnen schwer, für ihre Interessen einzutreten. Sie vermeiden es, mit dem Arbeitgeber einen Konflikt einzugehen, zum Beispiel weil sie die ganze Situation überfordert (1. Gruppe von Live-In-Pflegekräften) oder weil sie befürchten, sie würden, wenn sie sich wehrten, wegen Schwarzarbeit angezeigt (4. Gruppe). Bei diesen beiden Gruppen ist die Annahme plausibel, dass sie bei einer Unterbrechung, wie sie beim Rotationssystem ja regelmäßig vorkommt, die Arbeitsbeziehung zu einem Pflegehaushalt beenden, weil sie zu der Überzeugung gekommen sind, dass die Arbeitsstelle aufgrund von Missachtungserfahrungen oder hohen Belastungen mit mehr Nach- als Vorteilen verbunden ist. Wenn aber die eigene Familie in hohem Maße auf das Einkommen angewiesen ist (2. und 3. Gruppe), sind die Arbeitnehmerinnen besonders in der Bredouille. Um die Arbeitsstelle nicht zu gefährden, vermeiden sie nicht nur Konflikte mit ihren Arbeitgebern. Mit Blick auf den dringend benötigten Lohn nutzen sie unter Umständen auch sich bietende Chancen nicht, die Arbeitsbeziehung ohne großes Aufsehen zu beenden. Diese Live-Ins würden vielleicht nach wie vor die Überzeugung vertreten, dass das – eigentlich sehr schlechte – Arbeitsverhältnis immer noch besser wäre, als keine Arbeit und keinen Lohn zu haben. Aber auch bei ihnen hat sich die Relation zwischen Vor- und Nachteilen als wesentlich ungünstiger erwiesen als bei Vertragsschluss angenommen.

Für alle Live-In-Pflegekräfte gilt, dass auch sehr negative Erfahrungen mit einzelnen Arbeitgebern nicht unbedingt dazu führen, dass sie ihre Arbeit in der »24-Stunden-Pflege« beenden und keine neuen Arbeitsbeziehungen zu deutschen Pflegehaushalten mehr eingehen. Aus eigener Erfahrung oder nur vom Hörensagen wissen sie, dass es auch viele Pflegebedürftige und Angehörige gibt, die ihre Pflegekräfte menschlich und – in dem Maße, in dem dies in der »24-Stunden-Pflege« überhaupt möglich ist – fair behandeln. Ein Umstand, der sie – umgangssprachlich ausgedrückt – »bei der Stange hält«.

## Zwei Stufen ethischer Mindeststandards: menschenwürdige Arbeit und gerechte Arbeit

Bisher habe ich verdeutlicht: Es mag so sein, dass auch die Arbeitnehmerinnen bei Vertragsschluss davon ausgehen, dass es für sie vorteilhaft ist, das Arbeitsverhältnis in der »24-Stunden-Pflege« einzugehen. Aber das schließt eine ethische Beurteilung dieser Arbeitsverhältnisse nicht aus. Schließlich können die

Vorteile aus dem Arbeitsverhältnis sehr ungleich verteilt sein. Außerdem kann sich das Beschäftigungsverhältnis nach Arbeitsbeginn als sehr viel problematischer herausstellen, als die Arbeitnehmerin bei Vertragsschluss dachte, ohne dass dies dazu führt, dass die Pflegekraft die Arbeitsbeziehung zu diesem Pflegehaushalt zügig beendet. Damit stellt sich aber die Frage, anhand welcher Maßstäbe Arbeitsplätze in der »24-Stunden-Pflege« ethisch bewertet werden können.

Wenn es aus ethischer Perspektive um die Qualität von Erwerbsarbeit geht, also um die Bewertung des Lohns und anderer vertraglicher oder faktischer Arbeitsbedingungen, unterscheide ich zwischen zwei Stufen von Mindeststandards: zwischen Standards, für die eine _universale_ Geltung beansprucht wird, mit denen also weltweit von den Arbeitgebern in allen Gesellschaften und Kulturen ein absolutes Minimum an respektvoller Behandlung von Arbeitnehmern eingefordert wird, und Standards, die über dieses globale Minimum hinausgehen und _jeweils in einer bestimmten Gesellschaft_ alle Arbeitgeber in die Pflicht nehmen, in anderen Gesellschaften aber unter Umständen nicht gelten. Das Ziel, um das es bei den zuerst genannten Anforderungen mit universalem Geltungsanspruch geht, nenne ich »menschenwürdige Arbeit«. Der Begriff »gerechte Arbeit« steht im Unterschied dazu für das, was mit den zuletzt genannten, gesellschaftsspezifischen Mindeststandards sichergestellt werden soll.[11] Dass Arbeit menschenwürdig ist (erste globale Stufe), stellt eine notwendige, aber keineswegs hinreichende Bedingung dafür dar, dass sie auch gerecht genannt werden kann (zweite gesellschaftsspezifische Stufe). Gerechte Arbeit ist immer auch menschenwürdig. Aber längst nicht jede menschenwürdige Arbeit kann zum Beispiel in einer Gesellschaft der nördlichen Hemisphäre als gerecht bezeichnet werden. Die Anforderungen dafür, dass Arbeit in einer bestimmten Gesellschaft gerecht genannt werden kann, enthalten also auch die Kriterien menschenwürdiger Arbeit, aber sie gehen über diese hinaus.

## Menschenwürdige Arbeit – ethische Mindeststandards mit dem Anspruch universaler Geltung

Wie das Konzept »menschenwürdige Arbeit« inhaltlich zu bestimmen und als verpflichtend zu begründen ist, kann ich hier nur in zwei Schritten andeuten. In einem *ersten Schritt* geht es darum zusammenzustellen, welche menschenrechtlich begründeten Mindestnormen für die Qualität der Arbeit sich in Menschenrechtserklärungen und völkerrechtlich verbindlichen Verträgen finden. Schließlich werden in den Menschenrechten jene moralischen Ansprüche entfaltet, die sich aus der Menschenwürde ergeben.

Von zentraler Bedeutung sind hier die Kernarbeitsnormen der Internationalen Arbeitsorganisation (ILO). Diese umfassen das Verbot ausbeuterischer Kinderarbeit, das Verbot von Zwangsarbeit, die Vereinigungsfreiheit einschließlich des Rechts auf kollektive Tarifverhandlungen sowie das Verbot, Erwerbstätige beim Arbeitsentgelt oder in anderer Form am Arbeitsplatz zu diskriminieren. Zu diesen Kernarbeitsnormen hinzu kommen menschenrechtliche Ansprüche unter anderem zur Lohnhöhe, zu Sicherheit und Gesundheitsschutz am Arbeitsplatz und zur Begrenzung der Arbeitszeit, wie sie in der Allgemeinen Erklärung der Menschenrechte von 1948 und in dem völkerrechtlich verbindlichen Internationalen Pakt über wirtschaftliche, soziale und kulturelle Rechte (»Sozialpakt«) von 1996 festgehalten sind.[12] Zur Arbeitszeit enthält die Menschenrechtsdeklaration einen eigenen Artikel, den Artikel 24: »Jeder hat das Recht auf Erholung und Freizeit und insbesondere auf eine vernünftige Begrenzung der Arbeitszeit und regelmäßigen bezahlten Urlaub.« Ähnlich heißt es in Artikel 7 des Sozialpakts, »das Recht eines jeden auf gerechte und günstige Arbeitsbedingungen« enthalte auch »Arbeitspausen, Freizeit, eine angemessene Begrenzung der Arbeitszeit, regelmäßigen bezahlten Urlaub sowie Vergütung gesetzlicher Feiertage«. Artikel 31 Absatz 2 der Grundrechte-Charta der Europäischen Union konkretisiert das Recht einer jeden Arbeitnehmerin und eines jeden Arbeitnehmers auf

»gesunde, sichere und würdige Arbeitsbedingungen« in dem »Recht auf eine Begrenzung der Höchstarbeitszeit, auf tägliche und wöchentliche Ruhezeiten sowie auf bezahlten Jahresurlaub«.

Bestimmungen des Arbeitsschutzes, zu denen auch Beschränkungen der Arbeitszeit zählen, sollen sicherstellen, dass die Gesundheit der Erwerbstätigen nicht durch die Bedingungen, unter denen sie arbeiten müssen, gefährdet wird. Gesetze zur Begrenzung der Arbeitszeit zu beschließen und in der Praxis durchzusetzen gehört insofern zu den Maßnahmen, mit denen der Staat seinen im Grundgesetz Artikel 2 Absatz 2 festgehaltenen Auftrag zum Schutz der körperlichen Unversehrtheit nachkommt.[13]

Mit der spezifischen Arbeitssituation von Beschäftigten in privaten Haushalten beschäftigt sich das Übereinkommen 189 »über menschenwürdige Arbeit für Hausangestellte«. Darin verfolgt die ILO das Ziel, die Arbeitnehmerinnen in Privathaushalten – soweit es die Besonderheiten hauswirtschaftlicher Arbeit erlauben – arbeitsrechtlich mit anderen Beschäftigten gleichzustellen. Artikel 10 Absatz 1 dieses Übereinkommens verpflichtet die Staaten, Maßnahmen zu ergreifen, die für eine Gleichbehandlung »in Bezug auf die normale Arbeitszeit, die Überstundenvergütung, die täglichen und wöchentlichen Ruhezeiten und den Jahresurlaub«[14] sorgen. Da bei Live-Ins in allen Ländern die Gefahr einer völligen Entgrenzung der Arbeitszeit groß ist, wurden offenbar zwei detailliertere Bestimmungen eingefügt. Artikel 9 verlangt von den Staaten Maßnahmen, die sicherstellen, dass Hausangestellte, »die im Haushalt wohnen, nicht verpflichtet sind, während der täglichen und wöchentlichen Ruhezeiten oder des Jahresurlaubs im Haushalt oder bei Mitgliedern des Haushalts zu bleiben«[15]. Und Artikel 10 Absatz 2 lautet: »Die wöchentliche Ruhezeit hat mindestens 24 aufeinanderfolgende Stunden zu betragen.«[16] Die Bundesrepublik Deutschland hat das ILO-Übereinkommen 189 im September 2013 ratifiziert und dadurch völkerrechtlich bindend deren Bestimmungen anerkannt.[17]

In einem *zweiten Schritt* skizziere ich eine ethische Reflexion, in der zuerst das Konzept »Menschenwürde« inhaltlich bestimmt und dann auf Fragen der Erwerbsarbeit bezogen wird. Leider herrscht in der Ethik zum Begriff »Menschenwürde« wenig Einigkeit. Einige Ethiker lehnen ihn ganz ab. Diejenigen, die ihn verwenden, sind teilweise uneins darüber, welche Bedeutung er hat. Immerhin scheinen die meisten Ethiker, die auf das Konzept der Menschenwürde nicht verzichten wollen, in einem Punkt einer Meinung zu sein: Das Gebot, die Menschenwürde zu achten, deuten sie im Anschluss an Immanuel Kant als Verbot der Instrumentalisierung. Dass Menschen wegen ihres Menschseins Würde haben, bedeutet dann, dass sie von niemandem »bloß als Mittel« zur Verfolgung seiner eigenen Zwecke behandelt werden dürfen. Ein Mensch ist vielmehr stets auch als »Zweck an sich« zu respektieren, das heißt, dass er einen absoluten Wert hat, der gegen nichts verrechnet werden kann.

Wann aber wird der absolute Wert des Menschen, seine Würde, negiert, wann wird er »bloß als Mittel« behandelt? Bei der Beantwortung dieser Frage folge ich dem Philosophen Prof. Dr. Peter Schaber, der an der Universität Zürich lehrt. Er deutet die Verletzung der Würde eines Menschen als Verletzung seines Anspruchs auf Selbstachtung.[18] Dabei ist für ihn das moralische Recht zentral, über wesentliche Bereiche des eigenen Lebens selbst verfügen zu können. Ich kann etwa über meinen eigenen Körper bestimmen, entscheiden, ob ich mit einem Partner beziehungsweise mit wem ich zusammenleben will, ob ich eine (bestimmte) Arbeitsstelle anstrebe oder wo und wie ich wohne. Im Hinblick auf diese wesentlichen Bereiche bin ich souverän und niemandem Rechenschaft schuldig, außer denen, die von meinen Entscheidungen mit betroffen sind. Wer Menschen demütigt oder erniedrigt, attackiert deren Selbstachtung. Er will ihnen gerade verdeutlichen, dass sie keine Personen sind, die über sich selbst verfügen, sondern Objekte, über die er bestimmt; sie sollen zu spüren bekommen, dass er ihnen nach Belieben Leid zufügen kann. Über sich selbst zu verfügen heißt, in seinem Leben wenigstens einige akzeptable Optionen zu haben, zwischen denen man sich entscheiden kann. Aus dem Anspruch eines Menschen auf Selbstachtung folgt also, dass er auch das moralische Recht auf die Mittel hat, deren es bedarf, um überhaupt akzeptable Optionen zu haben. Abgesehen von einer wenigstens elementaren Bildung erfordert dies unter anderem, dass die materielle Versorgung zumindest auf einem Basisniveau gesichert ist, damit der Zugang zu den wichtigsten Grundgütern nicht vom Wohlwollen anderer abhängig ist.

Was bedeutet ein solches Verständnis von Menschenwürde für die Qualität von Erwerbsarbeit, insbesondere von abhängiger Beschäftigung? Wer ein Beschäftigungsverhältnis eingeht, verkauft dem Arbeitgeber das Recht, für die vereinbarte Arbeitszeit über seine Arbeitskraft verfügen zu können. Dazu unterstellt er sich dem Direktionsrecht des Arbeitgebers. Das heißt: Er akzeptiert, in der Arbeitszeit dessen Weisungen auszuführen. Er räumt dem Arbeitgeber diese Möglichkeit ein, weil sich dieser vertraglich verpflichtet hat, ihm regelmäßig einen Lohn in bestimmter Höhe auszuzahlen, von dem er – gegebenenfalls ergänzt um weitere Einkommensquellen – seinen Lebensunterhalt (und den seiner Familie) bestreitet. Bereits diese Charakteristika abhängiger Beschäftigung legen den Schluss nahe, dass die Erwerbsarbeit für die Selbstverfügung von Arbeitnehmern von großer Bedeutung ist: Einerseits arbeitet der Beschäftigte (im Normalfall), um in seinem Leben überhaupt Optionen zu haben, in der nördlichen Hemisphäre zumeist: um mehr und bessere als nur ein paar akzeptable Optionen zu haben. Andererseits räumt er einem anderen das Recht ein, ihm Weisungen zu erteilen. Die Risiken für die Selbstverfügung des Beschäftigten und damit für seine Menschenwürde liegen damit auf der Hand. Der Arbeitnehmer muss davor geschützt werden, dass der Arbeitgeber ihn demütigt, zum Beispiel indem er ihm erniedrigende Anweisungen gibt. Die Arbeit, die er zu leisten hat, darf nicht seine Gesundheit schädigen. Die Zeit, in der er den Weisungen des Arbeitgebers Folge zu leisten hat, muss so begrenzt werden, dass er ausreichend Zeit zu seiner freien Verfügung hat. Der Lohn muss für ihn und die Seinen reichen, um zu überleben und dabei einige akzeptable Optionen zu haben, also um sein Leben in ausreichendem Maße frei gestalten zu können. Er darf nicht so niedrig sein, dass der Beschäftigte für den Lebensunterhalt zu viel arbeiten muss und nicht ausreichend freie Zeit bleibt.

Diese Überlegungen zeigen: Deutet man die Menschenwürde vor allem als den Anspruch eines jeden Menschen, über wesentliche Bereiche seines Lebens selbst verfügen zu können, und bezieht dies auf Beschäftigungsverhältnisse, dann können zumindest teilweise die gleichen menschenrechtlichen Ansprüche in Bezug auf Erwerbsarbeit systematisch begründet werden, die sich in der Allgemeinen Menschenrechtserklärung und in völkerrechtlichen Verträgen finden. Für die Lohnhöhe, die Begrenzung der Arbeitszeit und die gesundheitsverträgliche Gestaltung des Arbeitsplatzes habe ich dies hier kurz aufgezeigt.

Als ausbeuterisch bezeichne ich Arbeit, die menschenunwürdig ist, weil der Arbeitgeber Lohnkosten sparen will, während er selbst zumindest über einen gewissen Wohlstand verfügt. Das ist bei Arbeitgebern in Deutschland vorauszusetzen. Sie beuten demnach Arbeitnehmer aus, wenn sie ihnen nur einen Hungerlohn zahlen, ihnen in der Arbeitszeit kontinuierlich ein zu hohes, physisch oder psychisch hoch belastendes Arbeitspensum abverlangen, extreme Gesundheitsgefährdungen am Arbeitsplatz zulassen oder die Arbeitszeit so ausdehnen, dass keine Zeit zur Selbstverfügung bleibt. Anders wäre dies etwa bei einem »Selbständigen« in einem Entwicklungsland, der sich gemeinsam mit seinem befreundeten oder verwandten »Angestellten« ins Zeug legt, um ein Einkommen zu erzielen, mit dem beide überleben können. Wenn dieser dem Mitarbeiter nur sehr schlechte Arbeitsbedingungen und ein geringes Entgelt bietet, beutet er ihn nicht aus, weil er ihm nicht bessere Bedingungen bieten kann und weil er seinerseits unter den gleichen schlechten Bedingungen wie dieser erwerbstätig sein muss.

## Gerechte Arbeit – ethische Mindeststandards für die eigene Gesellschaft

Jenseits der ethischen Mindeststandards menschenwürdiger Arbeit, für die der Anspruch einer weltweiten Geltung erhoben wird, gibt es auch Kriterien gerechter Arbeit, die jeweils in den Arbeitsverhältnissen *einer bestimmten Gesellschaft* einzuhalten beziehungsweise zu verwirklichen sind. Zur Erinnerung: Erwerbsarbeit kann nur gerecht genannt werden, wenn sie zumindest auch menschenwürdig ist. Die Maßstäbe gerechter Arbeit enthalten also auch die Minimalbedingungen menschenwürdiger Arbeit, gehen aber über diese hinaus. Die zusätzlichen Kriterien stellen eine zweite anspruchsvollere Stufe der ethischen Mindeststandards für Arbeit dar. Im Unterschied zu der ersten Stufe ist diese zweite Stufe gesellschafts- oder kulturspezifisch. Das heißt, jede Gesellschaft oder Kultur hat eine eigene zweite Stufe an Mindeststandards – auch wenn davon auszugehen ist, dass es nicht wenige Mindeststandards der zweiten Stufe gibt, die in vielen Gesellschaften und Kulturen gelten. Sofern die Mindeststandards gerechter Arbeit über das absolute Minimum menschenwürdiger Arbeit hinausgehen, spiegelt sich in ihnen nicht nur das Wohlstandsniveau der Gesellschaft wider. Vielmehr kommen in ihnen auch die Vorstellungen von einer guten Gesellschaftsordnung zum Ausdruck, die von den Bürgerinnen und Bürgern dieses Landes – zumindest mehrheitlich – geteilt werden. Aber obwohl diese Mindeststandards in vielen Fällen gesellschafts- oder kulturspezifisch sind und folglich für sie keine *universale* Geltung beansprucht werden kann, sind sie für alle in dieser Gesellschaft verbindlich. Sie gelten jeweils für alle Arbeitgeber, die in dem betreffenden Land Arbeitsplätze anbieten.

Je nach Stand ihres politischen und rechtlichen Systems gelingt es den Gesellschaften, einen mehr oder minder großen Teil dieser ethischen Ansprüche in gesetzlichen Normen zu konkretisieren und diese dann bei allen Arbeitgebern durchzusetzen. Deutschland gehört zu den Ländern mit einem funktionsfähigen

Rechtsstaat. Hier kann man das Konzept »gerechte Arbeit« zuerst einmal anhand des bestehenden Arbeits- und Sozialrechts konkretisieren. Arbeitsplätze, die – wie das bei Schwarzarbeit der Fall ist – in deutlichem Widerspruch zum Arbeits- und Sozialrecht des Landes stehen, kann man nicht als gerecht bewerten. Natürlich gibt es im Arbeits- und Sozialrecht viele Ausnahmen. Zentral sind jedoch gesetzliche Regelungen, mit denen Standards für alle Arbeitsverhältnisse oder zumindest doch für die weit überwiegende Mehrheit von ihnen festgelegt werden. Bei Arbeitsplätzen, deren Arbeitnehmerschutz deutlich unter dem Niveau liegt, welches im Arbeits- und Sozialrecht des Landes als Normalfall vorgesehen ist, liegt der Verdacht nahe, dass sie als ungerecht zu bewerten sind. Geringfügige Beschäftigungsverhältnisse sind dafür ein Beispiel in Deutschland. Solche Arbeitsplätze könnten nur dann als gerecht angesehen werden, wenn sich eine überzeugende Begründung fände, dass die entsprechenden Sonderregelungen langfristig im Interesse der Betroffenen liegen.

Um das Konzept »gerechte Arbeit« auch jenseits des geltenden Arbeits- und Sozialrechts mit Inhalt zu füllen und dies dann gut zu begründen, gibt es verschiedene mögliche Ansatzpunkte. Ich beschränke mich hier auf eine Reflexion, die bei dem ansetzt, was in der Gesellschaft von der Integration der Gesellschaftsmitglieder in die Erwerbsarbeit erwartet wird. Damit kommt in den Blick, dass Deutschland und die anderen europäischen Gesellschaften Arbeitsgesellschaften sind. In Arbeitsgesellschaften dient die Erwerbsarbeit dem Einkommenserwerb und der sozialen Sicherheit, der gesellschaftlichen Integration und der persönlichen Entfaltung. Oder ein wenig konkreter: Wer abhängig beschäftigt ist, soll – gleich welchen Geschlechts – einen Lohn erhalten, der bei einer Vollzeitstelle den Lebensunterhalt[19] auf dem Wohlstandsniveau der Gesellschaft sichern würde. Er soll gegen Arbeitslosigkeit, Krankheit und Pflegebedürftigkeit abgesichert und zugleich in der Lage sein, seinen erarbeiteten Lebensstandard auch im Alter zu erhalten. Durch seine Erwerbsarbeit soll er in die Gesellschaft integriert werden – nicht nur durch berufliche Sozialkontakte, sondern vor allem als jemand, der einen wertgeschätzten Beitrag zur gesellschaftlichen Arbeitsteilung erbringt. Die Arbeit soll ihm nicht nur eine Last sein. Vielmehr muss sie so gestaltet sein, dass sie in seinem Selbstverständnis auch eine positive Rolle spielen kann. Zum Beispiel sollte er bei der Arbeit nicht immer wieder zu Handlungsweisen gezwungen sein, die er eigentlich für unverantwortlich hält. Als »gerecht« können demnach nur solche Arbeitsplätze bezeichnet werden, die diese Aufgaben, die in Arbeitsgesellschaften der Erwerbsarbeit zugewiesen werden, auf befriedigende Weise erfüllen.

In vorhergehenden Kapitel habe ich auch Missstände bei den Beschäftigungsverhältnissen von Altenpflegerinnen beleuchtet, die in Pflegeheimen oder bei ambulanten Pflegediensten arbeiten. Zumindest einen Teil der Stellen, bei denen diese Missstände auftreten, muss man – entsprechend den hier entwickelten Standards – als ungerechte Arbeit qualifizieren. Sie sind ungerecht, wenn auch nicht menschenunwürdig. Ein Beispiel sind jene Teilzeitstellen, die verkappte Vollzeitstellen sind, weil die Arbeit durch die »Minutenpflege« stark verdichtet ist und zudem Dienste geteilt oder Überstunden, die zum Beispiel für das eine oder andere persönliche Gespräch mit einem Pflegebedürftigen genutzt wurden, nicht bezahlt werden. Diese Arbeitsstellen sind schon allein deshalb ungerecht, weil sie die Aufgabe von Erwerbsarbeit, den Beschäftigten ein hinreichendes Einkommen zu bieten, nicht erfüllen. Umgerechnet auf eine Vollzeitstelle – und damit dem eigentlich geleisteten Einsatz entsprechend – ist der Lohn, den sie für eine angebliche Teilzeitbeschäftigung erhalten, zu niedrig. Zudem liegt der Monatslohn auch noch in der Nähe der Armutsgefährdungsschwelle.

Die »Minutenpflege« selbst ist ein weiteres Beispiel für ein Gerechtigkeitsdefizit bei Arbeitsstellen in der Altenpflege. Aufgrund des Kostendrucks sind viele Altenpflegerinnen in Deutschland gezwungen, die Pflege weitgehend auf Behandlungsschritte und konkrete Unterstützungsleistungen zu reduzieren und gegebenenfalls selbst bei diesen »Verrichtungen« Abstriche bei der

Qualität zu machen. Strukturell sind sie demnach gezwungen, immer wieder so zu handeln, wie sie es nicht für verantwortbar halten. Sie müssen anders pflegen, als es ihren eigenen, in der Ausbildung verinnerlichten Qualitätsstandards entsprechen würde. Stellen, bei denen die Beschäftigten teilweise im Widerspruch zu ihrem professionellen Selbstverständnis arbeiten müssen, erfüllen die der Erwerbsarbeit zugewiesene Aufgabe, persönliche Entfaltung zu ermöglichen, nur sehr unzureichend. Auch deshalb sind viele Stellen in der Altenpflege nicht gerecht.

## Die Pflegearbeit der Live-Ins: ungerechte Arbeit, kein Schutz vor Angriffen auf die Menschenwürde

Zum Abschluss des Kapitels sollen die entwickelten Maßstäbe noch an die Pflegearbeit der mittel- und osteuropäischen Live-Ins in deutschen Privathaushalten angelegt werden. Wenn ich hier eine solche Bewertung vornehme, widerspreche ich damit der verbreiteten Wahrnehmung, mit diesen Arbeitsverhältnissen seien keine ethischen Probleme verbunden, da das Arbeitsverhältnis ja offenbar für beide Seiten von Vorteil sei. Die ethische Beurteilung eines Arbeitsverhältnisses muss sich eben auch auf die Verteilung der Vorteile zwischen Arbeitgebern und Arbeitnehmern beziehen. Sie hat zudem zu berücksichtigen, dass es immer wieder auch Beschäftigungsverhältnisse gibt, bei denen sich für die Pflegekräfte erst nach Aufnahme der Arbeit herausstellt, dass sie mit extremen Belastungen oder gar mit schlimmen Missachtungserfahrungen verbunden sind.

Die ethische Bewertung der Beschäftigungsverhältnisse in der »24-Stunden-Pflege« beginne ich mit einem Hinweis darauf, dass hier der Arbeitnehmerschutz weit unterhalb des Niveaus liegt, das die deutsche Arbeitsmarktordnung als Normalfall vorsieht. Bereits dieser Umstand zeigt, dass die Beschäftigungsverhältnisse der Live-Ins den hier eingeführten Mindeststandards gerechter Arbeit nicht entsprechen. Mehr noch: Selbst bei den basalen Ansprüchen mit globalem Geltungsanspruch, die ich unter dem Begriff »menschenwürdige Arbeit« vorgestellt habe, schneidet die Erwerbsarbeit der Live-Ins nicht gut ab. Dass die Pflegekräfte faktisch keinen Rechtsschutz haben, bedeutet eben auch, dass der deutsche Rechtsstaat sie kaum davor bewahrt, von ihren Arbeitgebern menschenunwürdig behandelt zu werden. Die menschenunwürdige Behandlung von Live-Ins – die ich hier als Ausbeutung bezeichne, wenn der Arbeitgeber damit Lohnkosten gering zu halten versucht – ist aber nicht auf skandalöse Einzelfälle beschränkt. Vielmehr zeige ich im nächsten Abschnitt auf, dass die »24-Stunden-Pflege« strukturell, nämlich wegen ihres Arbeitszeitregimes, als ausbeuterisch zu charakterisieren ist.

Doch zuerst zu den Standards gerechter Arbeit: Offenbar gibt es so gut wie keine Arbeitsverhältnisse, bei denen ein schriftlicher Arbeitsvertrag nach deutschem Recht vorliegt und die Live-Ins acht Stunden an fünf Tagen die Woche oder wenig mehr arbeiten. Alle anderen Arbeitsverhältnisse der Live-In-Pflegekräfte in deutschen Privathaushalten sind nach den hier eingeführten Maßstäben als ungerecht einzustufen. Diese Einschätzung drängt sich auf; die Entfernung zur Arbeitsmarktordnung in Deutschland ist einfach zu groß. Damit meine ich nicht nur Arbeitsverhältnisse, die der Schwarzarbeit oder der Scheinselbständigkeit zuzurechnen sind und die folglich gegen Regelungen des deutschen Arbeits- und Sozialrechts eindeutig verstoßen. Vielmehr geht es darum, dass auch fast alle anderen Beschäftigungsverhältnisse der Live-Ins eine ganze Reihe von Standards nicht erfüllen, die im deutschen Arbeits- und Sozialrecht allgemein oder zumindest doch für die weit überwiegende Mehrheit der Beschäftigungsverhältnisse gelten.

Das ist offensichtlich bei der Arbeitszeit. Schließlich müssen die Präsenzzeiten der Arbeitnehmerinnen im Haushalt, bei denen sie keine konkrete Haushalts- beziehungsweise Pflegetätigkeit zu erbringen haben, dann zur Arbeitszeit gezählt werden, wenn die Arbeitnehmerinnen zur Aufsicht verpflichtet wurden oder zum Einsatz bereit sein müssen. In beinahe allen Fällen haben wir es dann mit einer extrem ausgedehnten Arbeitszeit zu tun, die von einem Acht-Stunden-Tag oder einer 38,5-Stunden-Woche mit den üblichen Urlaubs-, Wochenend- und Feiertagsregelungen himmelweit entfernt ist.

Ähnlich ist die Lage beim Stundenlohn. Nach den sozialwissenschaftlichen Studien, die zuletzt veröffentlicht wurden, liegt der Monatsverdienst einer Live-In-Pflegekraft in Deutschland zwischen 700 Euro (bei einer Agentur) und 1350 Euro (bei Schwarzarbeit).[20] In den meisten Fällen haben die Arbeitnehmerinnen nicht einmal 24 Stunden in der Woche frei. Doch selbst unter der Annahme, dass diese freien Zeiten tatsächlich gestattet würden, ergibt sich bei einem Einsatz rund um die Uhr ein Stundenlohn, der zwischen 1,17 Euro und 2,25 Euro schwankt – was sogar noch großzügig gerechnet ist.[21] Selbst dann, wenn man zu diesem *ausgezahlten* Stundenlohn noch 70 Cent für Unterkunft und Verpflegung hinzurechnet, liegen beim Lohn Welten zwischen der Realität der Live-Ins und der Arbeitsmarktordnung der Bundesrepublik, in der ein Mindestlohn von 8,50 Euro gesetzlich vorgeschrieben ist.

Die Beschäftigungsverhältnisse der Live-In-Pflegekräfte in deutschen Privathaushalten sind aber nicht nur fast alle ungerecht. Mit ihnen ist zudem das große Problem verbunden, dass die Arbeitnehmerinnen faktisch nicht vor Ausbeutung und anderen Angriffen auf ihre Menschenwürde geschützt sind. Was in den Pflegehaushalten geschieht, fällt in den Bereich der Privatsphäre. Wenn niemand Anzeige erstattet, wird hier selbst gegen den schlimmsten Missstand nicht vorgegangen. Ohne Anzeige bleibt selbst eine Körperverletzung ohne strafrechtliche Konsequenzen. Viele Live-Ins haben schlichtweg Angst, zur Polizei zu gehen, etwa weil sie schwarzarbeiten oder auch nur weil sie von ihrer Vermittlungsagentur nicht als »schwieriger Fall« eingestuft werden wollen, so dass sie dann nach der Strafanzeige gar nicht mehr oder nur noch an problematische Familien vermittelt werden. Aus welchen Gründen auch immer – es ist ein Faktum, dass es fast gar nicht zu Anzeigen mittel- oder osteuropäischer Live-Ins gegen ihre deutschen Arbeitgeber kommt. Das bedeutet, dass der Pflegehaushalt faktisch ein rechtsfreier Raum ist: Die

Schwachen haben zwar Rechte. Da sie sich aber an niemanden wenden, der ihnen Recht verschaffen könnte, bleiben die Rechte wirkungslos. In einem faktisch rechtsfreien Raum werden gutes Verhalten und fairer Umgang miteinander zu einer Frage des Charakters und des persönlichen Zusammenspiels der Beteiligten. Da sich auch die Vermittlungsagenturen aus dem Geschehen in den Pflegehaushalten weitestgehend heraushalten, gibt es keine externe Bremse für Fehlverhalten. Schlimm für die Schwachen, die sich nicht wehren können! Das sind manches Mal die Pflegebedürftigen, die – wenn sie sich kaum noch artikulieren können oder sich ihre Angehörige nicht um die Pflege kümmern – mitunter vernachlässigt oder schlecht behandelt werden. Nicht selten sind es aber eben auch die Arbeitnehmerinnen, die skandalöse Erfahrungen der Missachtung machen. Wie bereits geschildert, zählen dazu etwa sexuelle Übergriffe, erniedrigende Anweisungen, rassistische Beschimpfungen, tätliche Angriffe oder auch das Verschweigen einer ansteckenden, hochgefährlichen Krankheit über einen längeren Zeitraum.

Der fehlende Schutz vor menschenunwürdiger Arbeit ist zudem in solchen Pflegehaushalten besonders problematisch, in denen die psychischen Dispositionen der Beteiligten das Risiko erhöhen, dass es zu einer menschenunwürdigen Arbeitgeber-Arbeitnehmer-Konstellation kommt: wenn etwa Pflegebedürftige ihre Pflegekraft nur als Werkzeug zur Befriedigung ihrer Bedürfnisse wahrnehmen und nicht auch als eigenständige Person mit eigenen Rechten, Charaktereigenschaften, Gefühlen, Bedürfnissen und Wünschen oder wenn Pflegekräfte, die ihren Arbeitgebern völlig ergeben sind, ihnen alles recht machen wollen und deshalb sogar solchen »Flausen« der Gepflegten nachgeben, die auf die Dauer nicht gut für diese sind.

Gerade Orte der Arbeit sind häufig hochreguliert. Das Arbeitsrecht enthält zahllose Regelungen, die den Arbeitnehmer, prinzipiell die schwächere Seite in einem Beschäftigungsverhältnis, schützen sollen. Der Arbeitsort einer Live-In ist dagegen faktisch ein rechtsfreier Raum. Angesichts der schwachen Verhandlungsposition vieler Live-Ins verwundert es nicht, dass sich zahlreiche Beispiele dafür finden lassen, dass ein Arbeitgeber die schwache Position der ausländischen Pflegekraft ausnutzt, um massiv Lohnkosten zu sparen, oder versucht, ein Maximum an Arbeitsleistung herauszupressen. Wird dabei gegen Mindestansprüche menschenwürdiger Arbeit verstoßen, heißen solche Arbeitsverhältnisse hier ausbeuterisch. In der sozialwissenschaftlichen Literatur zur »24-Stunden-Pflege« finden sich eindeutige Fälle von Ausbeutung, etwa wenn ein Arbeitgeber mehrere Monatslöhne der Live-In einbehält oder ihr monatelang jegliche freie Zeit verweigert.[22]

## Die ausbeuterische Zeitstruktur der »24-Stunden-Pflege«

Das Problem der Ausbeutung in der »24-Stunden-Pflege« geht aber leider über solche skandalösen Einzelfälle weit hinaus. Es ist nämlich schon die Struktur der »24-Stunden-Pflege« selbst, die ausbeuterisch ist – und zwar exakt weil die Beschäftigtenpflichten auf 24 Stunden an sieben Tagen die Woche ausgedehnt sind. Zu beachten ist, dass nicht nur diejenige Zeit, die mit konkreten pflegerischen oder hauswirtschaftlichen Tätigkeiten verbracht wird, Arbeitszeit ist, sondern eben auch all die Zeit, die die Beschäftigten am Arbeitsplatz präsent sein und für Aufgaben des Arbeitgebers bereitstehen müssen. Auch in dieser Zeit der Einsatzbereitschaft, zu der manches Mal noch Aufsichtspflichten hinzukommen, ist die Arbeitnehmerin nicht frei, das zu tun, was ihr beliebt; vielmehr steht sie auch dann ihrem Arbeitgeber zur Verfügung.

Die »24-Stunden-Pflege« hat ihren Namen von dieser extremen Ausdehnung der Arbeitszeit. Genau darauf, dass die Arbeitnehmerinnen jederzeit verfügbar sind, zielt die Werbung der Vermittlungsagenturen. Insofern kann man auch sagen, dass das Zeitregime der (beinahe) völlig entgrenzten Arbeitszeit für die Pflegearbeit der Live-Ins, wie sie heute in Deutschland organisiert ist, konstitutiv ist. Aber genau dieses Zeitregime ist als ausbeuterisch zu kennzeichnen. Die Anforderungen der Arbeitgeber bezüglich der Arbeitszeiten ihrer Arbeitnehmerin sind ausbeuterisch, es sei denn, sie vereinbaren mit der Arbeitnehmerin eine Regelung, die in jeder Woche längere freie – wirklich von *allen* Pflichten befreite – Zeiten vorsieht, und halten sich auch an diese.

Es ist sinnvoll, sich in diesem Zusammenhang noch einmal das Zeitregime der »24-Stunden-Pflege« in deutschen Privathaushalten zu vergegenwärtigen. Es gibt einerseits Live-Ins, die in einem Pflegehaushalt im Dauereinsatz sind, zumeist alle paar Monate unterbrochen von einem ein- oder zweiwöchigen Urlaub, den die Arbeitnehmerinnen im Heimatland verbringen. Andererseits sind viele mittel- und osteuropäische Pflegekräfte im Rotationssystem tätig. Dann wechseln sie sich mit einer Kollegin regelmäßig ab; jede von ihnen ist für einen Zeitraum von vier Wochen bis drei Monaten in dem Pflegehaushalt tätig, um dann anschließend, während des Einsatzes der Kollegin, die gleiche Zeitspanne im Heimatland zu verbringen. Für die Wochen oder Monate im Heimatland zahlen die Arbeitgeber allerdings den Lohn nicht weiter. Während der Pflegeeinsätze in Deutschland gilt für beide Gruppen, dass die meisten von ihnen 24 Stunden am Tag arbeiten: Entweder erfüllen sie konkrete pflegerische und hauswirtschaftliche Aufgaben, sorgen für Unterhaltung, oder sie haben Bereitschaft, manches Mal sogar verbunden mit dem Auftrag, einen dementen Pflegebedürftigen zu beaufsichtigen. Viele Arbeitgeber sehen in der Mittags- und in der Nachtruhe des Pflegebedürftigen freie Zeiten der Pflegekraft, verpflichten sie zugleich aber darauf, zur Verfügung zu stehen, wenn der Pflegebedürftige Hilfe benötigt. Sicher gibt es nicht wenige Pflegehaushalte, in denen den Live-Ins nicht allein solche Mittags»pausen« und nächtliche Ruhezeiten zustehen, sondern auch ein oder zwei Mal die Woche mehrere freie Stunden am Stück.[23] Wenn diese freien Zeiten deutlich weniger als 24 Stunden in der Woche betragen, ist die Arbeitszeit noch immer – im Vergleich zu einer normalen Vollzeitstelle – extrem ausgedehnt, man könnte auch sagen: beinahe völlig entgrenzt. Eine andere Einschätzung ist meines Erachtens nur dann zu vertreten, wenn die Arbeitnehmerin jede Woche ein, zwei oder drei Mal einen größeren Block an Stunden frei hat und den Haushalt verlassen kann und wenn sich diese freien Zeiten auf mindestens 24 Stunden pro Woche addieren. Das allerdings ist nicht die Regel, sondern die Ausnahme.

Das Urteil, dass ein Rund-um-die-Uhr-Regime der Arbeitszeit ohne längere freie Zeiten als menschenunwürdig und damit – da es ja um das Sparen von Lohnkosten geht – ausbeuterisch ist, wird *zum einen* gestützt durch die menschenrechtlichen Ansprüche an Erwerbsarbeit, die in Menschenrechtserklärungen und völkerrechtlich verbindlichen Verträgen kodifiziert wurden. Schließlich proklamiert die Allgemeine Erklärung der Menschenrechte in Art. 24 »das Recht … auf eine vernünftige Begrenzung der Arbeitszeit«, und Artikel 7 des Sozialpaktes erwähnt »Arbeitspausen, Freizeit (und) eine angemessene Begrenzung der Arbeitszeit« ausdrücklich als Teilaspekte jener »gerechte(n) und günstige(n) Arbeitsbedingungen«, auf die jeder Arbeitnehmer ein Recht hat. Bei einem 24-Stunden-Dienst ohne längere freie Zeiten in jeder Woche gibt es während des Pflegeeinsatzes (so gut wie) keine Begrenzung der Arbeitszeit, geschweige denn eine »vernünftige« oder »angemessene«. Auch verstößt die (beinahe) völlig entgrenzte Arbeitszeit der Live-Ins gegen das in der EU-Grundrechte-Charta proklamierte Recht eines jeden »auf tägliche und wöchentliche Ruhezeiten sowie auf bezahlten Jahresurlaub« (Artikel 31 Absatz 2). Noch deutlicher wird der Verstoß gegen eine menschenrechtsethische Grenzziehung durch den Wortlaut von Artikel 10 Absatz 2 des ILO-Übereinkommens 189, das die Bundesrepublik Deutschland völkerrechtlich verbindlich anerkannt hat: »Die wöchentliche Ruhezeit hat mindestens 24 aufeinanderfolgende Stunden zu betragen.«

Weil die deutsche Politik nichts gegen die entgrenzten Arbeitszeiten in der »24-Stunden-Pflege« unternimmt, verstößt sie also gegen Verpflichtungen zum Schutz der Menschenrechte, zu denen sie sich in völkerrechtlich bindenden Verträgen bekannt hat. Da die (beinahe) völlige Entgrenzung der Arbeitszeit die Gesundheit der Live-Ins gefährdet, löst der Staat seinen – auch im Grundgesetz (Artikel 2 Absatz 2) verankerten – Anspruch nicht ein, auf dem Gebiet der Bundesrepublik zu verhindern, dass das Menschenrecht auf körperliche Unversehrtheit systematisch – zum Beispiel immer wieder durch eine eingespielte Praxis – verletzt wird. Die deutschen Pflegepolitiker wissen um das menschenrechtswidrige Arbeitszeitregime der »24-Stunden-Pflege«, gehen aber in keiner Weise dagegen vor. Die Politik beschließt für die Live-In-Pflegekräfte keine gesetzlichen Höchstarbeitszeiten, geschweige denn, dass sie diese in den privaten Haushalten durchsetzen würde. Mehr noch: wie bereits in Kapitel III erwähnt, ist die Bunderegierung bestrebt, möglichst viele Live-Ins von den bestehenden gesetzlichen Beschränkungen der Arbeitszeit auszunehmen. So drängt sich die Einschätzung auf: Wenn es um die Arbeitszeiten in der »24-Stunden-Pflege« geht, kommt die Bundesregierung ihrem verfassungsrechtlichen Auftrag, das Recht auf körperliche Unversehrtheit zu schützen, nicht nach. Ihre Politik ist nicht verfassungsgemäß.[24]

Bei der Ausnahme der Live-In-Pflegekräfte von gesetzlichen Arbeitszeitgrenzen geht es konkret um die bereits erwähnte Ausnahmeklausel des Arbeitszeitgesetzes (§ 18 Absatz 1 Nummer 3), die nach Ansicht der Bundesregierung auch viele Live-In-Pflegekräfte von den in dem Gesetz aufgeführten Begrenzungen der Arbeitszeit ausnimmt. Auch bei der Ratifizierung des ILO-Übereinkommens 189 hat die Bundesregierung in einer »Denkschrift« zu Protokoll gegeben, dass sie die in der Ausnahmeklausel des Arbeitszeitgesetzes genannte Gruppe von der Geltung des Übereinkommens ausnehme.[25] Damit hat sich die Bundesregierung in eine eigenartige Situation manövriert: Mit der Ratifikation des ILO-Übereinkommens 189 hat sie sich verpflichtet, die Rechte der »Hausangestellten« zu stärken, sie vor Diskriminierung und Missbrauch zu schützen und sich für das Ziel ihrer arbeits- und sozialrechtlichen Gleichstellung mit allen anderen Beschäftigten zu engagieren. Zugleich aber hat sie mit den Live-Ins in der »24-Stunden-Pflege« ausgerechnet jene Gruppe vom Schutz des Übereinkommens (zumindest teilweise) ausgenommen, die in Deutschland dieses Schutzes am dringlichsten bedarf.

Dass wir es im Bereich der »24-Stunden-Pflege« in Deutschland mit einem menschenunwürdigen Arbeitszeitregime zu tun haben, wird *zum anderen* deutlich, wenn man das Gebot, die Menschenwürde zu achten, als Instrumentalisierungsverbot begreift. Mit Prof. Dr. Peter Schaber kann man, wie oben skizziert, dieses Verbot auf das moralische Recht jedes Menschen zurückführen, über wesentliche Bereiche seines Lebens verfügen zu können. Das für die »24-Stunden-Pflege« charakteristische Regime der (beinahe) völlig entgrenzten Arbeitszeit ist de facto menschenunwürdig, weil es den Pflegekräften während der Zeiten ihres Pflegeeinsatzes in Deutschland so gut wie keinen Freiraum für die Verfügung über das eigene Leben lässt. Zuvor wurde bereits verdeutlicht, dass die Belastungen in den Wochen und Monaten in Deutschland oft so hoch sind, dass darunter oft genug auch das Leben in den Phasen leidet, die die Arbeitnehmerinnen bei ihren Familien in den Herkunftsländern verbringen.

Wie in Kapitel IV deutlich wurde, ist für die »24-Stunden-Pflege« der Anspruch wesentlich, dass sich die Arbeitnehmerinnen im Pflegealltag ganz an der erwarteten Abfolge von Pflege- und Versorgungsaktivitäten sowie an den Bedürfnissen und Wünschen des Pflegebedürftigen orientieren. Wird dieser Anspruch aufgrund eines sehr hohen Pflegebedarfs zur intensiven Dauerbelastung, dann bleibt der Live-In während des Pflegeeinsatzes überhaupt kein Platz mehr für ein selbstbestimmtes Leben. Zweifellos ist das zum Beispiel der Fall, wenn die Live-In nachts kaum schlafen kann, weil der Gepflegte herumirrt oder häufig zur Toilette muss und es tagsüber keine Zeit zum Ausruhen ohne Bereitschafts- oder Aufsichtspflichten gibt. Oder die Pflegekraft muss eine Person mit fortgeschrittener Demenz betreuen, die zwar vielleicht nicht nachts aktiv ist, aber zum Beispiel immer wieder nervenaufreibende Ideen verfolgt oder die

Pflegekraft in sehr kurzen Abständen mit stereotypen Redewendungen anspricht. Solche stark beanspruchenden Pflegefälle sind nicht selten. Wird bei ihnen nicht durch das wöchentliche Einräumen längerer freier Zeiten gegengesteuert, bleibt den Arbeitnehmerinnen in der Zeit ihres Pflegeeinsatzes in Deutschland kein Freiraum, in dem sie über wesentliche Bereiche ihres Lebens selbst verfügen könnten. Das ist auch bei den Pflegekräften, die im Rotationssystem arbeiten, ein Verstoß gegen die Menschenwürde; denn auch vier Wochen oder drei Monate ohne selbstbestimmte Zeit sind eine viel zu lange Zeitphase. Nicht zufällig wird in Interviews mancher Live-Ins deutlich, dass sie nur die Phasen ohne Pflegearbeit im Herkunftsland als ihr eigenes Leben betrachten, von dem sie die triste Realität der Dauerbeanspruchung in Deutschland mehr oder minder abgespalten haben.

## Und die pflegenden Angehörigen – sind die nicht ausgebeutet?

In diesem Buch geht es mir um die Lebens- und Arbeitsbedingungen der Live-In-Pflegekräfte. Wie diese aus sozialethischer Sicht zu bewerten sind, war Gegenstand dieses Kapitels. Allerdings drängt sich am Ende die Frage auf: Wenn die Live-In-Pflegekräfte durch eine Rund-um-die-Uhr-Verantwortung für den Pflegebedürftigen ausgebeutet werden, wie sieht es dann mit Angehörigen aus, die sich im Dauereinsatz für ein Familienmitglied, das pflegebedürftig geworden ist, aufreiben?

Der Pflegebedarf wird vielleicht zu groß, eine fortgeschrittene Demenz zwingt beinahe zu permanenter Aufmerksamkeit, eine ungestörte Nachtruhe ist nicht mehr möglich ... – und niemand teilt sich mit ihnen die extrem belastende Pflegeverantwortung. Unter solchen Bedingungen sind auch viele Angehörige völlig überfordert und ausgepowert. Nicht wenige leiden unter einer Depression oder unter einer anderen chronischen Krankheit. Möglicherweise sehen sie sich von einem Partner, einem (Schwieger-)Vater oder einer (Schwieger-)Mutter, der nun auf Hilfe angewiesen ist, in die Pflicht genommen. Vielleicht halten sie es selbst für herzlos, den aufreibenden Einsatz in der häuslichen Pflege, der ihnen über den Kopf gewachsen ist, zu beenden und den Pflegebedürftigen in ein Heim zu »geben«. Oder der Pflegebedürftige beziehungsweise Verwandte und Freunde geben eine solche Einschätzung klar zu erkennen. So sehen sich auch viele Angehörige zu einer Pflege dienstverpflichtet, die sie überfordert. Auch von ihnen wird mancher ausgenutzt, zum Beispiel vom Pflegebedürftigen extrem unter Druck gesetzt oder gar misshandelt – und wagt es nicht, dagegen vorzugehen. Auch mancher pflegender Angehöriger sieht keine Möglichkeiten der Entlastung und findet niemanden, mit dem er die eigene Lage auch nur einmal in Ruhe besprechen könnte.

Bei vielen Angehörigen, die seit Jahren einen Schwerstpflegebedürftigen versorgen, ist die Misere groß. Bei vielen hat die ununterbrochene Belastung Dimensionen angenommen, die ihnen ein eigenes Leben unmöglich machen. Unter solchen Bedingungen ist auch die Angehörigenpflege menschenunwürdig. Obwohl zum Beispiel Pflegestützpunkte, Angebote der Vertretungs- und der teilstationären Pflege sowie Möglichkeiten zur Freistellung ausgebaut werden, tut die Politik zu wenig, um die pflegenden Angehörigen zu entlasten.[26] Gerne nimmt sie den Kostenvorteil, den die Angehörigenpflege für die öffentliche Hand bedeutet, in Anspruch, aber die pflegenden Angehörigen behandelt sie schlecht. Sie speist sie zum Beispiel mit einem niedrigen Pflegegeld ab, obwohl ein lohnähnliches Entgelt für die aufreibende Pflegearbeit nur recht und billig wäre. Mit Blick auf die menschenunwürdigen Bedingungen manches pflegenden Angehörigen und den eisernen Willen der Politik, für die – doch eigentlich als vorrangig identifizierte – häusliche Pflege möglichst wenig Geld auszugeben, kann man mit einigem Recht sogar die Position vertreten, dass es in der Bundesrepublik auch eine Ausbeutung pflegender Angehöriger gibt.

All das ist ein großes Thema, das nicht nur den zuständigen Politikerinnen und Politikern, sondern allen Bürgerinnen und

Bürgern unter den Nägeln brennen sollte. Aber es ist ein anderes Thema als das Thema des Buches. Es ist Teil des in Kapitel V angeschnittenen Problems, dass Pflegearbeit zu wenig gesellschaftlich wertgeschätzt wird, und hängt natürlich mit dem Thema des Buches eng zusammen. In diesem Buch konzentriere ich mich aber auf die Lebens- und Arbeitsbedingungen der Live-In-Pflegekräfte. Deren Pflegearbeit ist *etwas anderes* als die Pflegearbeit der Angehörigen; denn es handelt sich um Erwerbsarbeit. Bei Erwerbsarbeit gibt es strukturell – und nicht nur in Einzelfällen – das Problem einer ungleichen Machtverteilung, bei der die Arbeitnehmer im Vergleich zum Arbeitgeber in einer Position der Schwäche sind. In Betrieben wird dieses Ungleichgewicht abgemildert durch das Arbeits- und Sozialrecht sowie durch Gewerkschaften, die mit entsprechenden Mitteln des Arbeitskampfes ausgestattet sind. Aber für die Live-In-Pflegekräfte gibt es noch keine kollektive Interessenvertretung, und das Arbeits- und Sozialrecht entfaltet in ihren Beschäftigungsverhältnissen kaum Wirkung. Insofern »schlägt« das ungleiche Machtverhältnis zwischen Arbeitgeber und Arbeitnehmer auf die Beschäftigungsverhältnisse der Live-In-Pflegekräfte ungebremst »durch«. Hinzu kommt, dass gerade bei diesen Arbeitsverhältnissen die Ungleichheit der beiden Parteien besonders stark ausgeprägt ist. Denn erstens ist sie mit bedingt durch das Einkommensgefälle zwischen Westeuropa einerseits und Mittel- und Osteuropa andererseits, und zweitens ist sie mit der prekären Lebenssituation von Live-Ins verbunden, die in der Privatsphäre eines anderen arbeiten und leben müssen. Deshalb richtet sich der Fokus auf die Pflegearbeit der Beschäftigten in der »24-Stunden-Pflege«. Diese benötigt dringend gesetzliche Rahmenbedingungen, die es den Arbeitgebern erschwert, die Live-In-Pflegekräfte menschenunwürdig zu behandeln, und sie dazu verpflichtet, ihren Arbeitnehmerinnen ausreichend Freizeit einzuräumen. Im folgenden Kapitel mache ich Vorschläge für solche politischen Reformen.

# VII. Ein langer Weg raus aus der Schmuddelecke
## Die Erwerbsarbeit in den Pflegehaushalten muss reguliert und gefördert werden

In Deutschland halten die politisch Verantwortlichen am Grundsatz »ambulant vor stationär« fest, obwohl sie wissen, dass das Potenzial zur Angehörigenpflege schwindet. Zwar gibt es immer wieder einzelne Leistungsverbesserungen für die häusliche Pflege beziehungsweise für pflegende Angehörige; aber diese lösen das grundlegende Problem der Überforderung pflegender Angehöriger nicht. Dazu würde es gut geknüpfter Netze der Unterstützung häuslicher Pflege bedürfen, durch welche die Angehörigen von einem erheblichen Teil der Pflegearbeit entlastet würden: von einigen der pflegerischen und hauswirtschaftlichen Tätigkeiten und von einigen der Aufsichts- und Betreuungsaufgaben. Aber der Ausbau der Pflegestützpunkte sowie der Verhinderungs-, der Kurzzeit- und der teilstationären Pflege kommt nur schleppend voran; die Angebote erreichen viel zu wenige pflegende Angehörige. Und was ist mit einer Förderung der haushaltsbezogenen Dienstleistungen, die die Angehörigen ja auch entlasten könnte? In Deutschland weitgehend Fehlanzeige! So bleibt es bei einer Politik, die einem Grundsatz folgt, der immer weniger zu verwirklichen ist. Eine solche Politik ist mit hohen Lasten verbunden. Diese haben vor allem die Betroffenen zu tragen – gerade auch die pflegenden Angehörigen, von denen nach wie vor die meisten Frauen sind.

Mit dem Grundsatz »ambulant vor stationär« setzt die deutsche Pflegepolitik auf die Familie und auf deren Potenzial wechselseitiger Unterstützung – und unternimmt doch viel zu wenig, um es den Familien zu ermöglichen, die steigenden Lasten der Pflege zu tragen, oder um ihnen einen Teil der Aufgaben abzunehmen, damit sie in der Lage sind, den Rest selbst zu übernehmen. Die Pflegepolitik in Deutschland wirkt so, als halte sie noch immer an der Fiktion fest, dass die Familie in der Lage sei, alle Aufgaben der Pflege selbst zu leisten, so, als werde Pflege – wie in früheren Jahrzenten – von der Familie beziehungsweise von den Frauen ganz selbstverständlich und spontan erbracht. Den Familien trauen die politisch Verantwortlichen die Pflege zu und – so scheint es – sie *ver*trauen ihnen. Zumindest glauben sie, sie bräuchten nicht näher hinzusehen, *wie* die Familie all das leistet und ob die Pflegenden vielleicht überfordert sind und an den Lasten einer übergroßen Pflegeaufgabe zu zerbrechen drohen. Sie scheinen zu glauben: Der Respekt vor der Privatsphäre verbiete es, dass Personen, die nicht zur Familie gehören, einen Blick darauf werfen, ob die Pflegebedürftigen gut gepflegt werden und welche Lebens- und Arbeitsbedingungen diejenigen haben, die die Pflegearbeit leisten.

Letztlich scheint die deutsche Pflegepolitik auch heute noch zu unterstellen, dass Pflege einfach eine Aufgabe der Familien sei – vor allem eine Aufgabe der Frauen in den Familien. Dabei war schon vor gut zwanzig Jahren die Verabschiedung des Pflegeversicherungsgesetzes von der Einsicht geleitet, dass Pflege eine »gesamtgesellschaftliche Aufgabe« ist.[1] Würde Pflege tatsächlich als »gesamtgesellschaftliche Aufgabe« verstanden, dann müsste die stationäre Pflege ausgebaut und im Sinne guter Pflege und gerechter Pflegearbeit weiterentwickelt werden, und sie müsste für alle, die dies wünschen, ohne Sozialhilfebezug zugänglich gemacht werden. Gleichzeitig meint Pflege als »gesamtgesellschaftliche Aufgabe« keineswegs, sich von der Angehörigenpflege zu verabschieden. Schließlich bietet die häusliche Pflege – bei aller Belastung – Pflegebedürftigen und Angehörigen, die pflegen wollen, viele Möglichkeiten, Nähe zu erfahren und zu sehen, wie gut es tut, von Familienmitgliedern umsorgt zu werden oder diese zu umsorgen. Warum sollte der Staat die Angehörigenpflege, wenn sie vom Pflegebedürftigen *und* von seinen Angehörigen gewünscht wird, nicht fördern? Pflege als »gesamtgesellschaftliche Aufgabe«, das meint daher auch, dass die pflegenden Angehörigen durch ein ganzes Netz von Unterstützern entlastet und begleitet werden müssen. In diesem Netz können Ehrenamtliche, die die Pflegepersonen begleiten, eine wichtige Rolle spielen.[2] Die meisten Knoten dieser Netze müssten aber von Personen geknüpft werden, für die diese Unterstützung Erwerbsarbeit ist, und zwar eine Erwerbsarbeit, die sie unter fairen Bedingungen leisten können.

Schon zur Entlastung, Unterstützung und finanziellen Absicherung der *pflegenden Angehörigen* geschieht zu wenig. Wenn es aber um die Gestaltung der »24-Stunden-Pflege« und die *Live-In-Pflegekräfte* geht, dann duckt sich die deutsche Politik einfach nur weg; sie entzieht sich ihrer Verantwortung. Im Folgenden gehe ich zuerst auf dieses Politikversagen näher ein. Anschließend zeige ich allerdings auch die besonderen Probleme auf, die sich bei der Aufgabe stellen, die Erwerbsarbeit von Live-Ins zu regulieren. In drei weiteren Abschnitten entwickele ich einen dreiteiligen Vorschlag, wie Bundesregierung und Gesetzgeber versuchen könnten, diese besonderen Beschäftigungsverhältnisse zu gestalten. Ich ende mit kursorischen Bemerkungen zur Verteilung der Finanzierungslasten, die mit dem Politikvorschlag verbunden sind.

## Eine Politik, die sich ihrer Verantwortung entzieht

Wer sich einmal mit dem Thema der »24-Stunden-Pflege« auseinandergesetzt hat, weiß, dass Angehörige Angst vor der ungewohnten Arbeitgeberrolle haben, dass sie befürchten, die damit verbundenen Pflichten nicht erfüllen zu können, dass sie oft ihre Aufgaben als Arbeitgeber aus dem Blick verlieren, zu denen es auch gehört, der Arbeitnehmerin ausreichend Freizeit einzuräumen. All das dürfte also auch den Pflegepolitikerinnen und -politikern bekannt sein. Trotzdem gibt es für private Haushalte keine vereinfachten Verfahren, eine Beschäftigung jenseits der

Midijob-Schwelle anzumelden. Auch wurden bisher nirgendwo öffentliche Beratungs- und Servicestellen eingerichtet, die die Angehörigen bei der Abwicklung der Formalitäten und der Bewältigung anderer Arbeitgeberaufgaben unterstützen könnten.

Dabei sind es nicht einmal zuerst die Arbeitgeber, <u>die die deutsche Pflegepolitik im Regen stehen lässt</u>, sondern vor allem die Arbeitnehmerinnen, also die <u>Live-In-Pflegekräfte aus Mittel-und Osteuropa</u>. Für deren Arbeits- und Lebenssituation scheinen sich die politisch Verantwortlichen nicht zu interessieren. Dabei verstößt die (beinahe) vollständig entgrenzte Arbeitszeit der Live-In-Pflegekräfte – wie im vorherigen Kapitel dargestellt – <u>gegen deren Menschenwürde</u>. Denn das Arbeitszeitregime der »24-Stunden-Pflege« lässt den Arbeitnehmerinnen keinen Freiraum für ein selbstbestimmtes Leben; die dadurch verursachte Dauerbelastung führt häufig zu chronischen Krankheiten. Zugleich steht es im Widerspruch zur Allgemeinen Erklärung der Menschenrechte und zu völkerrechtlich bindenden Verträgen, die die Bundesrepublik eingegangen ist. Die Bundesregierung entzieht sich der Aufgabe, gegen die zum Teil menschenunwürdigen Arbeitsverhältnisse der Live-Ins vorzugehen. Im Gegenteil, sie bemüht sich, möglichst alle Live-In-Pflegekräfte von sämtlichen gesetzlichen Höchstgrenzen für die Arbeitszeit auszunehmen. Mit dieser Politik steht die Bundesregierung im Widerspruch zum verfassungsrechtlichen Auftrag des Staates, zu verhindern, dass auf dem Territorium der Bundesrepublik systematisch gegen das Recht einer Gruppe von Menschen auf körperliche Unversehrtheit verstoßen wird.

Bei alledem kann man den Eindruck gewinnen, die Politik verdränge, <u>dass es hier um ein Arbeiten und Leben mitten in Deutschland geht.</u> Ganz zu schweigen davon, dass es mehrheitlich um das Arbeiten und Leben von Polinnen geht, also von EU-Bürgerinnen, die – abgesehen von der Beteiligung an politischen Prozessen – die gleichen Rechte haben wie Deutsche; es geht um das Arbeiten und Leben von Bürgerinnen eines Landes, dem sich die Bundesrepublik beziehungsweise das Gros der politischen Entscheidungsträger sowie der Bürgerinnen und Bürger besonders verbunden weiß – aufgrund einer besonders schwierigen Geschichte mit vielen besonders schweren deutschen Fehlern und in der Verpflichtng einer ganz besonderen Aussöhnung. Und trotzdem kümmert es nicht, wenn mehr als hunderttausend Polinnen ohne effektiven Rechtsschutz bei uns beschäftigt sind. Es kümmert nicht, dass sie unter Bedingungen erwerbstätig sind, unter denen kein Deutscher arbeiten würde. Es kümmert nicht, wenn Tausende von ihnen ausgebeutet werden von Menschen, die gewissen- oder eben auch nur gedankenlos die Einkommensmisere und den ineffektiven Rechtsschutz vieler Live-Ins ausnutzen.

Man stelle sich vor, die in den deutschen Privathaushalten tätigen Live-In-Pflegekräfte wären mehrheitlich deutsche Staatsbürgerinnen und -bürger. Wären die politische Öffentlichkeit, der Bundestag und die Bundesregierung auch dann untätig geblieben?

Mit der Arbeitgeberrolle überforderte Angehörige, ungerechte Arbeitsbedingungen, kein Schutz der Live-Ins vor Ausbeutung: Die Politik überlässt die Arbeitgeber und Arbeitnehmerinnen in der »24-Stunden-Pflege« sich selbst – ein klarer Fall von Politikversagen! Tatsächlich sind es letztlich die politischen Entscheidungsträger, welche die Hauptverantwortung für die ausbeuterischen Beschäftigungsverhältnisse in der »24-Stunden-Pflege« tragen. Vor allem sie sehe ich in der Verantwortung, Maßnahmen zu ergreifen, die zu einer Verbesserung der Arbeits- und Pflegeverhältnisse in den Pflegehaushalten führen.

Natürlich haben auch andere Akteure jeweils ihren Teil zu den ungerechten und menschenunwürdigen Lebens- und Arbeitsbedingungen der Live-Ins beigetragen und stehen entsprechend auch in der Pflicht, das ihnen Mögliche für eine positive Entwicklung der Arbeitsverhältnisse zu tun. Die meisten Inhaber und Mitarbeiter der *Vermittlungsagenturen* kümmert es nicht, dass viele der von ihnen vermittelten Pflegekräfte in den Privathaushalten schlecht behandelt werden. Sie versprechen den Familien, dass die Live-Ins jederzeit verfügbar sind. Manche zahlen den Pflegekräften nur geringe Löhne oder Honorare aus und setzen sie massiv unter Druck. Die Agenturen könnten den von ihnen vermittelten Live-Ins bessere Konditionen bieten, die Pflegehaushalte nach dem Arbeitsbeginn der jeweiligen Live-In weiter begleiten und darauf achten, dass die Arbeitnehmerinnen

• fair behandelt werden. Auch die *Familien* der Pflegebedürftigen stehen in der Pflicht. Faktisch sind sie fast immer die Arbeitgeber der Live-Ins und sind als solche für die Arbeits- und Lebensbedingungen der bei ihnen lebenden Arbeitnehmerinnen erstverantwortlich. Viele von ihnen nehmen gedankenlos die Zusagen der Vermittlungsagenturen für bare Münze, versetzen sich nicht in die Situation ihrer Beschäftigten und erwarten, dass diese rund um die Uhr an sieben Tagen in der Woche das Familienmitglied mit weit fortgeschrittener Demenz oder mit einem sehr hohen Pflegebedarf umsorgen, versorgen und gegebenenfalls beaufsichtigen. Einige andere Angehörige nutzen gewissenlos die schwache Position und den geringen Arbeitnehmerschutz der Pflegekräfte aus. Der Frage, was die Familien mit Pflegeverantwortung tun können, um zu einem aus ethischer Sicht vertretbaren Beschäftigungsverhältnis zu kommen, werde ich mich im nächsten Kapitel widmen.

Die Politik jedoch ist verpflichtet, für die Beschäftigung von Live-In-Pflegekräften geeignete Rahmenbedingungen zu schaffen. Nur wenn die politischen Entscheidungsträger sich dieser Aufgabe stellen, werden sie der Verantwortung gerecht, die mit dem Bekenntnis zur Pflege als »gesamtgesellschaftlicher Aufgabe« verbunden ist. Nur wenn sie die Arbeitsverhältnisse der Live-Ins zu gestalten versuchen, entsprechen sie auch dem Auftrag des Staates, für menschenwürdige Arbeitsverhältnisse zu sorgen, die die Erwerbstätigen nicht krank machen.


## Was tun? Sich an der Quadratur des Kreises versuchen?

Wie kann und wie sollte die Politik bei den Beschäftigungsverhältnissen in der »24-Stunden-Pflege« gestaltend eingreifen? Wie sähe eine gute Lösung des Problems aus? Die Aufgabe, die Arbeitsverhältnisse der Live-In-Pflegekräfte gerecht zu regeln, ohne sie abzuschaffen, gleicht der Quadratur eines Kreises. Im letzten Kapitel hatte ich herausgestellt, dass man – abgesehen von Ausnahmen, die auch eindeutig im Interesse des jeweils Beschäftigten liegen – nur diejenigen Arbeitsplätze als gerecht bezeichnen kann, bei denen Arbeitnehmerschutz und Entgelt nicht deutlich unter dem Niveau liegen, welches das Arbeits- und Sozialrecht des Landes als Normalfall vorsieht. Folglich bedeuten gerechte Beschäftigungsverhältnisse in der Bundesrepublik unter anderem Arbeitszeiten, die Woche für Woche die gängigen 38,5 Stunden nicht deutlich überschreiten, und einen Stundenlohn, der zumindest dem gesetzlichen Mindestlohn von gegenwärtig 8,50 Euro entspricht. Zu diesen Bedingungen ist natürlich eine Rund-um-die-Uhr-Pflege allein durch eine Live-In-Pflegekraft nicht möglich.

Man kann also beides zusammen nicht haben: die »24-Stunden-Pflege« durch eine Live-In *und* gerechte, dem Normalfall der deutschen Arbeitsmarktordnung entsprechende Arbeitsverhältnisse für diese Arbeitnehmerin. Wer beide Ziele zugleich und ohne Abstriche erreichen will, versucht sich an der Quadratur eines Kreises! Insofern ist es verständlich, dass die Politikerinnen und Politiker das Thema der Rund-um-die-Uhr-Pflege durch mittel- und osteuropäische Arbeitnehmerinnen meiden wie die Pest. Ein Politiker, der es anpackt, scheint nur verlieren zu können. Entweder er bringt die Angehörigen gegen sich auf, die die »24-Stunden-Pflege« behalten wollen. Oder er gerät in Konflikt mit allen gesellschaftlichen Kräften, die – eigentlich völlig zu Recht – auf der Einhaltung aller Standards des deutschen Arbeitsrechtes bestehen. Aber es hilft nichts. Laut Verfassung ist der Politik die Aufgabe gestellt, die Arbeitsverhältnisse im Land zu ordnen; dazu gehört eben auch, eine gerechte Organisation der notwendigen Pflegeleistungen zu ermöglichen. Dieser Aufgabe darf und kann sich die Politik in Zukunft nicht mehr entziehen.

Mancher mag einwenden, dass das gesamte System der »24-Stunden-Pflege« ethisch nicht vertretbar ist und nach Möglichkeit abgeschafft werden sollte. Schließlich ist mit der alleinigen Verantwortung für einen schwer Pflegebedürftigen so viel Arbeit – im Sinne konkreter pflegerischer und hauswirtschaftlicher Tätigkeiten *und* einer kontinuierlichen Einsatzbereitschaft – verbunden, dass es niemandem erlaubt sein sollte, dies *einer* Arbeitnehmerin *alleine* zuzumuten. Deshalb wäre es gut, wenn die Einführung und Durchsetzung gesetzlicher Regeln etwa für die Arbeitszeit der verbreiteten Praxis der »24-Stunden-Pflege« ein Ende bereiten würde.

Allerdings, so meine Entgegnung auf diesen Einwand, wären bei einer Gestaltung der Live-In-Arbeitsplätze, die dem Normalfall der deutschen Arbeitsmarktordnung voll und ganz entspricht, auch viele solcher Pflegekonstellationen legal nicht (mehr) möglich, die es nicht nur den Familien der Pflegebedürftigen erlauben, die gewünschte häusliche Pflege deutlich länger aufrechtzuerhalten, und den Pflegekräften dringend benötigtes Einkommen verschaffen, sondern Letzteren eben auch vergleichsweise gute Arbeitsbedingungen bieten. Ein Beispiel wären Familien, in denen ein Angehöriger ähnlich viel Pflegearbeit und Rufbereitschaften übernimmt wie die Arbeitnehmerin. Schließlich müsste die Familie des Pflegebedürftigen – für eine Beschäftigung, die dem Normalfall der deutschen Arbeitsmarktordung entspricht – auch bei einem stark in die Pflege eingebundenen Angehörigen zwei, drei oder noch mehr Arbeitnehmerinnen Vollzeit beschäftigen. Das dürfte für die meisten Familien aus Kostengründen nicht in Frage kommen.

Ein anderer Einwand greift die sozialen Ungleichheiten zwischen den Pflegebedürftigen beziehungsweise zwischen ihren Familien auf: Angenommen, das Arbeits- und Sozialrecht würde in der »24-Stunden-Pflege« konsequent durchgesetzt, dann würde dadurch die Möglichkeit zur häuslichen Pflege nur Mittelschichtfamilien entzogen, die bisher relativ gut dastehen: Sie haben genug Geld, um eine Live-In (wenn auch nicht zwei oder mehr Vollzeit-Arbeitnehmerinnen) zu beschäftigen, und zugleich gibt es mindestens einen Angehörigen, der sich mit viel Zeit in die häusliche Pflege einbringen kann. Solche – relativ gut gestellten – Familien kämen durch die konsequente Durchsetzung des Arbeits- und Sozialrechts nun in die gleiche Lage, in der sich weniger wohlsituierte Familien schon lange befinden: Wächst der Pflegebedarf selbst einem rund um die Uhr pflegenden Angehörigen über den Kopf, bleibt nur noch der Wechsel in ein Pflegeheim.

Die Frage, wie aus ethischer Sicht diese bestehende Ungleichheit zu bewerten und wie mit ihr umzugehen ist, lasse ich hier einmal außen vor. Ich halte einen anderen Punkt für entscheidend: dass isolierte Versuche, für die Beschäftigung in Privathaushalten anspruchsvolle Regeln durchzusetzen, voraussichtlich kontraproduktiv wären. Sie würden wohl weder zu einer Verbesserung der Beschäftigungsverhältnisse von Live-In-Pflegekräften führen noch die verbreitete Praxis der »24-Stunden-Pflege« zurückdrängen, sondern vor allem sich negativ auf die Lebens- und Arbeitsbedingungen der Beschäftigten auswirken.

Dass die »24-Stunden-Pflege« vorwiegend mit illegalen Beschäftigungsverhältnissen in Deutschland so weit verbreitet ist, verweist auf eine »Versorgungslücke«[3]. Diese würde nicht schon dadurch verschwinden, dass Politik, Staatsanwaltschaft und Polizei die Art und Weise bekämpfen würden, in der die pflegenden Angehörigen sie aktuell zu schließen versuchen. Vielmehr würde die Lücke fortbestehen. Wahrscheinlich würde sie auch bei stärkeren Repressionsversuchen hauptsächlich durch die Pflegearbeit von Migrantinnen geschlossen – nur dann vermutlich zu noch schlechteren Bedingungen. Denn es ist nicht unwahrscheinlich, dass sich die Polinnen und Ungarinnen von dem dann wieder »heißen Pflaster« der »24-Stunden-Pflege« in Deutschland zurückziehen würden und dass statt ihrer vor allem Migrantinnen aus ärmeren Staaten die Pflegearbeit übernehmen würden. Die meisten von ihnen dürften in Deutschland keine Arbeitserlaubnis haben, manche wohl nicht einmal ein Aufenthaltsrecht. Solange es in der Bundesrepublik einen ungedeckten Bedarf an bezahlter häuslicher Pflegearbeit und zu geographisch benachbarten Ländern ein beträchtliches Wohlstandsgefälle gibt, wird es wohl auch eine dem Bedarf entsprechende Arbeitsmigration geben –

legal, in einem arbeits- und sozialrechtlichen Graubereich oder gänzlich illegalisiert.[4]

Die Politik sollte deshalb nicht versuchen, bei der Beschäftigung in Privathaushalten gewissermaßen mit der Brechstange anspruchsvolle arbeitsrechtliche Standards durchzusetzen.[5] Alle Erfahrungen mit der informellen Erwerbsarbeit in den Ländern der südlichen Hemisphäre zeigen, dass solche isolierten Regulierungsversuche zu verstärkten Ausweichreaktionen führen und damit zu einer Verschlechterung der Arbeitsbedingungen beitragen. Vielversprechender ist es, auf eine behutsame arbeitsrechtliche Standardisierung und eine schrittweise Steigerung der Arbeitsqualität zu setzen[6] und diese Prozesse durch entsprechende Anreize für beide Vertragsparteien – Arbeitgeber und Arbeitnehmer – zu fördern.

Bei den Beschäftigungsverhältnissen der Live-In-Pflegekräfte in Deutschland sollte eine solche Strategie vor allem aus drei Komponenten bestehen: erstens aus einer vorsichtigen gesetzlichen Regulierung, die am Anfang vor allem gegen das ausbeuterische Zeitregime der (beinahe) völlig entgrenzten Arbeitszeit gerichtet ist, aber bei der Arbeitszeit mehr Spielraum lässt als sonst in der Bundesrepublik üblich ist, zweitens aus einer an Konditionen gebundene Förderung und drittens einer Begleitung der Pflegehaushalte durch eine externe Instanz.

Diese drei Elemente, die ich im Folgenden noch etwas konkretisieren und erläutern werde, sind nur als eine vorübergehende Notlösung anzusehen. Die Quadratur des Kreises – die Fortsetzung der »24-Stunden-Pflege« mit gerechten Arbeitsverhältnissen – kann nicht gelingen.[7] Unrealistisch wären aber auch – wie bereits verdeutlicht – alle Versuche, die »24-Stunden-Pflege« vollständig zu verbieten. Damit meine ich Strategien, bei denen erstens der Gesetzgeber klarstellt, dass die üblichen Höchstarbeitszeiten des deutschen Arbeitszeitgesetzes auch für alle Live-In-Pflegekräfte gelten, und dann zweitens Staatsanwaltschaft und Polizei durch Kontrollen in Privathaushalten den gesetzlichen Regelungen Nachdruck verleihen. Abgesehen von einigen anderen Problemen[8] bleibt festzuhalten, dass eine solche Strategie die »24-Stunden-Pflege« wahrscheinlich nicht beseitigen, sondern immer weiter in die Illegalität abdrängen würde.

Zugleich ist es aber aus ethischer Sicht nicht vertretbar, das ausbeuterische Arbeitszeitregime der »24-Stunden-Pflege« weiter zu tolerieren. Damit bleibt den politisch Verantwortlichen nichts anderes übrig als pragmatisch vorzugehen. Pragmatisch – ohne die Zielsetzung nicht nur menschenwürdiger, sondern auch gerechter Arbeitsplätze in der häuslichen Pflege aus den Augen zu verlieren!

## Eine Regulierung, die dem ausbeuterischen Arbeitszeitregime einen Riegel vorschiebt, aber sonst viel Spielraum lässt

Bei den folgenden Überlegungen gehe ich von einem direkten Beschäftigungsverhältnis zwischen dem Pflegebedürftigen oder einem seiner Angehörigen und der Live-In-Pflegekraft aus. Wie in Kapitel III dargestellt, ist dies der einzige Typ eines Vertrags zwischen der Familie und der Pflegekraft, der mit Sicherheit legal ist. Es dürfte bereits deutlich geworden sein: Ich schlage nicht vor, die Arbeitszeiten dieser Beschäftigten nach den üblichen Standards des deutschen Arbeitszeitgesetzes zu regulieren. Dazu gehört[9] unter anderem, dass ein Arbeitnehmer in der Woche höchstens 48 Stunden arbeitet. An Einzeltagen kann er bis zu zehn Stunden arbeiten – aber nur dann, wenn im Durchschnitt der letzten sechs Monate die Grenze von acht Stunden pro Werktag nicht überschritten wird. Nach der Arbeitszeit ist täglich eine ununterbrochene Ruhezeit von mindestens elf Stunden Pflicht. Wird an einem Sonn- oder Feiertag gearbeitet, steht dem Arbeitnehmer ein anderer voller freier Tag (24 Stunden am Stück) zu. Nach den oben eingeführten ethischen Kriterien kann man eine Arbeitszeitregelung zumeist nur dann als gerecht bezeichnen, wenn diese Höchstgrenzen nicht überschritten werden. Aber eine in diesem Sinne gerechte Arbeitszeitregelung kann auf absehbare Zeit bei der Pflegearbeit von Live-Ins nicht als allgemeiner Standard durchgesetzt werden. Das bedeutet allerdings nicht, dass der Gesetzgeber auf jegliche Begrenzung der Arbeitszeit verzichten muss. Vielmehr könnte – und sollte – er gezielt für die Live-In-Pflegekräfte und gegebenenfalls für einige weitere Stellen in sozialen Berufen, in denen die Beschäftigten mit den Betreuten zusammenleben (wie für die in diesem Zusammenhang immer wieder bemühten »Väter« und »Mütter« in den Häusern der SOS-Kinderdörfer), eigene Höchstgrenzen einführen und für deren weitgehende Beachtung sorgen. Was müsste der Gesetzgeber für eine solche Regelung tun? Er müsste *erstens* die Ausnahmeklausel in § 18 Absatz 1 Nummer 3 des Arbeitszeitgesetzes neu formulieren. Aktuell nimmt sie alle »Arbeitnehmer, die in häuslicher Gemeinschaft mit den ihnen anvertrauten Personen zusammenleben und sie eigenverantwortlich erziehen, pflegen oder betreuen«, von der Geltung des Arbeitszeitgesetzes aus. Dabei ist umstritten, welche Live-In-Pflegekräfte von dieser Ausnahmeklausel erfasst werden. Bei der Neuformulierung müsste zweifelsfrei deutlich werden, dass *alle* Live-In-Pflegekräfte unter die Klausel fallen. *Zweitens* sollte der Gesetzgeber dann aber auch im Arbeitszeitgesetz eigene Beschränkungen für diejenigen Beschäftigten einfügen, die von der veränderten Ausnahmeklausel in § 18 Absatz 1 Nummer 3 erfasst werden.[10] Das Ergebnis wäre dann – bezüglich der Arbeitszeit – eine gesetzliche Sonderregelung für die von der Ausnahmeklausel erfassten Beschäftigtengruppen.[11]

Um zu verdeutlichen, was ich mir vorstelle, mache ich mit Blick auf die Situation der Live-In-Pflegekräfte[12] hier einmal einen Vorschlag, wie eine solche Sonderregelung vielleicht aussehen könnte. Zum Beispiel könnten die Arbeitgeber gesetzlich verpflichtet werden, ihren Arbeitnehmern in jeder Woche mindestens 24 Stunden arbeitsfreie Zeit am Stück einzuräumen. Besonderer Regelungen bedarf es zudem bei regelmäßigen nächtlichen Einsätzen. Zu diesen Bedingungen der Sonderregelung, die erhebliche längere Arbeitszeiten zulässt als das Arbeitszeitgesetz, sollte ein Arbeitnehmer nicht länger als drei Monate durchgehend arbeiten dürfen.

Die Stundenangaben der hier vorgeschlagenen Mindeststandards für arbeitsfreie Zeiten sind nur exemplarische Vorschläge. Trotzdem möchte ich zu deren Einschätzung in Erinnerung rufen, was hier – entsprechend der Gesetzeslage – als freie Zeit begriffen wird. Als frei bezeichne ich nicht Phasen, in denen die Pflegekraft gerade einmal nichts zu erledigen hat, bei Bedarf aber einspringt oder eine Aufsichtspflicht erfüllt. So ist aktuell in vielen Pflegehaushalten die Zeit nach dem Mittagessen geregelt, in der der Pflegebedürftige häufig schläft, sich die Live-In-Pflegekraft aber bei Bedarf um ihn kümmern muss. Vielmehr geht es hier bei der arbeitsfreien Zeit ausschließlich um Stunden, in denen die Arbeitnehmerin dem Arbeitgeber *in keiner Weise zur Verfügung* steht. In freien Zeiten kann die Live-In-Pflegekraft das Haus verlassen und hat dann auch keinen Auftrag des Arbeitgebers zu erledigen. Bleibt sie in der Wohnung, ist sichergestellt, dass sie nicht um Hilfe gebeten wird.

Mit dieser oder einer ähnlichen Sonderregelung würde der Gesetzgeber das ausbeuterische Arbeitszeitregime der »24-Stunden-Pflege« verbieten. Den Auswüchsen einer (beinahe) völlig entgrenzten Arbeitszeit würde er damit entgegenwirken. Das wäre meines Erachtens ein wichtiger Fortschritt, obwohl damit eine gerechte Regelung der Arbeitszeit noch nicht etabliert wäre. Außerdem hätten solche Gesetzesänderungen den Vorteil, dass die aktuelle Rechtsunsicherheit bezüglich der Arbeitszeit beseitigt würde. Es wäre dann klar, dass die im aktuellen Arbeitszeitgesetz enthaltenen Begrenzungen der Arbeitszeit für die Live-In-Pflegekräfte nicht gelten. Zugleich gäbe es aber für die Arbeitszeit der Live-Ins einen verbindlichen Rahmen, der Standards enthält die in der »24-Stunden-Pflege« allgemein realisierbar sind.[13]

Wer sich mit den dramatischen Missständen im Arbeitszeitregime der »24-Stunden-Pflege« auseinandergesetzt hat, wird dazu tendieren, der Arbeitszeit von Live-Ins eher enge Grenzen zu setzen. Allerdings ist zu beachten, dass zu strenge gesetzliche Begrenzungen für das angestrebte Ziel, den Live-Ins menschenwürdige und gut erträgliche Arbeitszeiten zu verschaffen, kontraproduktiv sein dürften, weil mit dem Grad der Restriktion wohl auch die Wahrscheinlichkeit steigt, dass die Regelung umgangen wird. Die Attraktivität solcher Ausweichreaktionen zu verringern ist auch eine zentrale Zielsetzung der zweiten Komponente meines Vorschlags: eines Pflegezuschusses, den Familien mit Pflegeverantwortung erhalten, wenn sie eine Live-In-Pflegekraft beschäftigen und sich dabei an einige Regeln zum Schutz der Arbeitnehmerin halten.

## Ein an Konditionen gebundener Pflegezuschuss

Für die Idee eines Pflegezuschusses reicht es in einem ersten Schritt, über die deutsch-österreichische Grenze zu schauen.[14] In der Alpenrepublik wurde 2007 die Möglichkeit geschaffen, Live-Ins legal in die häusliche Pflege einzubinden. Für diese Pflegekräfte – in Österreich sind dies vor allem Slowakinnen und Bulgarinnen – wurde ein eigener Beruf, die Personenbetreuerin, eingeführt. Seit 2009 muss jede Personenbetreuerin eine Qualifikation nachweisen, allerdings auf einem sehr geringen Niveau. Eine Personenbetreuerin kann in Österreich selbständig arbeiten oder von der Familie mit Pflegeverantwortung direkt beschäftigt werden. Wohl auch wegen des höheren Schutzniveaus für die abhängig beschäftigte Personenbetreuerin sind heute fast alle Live-Ins in Österreich selbständig. Ab einem bestimmten Pflegebedarf erhalten Personen, die in ihrer Wohnung gepflegt werden, dann einen Zuschuss von aktuell 550 Euro zu ihrem Pflegegeld, wenn eine Personenbetreuerin in die häusliche Pflege eingebunden wird.

Die Regelungen, die die Österreicher eingeführt haben, können darin ein Vorbild für Reformen in Deutschland sein, dass ein eindeutiger Rechtsrahmen geschaffen, ein eigener Beruf eingeführt und dieser an eine gewisse Qualifikation gebunden wurde. Die Prekarität der selbständigen Personenbetreuerinnen ist dagegen hochproblematisch. Den wichtigsten kreativen Impuls für die Debatten in Deutschland sehe ich darin, dass in Österreich die Erwerbsarbeit der Personenbetreuerinnen staatlich gefördert wird. Auch in Deutschland könnte den Pflegebedürftigen ein Zuschuss zum Pflegegeld gezahlt werden, wenn sie eine Live-In-Pflegekraft in die häusliche Pflege einbinden. Im Unterschied zur österreichischen Förderung sollte dieser Pflegezuschuss aber nur ausgezahlt werden, wenn die Familie mit Pflegeverantwortung die Live-In sozialversicherungspflichtig beschäftigt und darüber hinaus weitere Mindeststandards zum Schutz der Beschäftigten erfüllt.

Die Anforderungen für die Auszahlung des Pflegezuschusses sollten im Allgemeinen deutlich über dem gesetzlichen Minimum liegen. Weil diese Bedingungen einfacher und schneller verändert werden können als gesetzliche Vorschriften (wie etwa das Arbeitszeitgesetz), ist es dann dem Staat möglich, flexibel auf Veränderungen in der gesellschaftlichen Praxis der »24-Stunden-Pflege« zu reagieren. Die pflegepolitisch Verantwortlichen können die Bedingungen der Auszahlung dann alle paar Jahre so neu festlegen, dass einerseits das Anspruchsniveau nicht zu hoch, die (fast) allgemeine Beachtung der Mindeststandards also wahrscheinlich ist, andererseits bei den Beschäftigungsverhältnissen der Live-In-Pflegekräfte eine allmähliche Annäherung an reguläre Beschäftigungsverhältnisse unterstützt wird.[15]

Mit Hilfe der Auszahlungebedingungen sollten vor allem die obligatorisch freien Zeiten für Live-Ins erhöht werden, um beispielsweise den Besuch spezieller Qualifikationskurse zu ermöglichen. Mit solchen Kursen, die noch zielgenau zu konzipieren wären, könnten den Live-Ins Perspektiven der beruflichen Weiterentwicklung erschlossen werden – um ihnen zum Beispiel in Deutschland oder auch in ihrem Heimatland reguläre Arbeitsplätze in der Pflegebranche zugänglich zu machen.

## Eine verpflichtende Begleitung der Pflegehaushalte

Für die dritte Komponente greife ich nicht auf die Regelung eines Nachbarlandes zurück, sondern auf die Angebote aus dem Umfeld der kirchlichen Wohlfahrtsverbände, also auf das im Verbund der Diakonie entwickelte FairCare-Projekt des Vereins für Internationale Jugendarbeit (VIJ) und auf das Angebot Caritas24, das mitunter auch als CariFair firmiert. Vom Geschäftsgebaren der meisten Vermittlungsagenturen heben sich diese Angebote vor allem in drei Punkten positiv ab: Erstens setzen sie nicht auf Selbständigkeit, Entsendung oder ein zwielichtiges Dienstreisemodell, sondern darauf, dass die Familie mit Pflegeverantwortung die Pflegekraft aus Mittel- oder Osteuropa direkt beschäftigt. Der direkte Arbeitsvertrag ist in meinen Überlegungen ja schon als verpflichtend vorausgesetzt. Zweitens lassen die beiden Organisationen die Pflegebedürftigen beziehungsweise ihre Angehörigen mit der ungewohnten Arbeitgeberrolle nicht alleine, sondern unterstützen sie dabei, allen Melde- und Zahlungspflichten eines Arbeitgebers nachzukommen. Drittens sorgen VIJ-FairCare und Caritas24 dafür, dass die Familie mit Pflegeverantwortung und die Pflegekraft auch nach Abschluss des Arbeitsvertrags kontinuierlich begleitet und unterstützt werden. Wie in Kapitel IV herausgestellt, kommt es in den Pflegehaushalten, in denen eine Live-In für die Pflege (mit-)verantwortlich ist, vor allem deshalb immer wieder zu Fehlentwicklungen und eklatanten Missständen, weil im Pflegealltag Arbeitgeber und Arbeitnehmerin völlig auf sich alleine gestellt sind. Der Alltag im Pflegehaushalt ist dadurch in hohem Maße von der Machtkonstellation zwischen den beteiligten Personen geprägt. Es mangelt nicht nur an klaren gesetzlichen Regelungen, sondern auch an einer – gegenüber dem Pflegehaushalt – externen Instanz, die bei Bedarf auf die alltägliche Pflegearbeit in der Privatsphäre Einfluss nehmen kann. Die Anbieter VIJ-FairCare und Caritas24/CariFair beziehungsweise ihre Kooperationspartner haben eigene Mitarbeiter, die die Pflegehaushalte regelmäßig besuchen, die Live-Ins und ihre Arbeitgeber beraten, bei kleinen Konflikten moderieren, Tipps geben und auf die Einhaltung von Standards guter Pflege und menschenwürdiger Arbeit dringen.

Die dritte Komponente meines Vorschlags besteht nun darin, diese Idee einer Begleitung aufzugreifen und die Familien mit Pflegeverantwortung darauf zu verpflichten, einen Vertrag über eine solche Begleitung abzuschließen. Als mögliche Anbieter einer solchen Dienstleistung könnten entweder nur die Wohlfahrtsverbände oder alle ambulanten Pflegedienste zugelassen werden. Eine Familie mit Pflegeverantwortung, die den Pflegezuschuss erhalten möchte, müsste dann mit einem dieser Anbieter einen Vertrag zur Begleitung abschließen. Die Begleitung, bei der mindestens einmal im Monat ein Besuch in dem Pflegehaushalt ansteht, wäre also eine der Bedingungen, an die der Staat die Auszahlung des Pflegezuschusses knüpfen würde.

Am einfachsten wäre es, wenn die Organisation, welche die Begleitung übernimmt, zugleich für die Vermittlung zuständig wäre. Treten im Pflegealltag erhebliche Probleme auf, die auch mit Hilfe der Begleitung nicht ausgeräumt werden können, kann die Organisation der übervorteilten Seite dann vergleichsweise schnell einen anderen Arbeitgeber oder eine andere Arbeitnehmerin vermitteln. Besonders günstig wäre es, wenn die Organisation in dem begleiteten Pflegehaushalt auch als ambulanter Pflegedienst für die Behandlungspflege zuständig wäre. Das würde für einen regelmäßigen Kontakt zwischen den Mitarbeitern der begleitenden Organisation, der Live-In-Pflegekraft und ihrem Arbeitgeber sorgen. Zudem ergäbe sich so die Chance, dass alle an dem Pflegemix Beteiligten eng zusammenarbeiten, sich wechselseitig ergänzen und unterstützen. Auf diese Weise könnte die häusliche Versorgung des Pflegebedürftigen kontinuierlich weiterentwickelt werden.[16] Den beiden Vorbildern aus dem Bereich der Wohlfahrtsverbände entsprechend könnte die Organisation, die für die Begleitung zuständig ist, oder ein Partner dieser Organisation dann auch noch eine weitere wichtige Aufgabe übernehmen. Sie könnten den Familien mit Pflegeverantwortung helfen, ihren Melde- und Zahlungspflichten als Arbeitgeber nachzukommen. Nur mit solchen Angeboten wird es möglich sein, den meisten Angehörigen die Angst vor der ungewohnten Arbeitgeberrolle zu nehmen.

Die Begleitung der Live-In-Pflegekräfte und ihrer Arbeitgeber, der Familien mit Pflegeverantwortung, ist ein wichtiges Instrument, um in der Bundesrepublik die gesellschaftliche Praxis der

»24-Stunden-Pflege« sukzessive zu verbessern. Das betrifft die Qualität der Pflege und – was in diesem Buch im Mittelpunkt steht – die Qualität der Arbeit für die beschäftigten Migrantinnen aus Mittel- und Osteuropa. Den Begriff »Begleitung« habe ich gewählt, weil es mir vor allen darum geht, dass der Arbeitgeber und die Arbeitnehmerin in dem jeweiligen Pflegehaushalt gut beraten und auf vielfältige Weise unterstützt werden.

Aber die für den Pflegezuschuss obligatorische Begleitung beinhaltet natürlich auch ein Moment der Kontrolle. Eine Person, die weder zur Familie gehört noch bei der Familie beschäftigt ist, soll die Qualität der Pflege und die Qualität der Arbeit im Blick behalten und durch Tipps gegebenenfalls Verbesserungen anstoßen; aber sie soll eben auch kontrollieren! Würde eine Pflegekraft nach längerer Zeit trotz mehrmaliger Aufforderung einen gravierenden Pflegemangel nicht vermeiden, würde ihr der Arbeitgeber wahrscheinlich kündigen. Würde der Arbeitgeber erhebliche Missstände ebenso hartnäckig nicht beheben, dann müsste die Organisation verpflichtet sein, den Vertrag über die Begleitung zu kündigen. Fände die Familie dann keine andere Organisation, die die Begleitung übernimmt, müsste sie auf den Pflegezuschuss verzichten.[17]

Mancher mag solche Kontrollen ablehnen, weil sie etwas betreffen, was sich in der Privatsphäre abspielt. Immerhin wäre es in dem vorgeschlagenen Modell nicht der Staat selbst, der kontrolliert, sondern es wären Wohlfahrtsverbände oder andere gesellschaftliche Organisationen, die ihrerseits strenge Kriterien zu erfüllen hätten. Zudem ist zu bedenken, dass es hier um das Wohl zweier Gruppen von Menschen (der Pflegebedürftigen und der beschäftigten Migrantinnen) geht, die sich gegen das Fehlverhalten ihres Gegenübers (also: des Pflegenden beziehungsweise des Arbeitgebers) kaum wehren können und deshalb besonders verletzlich sind. Auch die beiden folgenden Überlegungen sprechen dafür, eine gewisse Kontrolle der »24-Stunden-Pflege« zu etablieren. Erstens gilt Pflege in Deutschland als »gesamtgesellschaftliche Aufgabe« und ist folglich nicht einfach Privatsache; durch den Pflegezuschuss würde sich der Staat sogar an den Kosten der

Pflegearbeit durch eine Live-In beteiligen. Warum sollte er dann die Qualität der von ihm mitfinanzierten Pflege allein der Familie mit Pflegeverantwortung und der von ihr eingestellten Arbeitnehmerin überlassen? Zweitens sind vor allem um des Arbeitnehmerschutzes willen Beschäftigungsverhältnisse in Deutschland hoch reguliert. Die Einhaltung der Regeln wird bei Unternehmen durch die Gewerbeaufsicht kontrolliert. Da sich bei der Beschäftigung von Pflegekräften in privaten Haushalten Fehlentwicklungen häufen, lässt es sich meines Erachtens nicht rechtfertigen, die Ausnahme von jeglicher Kontrolle, die gegenwärtig faktisch besteht, aufrechtzuerhalten.

Mit der Ratifikation des ILO-Übereinkommens 189 »über menschenwürdige Arbeit für Hausangestellte« hat sich die Bundesrepublik dazu verpflichtet, das Ziel einer weitgehenden rechtlichen Gleichstellung der Hausangestellten mit den Beschäftigten in Unternehmen zu verfolgen. Hinzu kommt noch ein anderer Punkt: Wie in Kapitel VI bereits dargestellt, hat die Bundesregierung bei der Ratifikation eine Gruppe von der Geltung des Übereinkommens ausgenommen: eben genau diejenige Gruppe Beschäftigter, die von der Ausnahmeklausel in § 18 Absatz 1 Nummer 3 des Arbeitszeitgesetzes erfasst wird und zu der nach Ansicht der Bundesregierung auch das Gros der Live-In-Pflegekräfte gehört. Für diese Ausnahme von der Geltung des Übereinkommens nutzte sie Artikel 2 des Übereinkommens. Tatsächlich räumt der Artikel den Unterzeichnerstaaten das Recht ein, begrenzte Problemgruppen von der Geltung des Übereinkommens auszunehmen. Allerdings verpflichtet er sie zugleich zu Maßnahmen, die darauf zielen, die Anwendung des Übereinkommens auf diese Gruppen auszudehnen und über diese Maßnahmen regelmäßig Bericht zu erstatten.[18] Die drei hier vorgeschlagenen Maßnahmen sind Beispiele dafür, wie die Bundesregierung ihren Verpflichtungen aus dem ILO-Übereinkommen 189 gerecht werden könnte: der allgemeinen, mit der Ratifikation des Übereinkommens übernommenen Verpflichtung, die Hausangestellten – auch in puncto Arbeitszeit – den Beschäftigten in Unternehmen arbeitsrechtlich anzunähern, aber auch der besonderen, mit der Inanspruchnahme der Ausnahmeklausel verbundenen Verpflichtung, Maßnahmen zu ergreifen, die in den Arbeitsverhältnissen der ausgenommenen Gruppe langfristig zu Veränderungen führen, mit denen die Herausnahme der Gruppe aus der Geltung des Übereinkommens überflüssig würde. Mein dreiteiliger Vorschlag ist tatsächlich nur ein Beispiel für Schritte, mit denen die Bundesregierung diese Verpflichtungen einlösen könnte. Vielleicht sind auch andere Maßnahmen besser geeignet. Ich sehe allerdings nicht, wie es möglich sein sollte, in der deutschen Praxis der »24-Stunden-Pflege« die notwendigen Veränderungen[19] voranzutreiben, ohne wenigstens ein Mindestmaß an Kontrolle in den Privathaushalten einzuführen.

## »Wer soll das bezahlen?«

Die vorgeschlagenen Maßnahmen verursachen erhebliche Kosten. Die meisten zusätzlichen Ausgaben wären mit der Einführung des skizzierten Pflegezuschusses verbunden. Die Schätzungen für die Zahl der Live-In-Pflegekräfte in Deutschland schwankt zwischen 100 000 und 200 000.[20] Nimmt man einmal an, dass dieser Pflegezuschuss von allen Leistungsbeziehern der Pflegeversicherung, die von diesen Live-Ins gepflegt werden, in Anspruch genommen würde, käme man bei einem monatlichen Zuschuss von 500 Euro auf 600 Millionen bis 1,2 Milliarden Euro jährlicher Mehrausgaben. Das wäre bezogen auf das aktuelle Ausgabenniveau der Pflegeversicherung eine Steigerung von 2,25 bis 4,5 Prozent.[21] Allerdings gibt es im Bereich der Pflege auch noch andere Reformmaßnahmen, die kaum weniger dringlich sind. Zum Beispiel hatte ich in Kapitel V herausgestellt, dass Pflegearbeit in Deutschland allgemein zu wenig gesellschaftliche Wertschätzung erfährt. Um dies zu ändern, wird es in den kommenden Jahren auch für die professionellen Pflegekräfte wie für die pflegenden Angehörigen zusätzlicher Finanzmittel in großem Umfang bedürfen.

Allerdings sind die öffentlichen Ausgaben für Pflege in Deutschland bisher vergleichsweise gering. Sie machen hierzulande 1,4 Prozent des Bruttoinlandsproduktes aus, während sie in den westeuropäischen Staaten nördlich der Alpen durchschnittlich bei 2,4 Prozent des jeweiligen Bruttoinlandsproduktes liegen.[22] In das in Deutschland so beliebte Lamento über die Grenzen der Belastbarkeit einzustimmen macht bei der Pflege also wenig Sinn! Durch den Pflegezuschuss käme es in der Bundesrepublik zu einer Steigerung der öffentlichen Ausgaben für die Pflege um nicht einmal 0,1 Prozent des Bruttoinlandsproduktes. Insgesamt jedoch geht es bei den notwendigen pflegepolitischen Reformen um große Summen zusätzlicher Ausgaben und um weitere Kostensteigerungen aufgrund der demographischen Entwicklung.

Bei Steigerungen der öffentlichen Ausgaben für die Pflege, wie sie auch mit der hier vorgeschlagenen Einführung eines Pflegezuschusses verbunden wären, muss allerdings auch ein Aspekt sozialer Gerechtigkeit beachtet werden: Solche Ausgabensteigerungen der öffentlichen Hand kommen vor allem den Mittel- und Oberschichten zugute.

Werden Bürgerinnen und Bürger aus den unteren Einkommensschichten stark pflegebedürftig, bleibt zumeist nur der Weg ins Pflegeheim; die hohen Kosten der stationären Versorgung trägt großenteils die Sozialhilfe. Der Pflegezuschuss würde es vor allem Pflegebedürftigen aus den Mittelschichten erleichtern, sich lange zuhause pflegen zu lassen. Mit dem Pflegezuschuss müssten sie für die Pflege durch eine Live-In nun weniger Mittel aus dem eigenen Einkommen oder aus Ersparnissen aufwenden. Bei den Mittel- und Oberschichten würde sich die staatliche Förderung in jedem Fall auf das Erbe, das die eigenen Kinder nach dem Tod des Pflegebedürftigen antreten werden, positiv auswirken. Deshalb sollte ein Teil der für Pflegereformen benötigten Finanzmittel durch eine Erhöhung der Erbschaftssteuer erbracht werden. Das wäre nicht nur im Verhältnis zwischen den mittleren und oberen Einkommensschichten einerseits den unteren Einkommensschichten andererseits gerecht. Auch innerhalb der Mittel- und Oberschichten ergäbe sich eine gerechtere Verteilung der Lasten. Schließlich würden sich dann alle Erben eines nennenswerten Vermögens an den Kosten beteiligen müssen, während zurzeit ausschließlich diejenigen (durch eine geringere Erbschaft!) »zahlen« müssen, deren Eltern über einen längeren Zeitraum stark pflegebedürftig waren.

# VIII. Hinweise zur »24-Stunden-Pflege« für Angehörige

## Nehmen Sie sich Zeit für Entscheidungen

Mit ihrer Werbung suggerieren die Vermittlungsagenturen, dass sie Ihnen schnell und unkompliziert helfen werden. Aber die Angebote der Agenturen haben viele Nachteile; entgegen anderer Versprechungen sind sie – wie bereits in Kapitel III dargestellt – meistens nicht legal. Nehmen Sie sich also besser Zeit, um die Pflege ihres Partners, des (Schwieger-)Vaters oder der (Schwieger-)Mutter zu organisieren.[1] Beratung wird unter anderen von Pflegestützpunkten und von den sozialen Diensten der Krankenhäuser angeboten. Vielleicht gibt es in Ihrer Region auch Pflegebegleiter. Wenn sie eigentlich mehr Zeit benötigen, um zu einer guten Lösung zu kommen, schaffen Sie eine Übergangslösung, die, da vorübergehend, auch etwas mehr kosten kann.

Sind sie unzufrieden mit dem Dienstleister, der Ihnen Pflegekräfte vermittelt? Bleiben Sie nicht einfach aus Bequemlichkeit in ihrem Vertrag! Suchen Sie nach einer Alternative!

## Kommt eine »24-Stunden-Pflege« in Frage? Wäre sie wirklich die beste Lösung?

Fragen Sie sich, ob es für die Pflege und Betreuung Ihres Familienmitglieds, das pflegebedürftig ist, wirklich einer Pflegekraft bedarf, die auch in der Wohnung des Pflegebedürftigen wohnt (»Live-In«).

Statt einer Pflegekraft, die mit im Haus lebt, reicht es vielleicht auch, auf die Dienstleistungen anderer Anbieter zurückzugreifen. Geht es etwa nur um Unterstützungen bei der morgendlichen und der abendlichen Toilette, können Sie damit auch einen ambulanten Pflegedienst beauftragen. Daneben können Sie auch auf Angebote eines Hausnotrufs oder von Besuchs-, Fahr- und Begleitdiensten zurückgreifen. Haben Sie die Pflege bisher alleine gemeistert und sehen sich jetzt nicht mehr dazu in der Lage? Dann sind zum Beispiel Einrichtungen der Tagespflege eine Alternative zur Beschäftigung einer Live-In-Pflegekraft.

Wenn Sie die verschiedenen Möglichkeiten, die notwendige Pflege zu organisieren, gegeneinander abwägen, bedenken Sie nicht nur, was Sie bei welcher Option zu zahlen haben. Versuchen Sie sich auch vorzustellen, was die verschiedenen Formen der Pflege für Sie, den Pflegebedürftigen, andere Angehörige und jeweils ihr Verhältnis zueinander bedeutet. Beachten Sie, welche Aufgaben und Verpflichtungen bei den verschiedenen Varianten auf Sie zukommen und welche Chancen für Erfahrungen der Nähe und Verbundenheit mit ihnen verbunden sind.

Es gibt nur einen Weg, eine Live-In-Pflegekraft (häufig heißt es auch: »Haushaltshilfe«) in die häusliche Pflege so einzubinden, dass das Vertragsverhältnis auch mit Sicherheit legal ist: wenn Sie die Live-In selbst beschäftigen, einen Arbeitsvertrag mit ihr abschließen und dann Ihren Melde- und Zahlungsverpflichtungen nachkommen (siehe Kapitel III). Das bedeutet: Sie beziehungsweise ein anderer Angehöriger oder der Pflegebedürftige selbst wird Arbeitgeber, und Arbeitgeber zu sein ist mit einigen Pflichten verbunden. Außerdem bedeutet die Mitarbeit einer Live-In-Pflegekraft, dass eine Person mit im Haus lebt, die allen in der Familie erst einmal fremd ist. Wollen Sie das? Will es auch der Pflegebedürftige?

Eine Hausangestellte, die mit in der Wohnung des Arbeitgebers lebt – für viele Westeuropäer hat bereits diese Konstellation den Geruch von Feudalismus. Tatsächlich ist die »24-Stunden-Pflege« nur möglich, weil das Einkommensgefälle zwischen Westeuropäern aus der Mittelschicht und Mittel- beziehungsweise Osteuropäern mit geringen Chancen auf dem heimischen Arbeitsmarkt so groß ist (siehe Kapitel I). Die Berichte der Live-Ins über ihr Arbeiten und Leben in deutschen Pflegehaushalten zeigen, dass die »24-Stunden-Pflege« nicht selten zu einem Arbeitgeber-Arbeitnehmer-Verhältnis führt, das von einer starken Machtasymmetrie zugunsten des Arbeitgebers und zugleich von großer persönlicher Verbundenheit zwischen den Beteiligten geprägt ist (siehe Kapitel IV). Bringen sich Angehörige stark in die häusliche Pflege ein, dann eröffnet die gemeinsame Pflege mit einer Live-In aus Mittel- oder Osteuropa aber auch viele Chancen: zum Beispiel über Grenzen hinweg kollegial-freundschaftliche Beziehungen zu knüpfen oder zu erfahren, dass es guttut, einen Pflegebedürftigen gemeinsam zu umsorgen, Aufgaben und Präsenzzeiten aufzuteilen und sich untereinander austauschen zu können. Fragen Sie sich, ob Sie sich auf eine solche Arbeits- und Beziehungskonstellation einlassen wollen, ob diese Sie vielleicht sogar reizt.

Können Sie sich die Beschäftigung einer Live-In-Pflegekraft leisten? Bei einem direkten Arbeitsvertrag zwischen Ihnen und der Pflegekraft müssen Sie mit gut 2 000 Euro Arbeitgeberkosten im Monat rechnen. Hinzu kommen Unterkunfts- und Verpflegungskosten. Ist in der Wohnung beziehungsweise im Haus des Pflegebedürftigen ausreichend Platz? Die Pflegekraft benötigt ein eigenes Zimmer, das ordentlich möbliert sein sollte. Ein altes Kinderzimmer mit Jugendmöbeln, die längst in die Jahre gekommen sind, ist nicht angemessen. Das Zimmer sollte einen Internetanschluss haben, unter anderem damit die Pflegekraft mit ihrer Familie »skypen« kann.

Eine Live-In-Pflegekraft einzustellen bedeutet nicht, die Verantwortung für das pflegebedürftige Familienmitglied abgeben zu können. Die Angehörigen bleiben in einer Verantwortung, der sie aus der Ferne beziehungsweise nur durch gelegentliche Besuche nicht gerecht werden (siehe unten). Zudem: Von keinem Menschen kann man verlangen, an sieben Tagen die Woche jeweils 24 Stunden für den Arbeitgeber verfügbar zu sein. Aus ethischer Sicht muss deshalb einer Pflegekraft jede Woche mindestens ein voller Tag zur Verfügung stehen, an dem sie von allen Verpflichtungen gegenüber dem Arbeitgeber befreit ist. Wenn Ihr Familienmitglied nur zu bestimmten festen Zeiten (zum Beispiel morgens beim Aufstehen, mittags und abends vor der Nachtruhe) ein paar Unterstützungsleistungen benötigt, finden Sie für die freien Tage der Pflegekraft vielleicht Nachbarn, die einspringen. Oder Sie beauftragen einen ambulanten Pflegedienst. Wenn der Pflegebedürftige aber täglich immer wieder zu verschiedensten Zeiten der Unterstützung oder Betreuung bedarf oder wenn eine Demenz beinahe kontinuierlich Aufsicht erforderlich macht, muss an dem freien Tag der Pflegekraft ein Angehöriger den Pflegebedürftigen versorgen und umsorgen. Deshalb kommt die »24-Stunden-Pflege« nicht in Frage, wenn bei stärkerem Hilfebedarf weder Sie selbst noch die Angehörigen insgesamt sicherstellen können, dass der Pflegebedürftige wenigstens ein Mal in der Woche für einen ganzen Tag von Ihnen und nicht von der Pflegekraft gepflegt wird. Manches spricht zudem dafür, dass es allen Beteiligten und ihren Beziehungen untereinander guttut, wenn sich wenigstens ein Angehöriger intensiv an der Pflege beteiligt.

Können weder Sie selbst noch ein anderes Familienmitglied die skizzierten Aufgaben abdecken? Dann ist der Wechsel in ein Pflegeheim vermutlich doch die bessere Option. Sicher, auch bei stationärer Versorgung können die Angehörigen ihre Verantwortung nicht einfach abgeben. Bei ihren Besuchen sollten sie sich etwa ein Bild von der Pflegequalität sowie vom Umgang der Beschäftigten mit den Heimbewohnern machen und gegebenenfalls auch einmal eingreifen. Aber bei der »24-Stunden-Pflege« müssen die Angehörigen sehr viel mehr Aufgaben schultern als bei stationärer Pflege.

Das Pflegeheim ist auch dann die bessere Alternative, wenn der Pflege- oder Aufsichtsbedarf zu groß ist. Besteht ein außergewöhnlich hoher Pflegeaufwand, der auch mehrere nächtliche Einsätze erforderlich macht (etwa bei Pflegestufe III mit Härtefallregelung beziehungsweise ab 2017 Pflegegrad 5), oder liegt eine weit fortgeschrittene Demenz vor, ist die »24-Stunden-

Pflege« nicht mehr vertretbar. Das dürfte selbst dann gelten, wenn neben der Live-In-Pflegekraft ein Angehöriger rund um die Uhr in die Pflege involviert ist.

Je nachdem, mit welchem Verlauf des Pflege- oder Aufsichtsbedarfs bei Ihrem pflegebedürftigen Familienmitglied zu rechnen ist, sollten Sie sich von vorneherein darauf einstellen, dass die häusliche Pflege nur eine Zwischenlösung ist, die allerdings auch lange dauern kann. Irgendwann ist aber einfach die Schwelle erreicht, von der an die Anforderungen an die häuslich Pflegenden zu groß werden.

## Welche Verträge kann ich eingehen? Wovon lasse ich besser die Finger?[2]

Jemanden schwarz zu beschäftigen ist eine Straftat. Die Wahrscheinlichkeit, dass es zu einer Strafverfolgung kommt, mag gering sein. Es ist aber nicht ausgeschlossen. Aus ethischer Sicht ist zudem problematisch, dass viele Pflegekräfte, die schwarzarbeiten, Angst vor Strafverfolgung haben. Sie trauen sich deshalb nicht, gegenüber der Familie des Pflegebedürftigen eigene Interessen zu vertreten und auf ihren grundlegenden Rechten zu bestehen. Dass die »24-Stunden-Pflege« für eine starke Machtasymmetrie zugunsten des Arbeitgebers anfällig ist, habe ich bereits erwähnt. Umso wichtiger ist es, von vorneherein eine Vertragsform zu wählen, die die Pflegekraft nicht einschüchtert, sondern im Gegenteil ihr Rechte einräumt, die sie gegebenenfalls – wenn es gar nicht klappt – auch vor Gericht einklagen kann. Die Schwarzarbeit ist da eindeutig die schlechteste Option.

Viele Vermittlungsagenturen beanspruchen, Pflegekräfte aus Mittel- und Osteuropa als Selbständige zu vermitteln. Abgesehen von wenigen Sonderfällen ist das in Deutschland allerdings nicht möglich; Live-In-Pflegekräfte können die »24-Stunden-Pflege« nicht als Selbständige übernehmen. Sie sind nur Scheinselbständige. Das hat Folgen für die Familie des Pflegebedürftigen: Entweder der Pflegebedürftige selbst oder einer seiner Angehörigen gilt nun als Arbeitgeber der Pflegekraft. Ähnlich wie bei Schwarzarbeit begeht er eine Straftat, weil er die Beschäftigung nicht angemeldet hat und weder Steuern noch Sozialversicherungsbeiträge abführt. Im Unterschied zur Schwarzarbeit können der Pflegebedürftige und seine Angehörigen aber nicht strafrechtlich belangt werden, wenn die scheinselbständige Pflegekraft eine A1-Bescheinigung vorweisen kann. Anders als von den Vermittlungsagenturen versprochen, bedeutet die A1-Bescheinigung der Pflegekraft nicht, dass deren Arbeit im Haushalt des Pflegebedürftigen legal ist. Der Pflegebedürftige und seine Angehörigen sind nur vor Strafverfolgung sicher (siehe Kapitel III).

Nicht ganz so eindeutig wie bei »Selbständigkeit« liegt der Fall bei mittel- und osteuropäischen Pflegekräften, von denen die Vermittlungsagenturen behaupten, dass sie im Entsendeverfahren nach Deutschland kommen. Aber auch hier ist es durchaus möglich, dass ein Gericht zu der Einschätzung gelangt, die vorgeblich von einem Unternehmen in ihrem Herkunftsland »entsandte« Pflegekraft sei in Wirklichkeit eine Beschäftigte des Pflegebedürftigen oder eines seiner Angehörigen. Schließlich geben im Arbeitsalltag vor allem Letztere die Anweisungen und nicht der Unternehmer im Herkunftsland oder einer seiner Beschäftigten. Hinzu kommt, dass manche Pflegekraft, die laut Vermittlungsagentur entsendet wurde, tatsächlich auf ziemlich dubiose Art in Deutschland ist: auf einer »Dienstreise«. Dann erhält die Arbeitnehmerin ein recht niedriges Grundgehalt und zusätzlich Spesen, auf die aber weder Steuern noch Sozialabgaben gezahlt werden. Betrogen wird in diesem Fall vor allem der Staat im Herkunftsland der Live-In. Auch bei der Entsendung und bei der Dienstreise gilt: Eine A1-Bescheinigung führt nicht zu einem legalen Vertragsverhältnis, sondern schützt den Pflegebedürftigen und seine Angehörigen nur vor Strafverfolgung.

Auch wenn eine Strafverfolgung unwahrscheinlich oder beinahe ausgeschlossen ist, sind Sie mit ethischen Fragen konfrontiert: Wollen Sie sich auf etwas einlassen, das mit Sicherheit

(Schwarzarbeit, Scheinselbständigkeit) oder möglicherweise (»Entsendung«) illegal ist? Rechtlich sind Sie nur dann auf der sicheren Seite, wenn Sie selbst die Arbeitgeberrolle übernehmen und die Live-In-Pflegekraft beschäftigen (oder wenn ein anderes Familienmitglied diese Aufgabe übernimmt). Aus ethischer Sicht ist zudem anzumerken, dass der direkte, rechtlich einwandfreie Arbeitsvertrag der Pflegekraft den in Deutschland üblichen Arbeitnehmerschutz gibt. Die Pflegekraft erhält Rechte – Ihnen und dem Staat beziehungsweise den Sozialversicherungen gegenüber (Krankenversicherung, Lohnfortzahlung, Arbeitslosengeld). Das stärkt ihr den Rücken, was bei der prekären Live-In-Konstellation ein wichtiger Punkt ist. Schließlich ist in ihr der Arbeitgeber häufig in einer Position der Stärke, die Arbeitnehmerin in einer Position der Schwäche.

Die meisten Agenturen vermitteln keine Pflegekräfte, die von den Familien der Pflegebedürftigen selbst regulär beschäftigt werden. Solche Vermittlungen übernehmen jedoch andere Einrichtungen und Organisationen, unter anderem die Zentrale Arbeits- und Fachvermittlung (ZAV)[3] der Bundesagentur für Arbeit sowie zwei Anbieter aus dem Kontext der kirchlichen Wohlfahrtsverbände. Von Letzteren bietet VIJ-FairCare[4] seine Vermittlungsdienste bundesweit an, während Caritas24 (auch CariFair genannt)[5] nur in einigen Regionen präsent ist. Wird Ihnen eine Pflegekraft persönlich empfohlen, müssen Sie selbst in Erfahrung bringen, ob diese zu einem regulären Beschäftigungsverhältnis bereit ist; schließlich ist der reguläre Arbeitsvertrag zwischen Ihnen und der Pflegekraft auch mit Steuern und Abgaben in Deutschland verbunden. Hinweise, was Sie als Arbeitgeber zu beachten haben, und Musterarbeitsverträge finden Sie im Internet.[6]

Insgesamt müssen Sie als Arbeitgeber einiges korrekt abwickeln. VIJ-FairCare und Caritas24 bieten deshalb den Angehörigen an, sie bei den Melde- und Zahlungspflichten zu unterstützen und die Lohnabrechnung zu übernehmen.

Sollten Sie keine Pflegekraft finden, die mit Ihnen einen Arbeitsvertrag abschließt, müssen Sie gegebenenfalls mit einer Vermittlungsagentur zusammenarbeiten. Meiden Sie auf jeden Fall Angebote, die »selbständige« Pflegekräfte vermitteln. Die Agentur sollte beanspruchen, Ihnen Arbeitnehmer im Entsendeverfahren zur Verfügung zu stellen. Zu den Anhaltspunkten für Seriosität gehören, dass Agenturmitarbeiter persönlich erreichbar sind (Büroräume mit Öffnungszeiten), A1-Bescheinigungen (auch »Entsendebescheinigungen« genannt) vorgelegt werden und Musterverträge verfügbar sind. Die Kosten, die für Sie entstehen, sollten detailliert aufgelistet werden. Dabei sollte deutlich werden, wie hoch die Vermittlungsgebühr der Agentur, die Einnahmen der entsendenden Firma im Herkunftsland der Arbeitnehmerin und das Einkommen der Pflegekraft selbst sind. Findet sich eine solche Aufstellung nicht im Internet, müsste Sie Ihnen zumindest auf Nachfrage zugeschickt beziehungsweise vorgelegt werden. Eine Pflegekraft, die schon länger bei Ihnen arbeitet, können Sie auch einmal vertraulich nach ihrem Lohn fragen.[7]

## Arbeitszeit und Lohn

Der Begriff »24-Stunden-Pflege« suggeriert eine Einsatzbereitschaft der Pflegekräfte rund um die Uhr an sieben Tagen die Woche. Manche Vermittlungsagentur wirbt gezielt damit, dass die von ihr vermittelten Live-In-Pflegekräfte »jederzeit verfügbar« sind. Das ist nicht seriös und ethisch nicht vertretbar: Jeder Erwerbstätige braucht Zeit für ein selbstbestimmtes Leben, frei von allen Verpflichtungen gegenüber dem Arbeit- oder Auftraggeber, auch frei von einer Aufsichtspflicht oder der Verpflichtung, bei Bedarf einzuspringen (siehe Kapitel VI). Auch rechtlich ist der Arbeitgeber verpflichtet, Arbeitszeiten so festzulegen, dass sie die Gesundheit des Arbeitnehmers nicht gefährden (§ 618 Abs. 2 BGB). Das schließt eine Arbeitszeit (zu der eben auch die Zeiten der Rufbereitschaft zählen) von 24 Stunden an sieben Wochentagen aus.

Über diese allgemeine Verpflichtung des Arbeitgebers hinaus gibt es in Deutschland ein Arbeitszeitgesetz. Zwischen Arbeitsrechtlern ist umstritten, für welche Gruppen von Live-In-Pflege-kräften die darin enthaltenen detaillierten Beschränkungen der Arbeitszeit gelten.[8] Die meisten Einrichtungen und Organisationen, die sich in Deutschland um faire Beschäftigungsverhältnisse für die Pflegekräfte bemühen, haben die Beschränkungen des Arbeitszeitgesetzes in die Musterverträge übernommen.[9] Auf einem anderen Blatt steht jedoch, ob diese Regelungen im Pflegealltag auch eingehalten werden. Offenbar hat zum Beispiel Caritas24 auf die Arbeitszeitfrage bisher nicht viel Wert gelegt.[10] Bei VIJ-FairCare dagegen spielt die Regelung der Arbeitszeit eine zentrale Rolle; auch bei den regelmäßigen Besuchen in den Pflegehaushalten wird das Thema offenbar angeschnitten.[11]

Wenn dies möglich ist, sollten Sie sich an die Beschränkungen der Arbeitszeiten im Arbeitszeitgesetz halten. Sollten Sie in Absprache mit der Live-In die Arbeitszeit über diese Grenzen hinaus ausdehnen, sind die folgenden drei Dinge zu beachten. *Erstens* bedarf es auf jeden Fall in jeder Woche ausreichend freier Zeit, die nicht nur aus kurzen Pausen bestehen darf, sondern auch größere Zeitblöcke umfassen muss. In dem offiziellen Übereinkommen 189 der Internationalen Arbeitsorganisation wird allen Hausangestellten das Recht auf eine »wöchentliche Ruhezeit« von »mindestens 24 aufeinanderfolgende(n) Stunden« zugesprochen.[12] So sollte jede Live-In-Pflegekraft in jeder Woche einen ganzen Tag frei haben. Zusätzlicher Ruhezeiten bedarf es, wenn die Arbeitnehmerin regelmäßig nachts arbeiten muss. Wichtig ist, dass die Arbeitnehmerin in ihrer freien Zeit von allen Verpflichtungen Ihnen beziehungsweise dem Pflegebedürftigen gegenüber befreit ist und nicht den Pflegebedürftigen beaufsichtigen oder bei Bedarf einspringen muss. So kann sie zum Beispiel selbstverständlich auch die Wohnung verlassen.

*Zweitens* sollten die Arbeitszeiten zwischen Ihnen und Ihrer Arbeitnehmerin klar abgesprochen, transparent und einfach sein sowie schriftlich festgehalten werden. *Drittens* müssen die Regelungen dann auch eingehalten werden. Das klingt selbstverständlich, fällt aber im Alltag häufig schwer. Deshalb ist es gut, wenn Sie sich auch gegenüber der Arbeitnehmerin festlegen, dass diese in der freien Zeit nicht angerufen oder in ihrem Zimmer gestört wird.[13] Kommt es im Notfall doch einmal dazu, müssen Sie kurzfristig eine andere arbeitsfreie Zeit ermöglichen. Mehren sich solche »Ausnahmen«, dann ist der vorgesehene zeitliche Rahmen der Pflege nicht mehr passend. Es bedarf einer Veränderung, etwa zusätzlicher Zeiten der Angehörigenpflege. Vielleicht ist aber auch die häusliche Pflege gar nicht mehr aufrechtzuerhalten.

Was den Lohn betrifft, so gehen die Muster-Arbeitsverträge der ZAV und der Anbieter aus den kirchlichen Wohlfahrtsverbänden jeweils von den Tarifen aus, die zwischen dem Deutschen Hausfrauen-Bund und der Gewerkschaft Nahrung-Genuss-Gaststätten des jeweiligen Bundeslandes geschlossen werden.[14] Diese scheinen in etwa eine faire Richtgröße zu sein. Zu niedrig wird der ausgezahlte Betrag jedoch, wenn die Kosten für Unterkunft und Verpflegung vom Nettolohn abgezogen werden.[15] Zudem ist zu beachten, dass es sich bei dem Lohn eigentlich um den Monatslohn bei einer Wochenarbeitszeit von 38,5 Stunden handelt. Die wöchentliche Arbeitszeit der Live-Ins liegt häufig weit darüber. Zumeist führt dies offenbar nicht dazu, dass der Monatslohn deutlich erhöht wird. Vor allem dann, wenn häufige Pflegeeinsätze oder die Notwendigkeit, den Patienten kontinuierlich zu beaufsichtigen, die Arbeitszeit der Pflegekraft enorm aufblähen, ist der niedrige Stundenlohn, der sich daraus ergibt, hochproblematisch.[16]

## Im Pflegealltag

Für die Pflegekraft ist es wichtig, dass sie unter den Angehörigen *einen* festen Ansprechpartner hat, mit dem sie alle Fragen besprechen und gemeinsam verbindliche Regelungen treffen kann.[17]

In Deutschland wird strikt zwischen der Grundpflege (Hilfestellung bei alltäglichen Aktivitäten) und der Behandlungspflege (Maßnahmen, die durch eine Krankheit bedingt sind) unterschieden. Behandlungspflege ist den Live-In-Pflegekräften nicht erlaubt. Sie dürfen zum Beispiel keine Wundversorgung vornehmen, kein Blut entnehmen, keine Spritze und keinen Katheter setzen. Beauftragen Sie damit einen ambulanten Pflegedienst.

Was gar nicht geht: die Arbeitnehmerin kurzerhand zu neuen Aufgaben zu verpflichten, die mit der Pflege und dem Umsorgen des Pflegebedürftigen nichts zu tun haben (Wäsche für Angehörige waschen, deren Wohnung putzen, Garten- oder Friedhofsarbeit et cetera). Die Pflegekraft ist für die Pflege eingestellt und ist Ihnen und den anderen Familienmitgliedern nicht einfach zu Diensten. Die Verpflichtung zu solchen Zusatzaufgaben sehen die Arbeitnehmerinnen häufig als Ausbeutung an. Nicht selten sind entsprechende Forderungen für die Arbeitsbeziehung der Anfang vom Ende, weil die Arbeitnehmerin bei der nächsten guten Gelegenheit ihre Pflegetätigkeit in diesem Haushalt beenden wird.[18]

Häufig entsteht im Pflegehaushalt ein familiäres Klima. Die Pflegekräfte aus Mittel- und Osteuropa sprechen die Gepflegten nicht selten als Oma und Opa oder als Mutti oder Vati an. Auch zwischen Angehörigen, die sich in die Pflege einbringen, und den Live-In-Pflegekräften bilden sich nicht selten freundschaftliche Beziehungen. Nichts spricht dagegen, sich in dem Maße, wie Ihnen dies angemessen erscheint, darauf einzulassen. Aber achten Sie auch darauf, dass Sie die Pflegekraft nicht vereinnahmen. Vielleicht fällt es ihr schwer, Angebote zu familiären oder freundschaftlichen Treffen und Unternehmungen auszuschlagen. Die Pflegekraft ist als Arbeitnehmerin zu respektieren, die auch das Recht hat, in ihrer freien Zeit das zu machen, was sie will, und nicht das, was sich ein Angehöriger wünscht oder sich als freundliche Geste ausgedacht hat.[19]

Behalten Sie die Belastungen der Pflegekraft im Auge. Zumeist nehmen sie im Laufe der Zeit zu, weil auch der Pflegebedarf steigt. Neue beziehungsweise veränderte Aufgabenstellungen oder Einsatzzeiten müssen immer klar besprochen und miteinander vereinbart werden. Fragen Sie sich immer, ob Sie, wenn Sie selbst einen finanziellen Engpass hätten, bereit wären, unter diesen Bedingungen erwerbstätig zu sein.

Bei steigendem Pflegebedarf wird gegebenenfalls irgendwann die schon erwähnte Schwelle überschritten, von der an eine häusliche Pflege nicht mehr vertretbar ist. Je weniger sich die Angehörigen an der Pflege beteiligen und je mehr Sie bei der Pflegekraft auf eine faire Begrenzung der Arbeitszeit achten, um so früher ist diese Schwelle erreicht. Häufig wird zu spät bemerkt, dass die Schwelle überschritten wurde und die Belastungen für die Pflegenden, insbesondere für die Live-In-Pflegekraft zu groß geworden sind. Haben Sie diese steigenden Belastungen der Pflegekraft nicht im Blick, müssen Sie irgendwann feststellen, dass Sie die Arbeitskraft Ihrer Arbeitnehmerin ausbeuterisch nutzen, weil Sie ihr seit geraumer Zeit zu viel zumuten. Es ist besser, Sie ziehen beizeiten die Reißleine und schauen sich nach einer anderen Form der Pflege – etwa in einem Pflegeheim – um.

## Was Ihnen auch noch weiterhelfen könnte

https://www.arbeitsagentur.de/web/content/DE/Detail/index.htm?dfContentId=L6019022DSTBAI521304: Angebot der Vermittlung von Live-In-Pflegekräften durch die Zentrale Auslands- und Fachvermittlung der Bundesagentur für Arbeit.
www.caritas.de/hilfeundberatung/ratgeber/alter/pflegeund betreuung/haushaltshilfen-legal-beschaeftigen: Informationsseite des Deutschen Caritasverbands, von der auch der Download des nützlichen Ratgebers »Rahmenbedingungen der Beschäftigung von Haushaltshilfen …« erfolgt.
www.caritas24.de: Das Angebot einiger Caritasverbände, Live-In-Pflegekräfte zu vermitteln und die Pflegehaushalte zu begleiten.
https://chrismon.evangelisch.de/altenpflege-tipps?page=1: Viele hilfreiche Hinweise und Tipps zum Thema von Christine Holch.
*Ingeborg Haffert: Eine Polin für Oma. Der Pflegenotstand in unseren Familien, 2. Auflage, Berlin: Econ-Verlag 2014.* Das Buch ist

gerade für Fragen des alltäglichen Miteinanders in der »24-Stunden-Pflege« sehr hilfreich. Es endet mit praktischen Anregungen auf 70 Seiten.

www.pflegebegleiter.de: Pflegebegleiter sind Ehrenamtliche, die pflegende Angehörige beraten und begleiten. Hier finden Sie Kontaktdaten und weitere Informationen.

*Stiftung Warentest: Finanztest Spezial Pflege. Vorsorgen und Pflege organisieren*, Berlin: Stiftung Warentest. Informationen rund um das Großthema Pflege.

*Verbraucherzentrale NRW: Pflege zu Hause organisieren. Was Angehörige wissen müssen, Düsseldorf: Verbraucherzentrale NRW 2013.* Hilfreiche Informationen zur häuslichen Pflege.

*Verbraucherzentrale NRW: Ausländische Haushalts- und Betreuungskräfte in Privathaushalten, Düsseldorf: Verbraucherzentrale NRW 2015.* Verlässliche Informationen zum Einsatz von Live-In-Pflegekräften in der häuslichen Pflege, auch kostenlos im Internet: http://www.vz-nrw.de/betreuungskraefte.

www.vij-faircare.de: Das im Verbund der Diakonie angesiedelte Angebot des Vereins für Internationale Jugendarbeit (Landesverband Württemberg), bundesweit Live-In-Pflegekräfte zu vermitteln und für eine Begleitung der Pflegehaushalte zu sorgen.

# Anmerkungen

I. Warum kommt es zur »24-Stunden-Pflege«? Persönliche
Motive und gesellschaftliche Gründe

1. Helma Lutz: Vom Weltmarkt in den Privathaushalt. Die neuen
Dienstmädchen im Zeitalter der Globalisierung, 2. Aufl., Opladen &
Farmington Hills: Barbara Budrich 2008.

2. Andrea Neuhaus, Michael Isfort und Frank Weidner: Situation und
Bedarfe von Familien mit mittel- und osteuropäischen Haushalts-
hilfen. Projektbericht, Köln: Deutsches Institut für angewandte
Pflegeforschung e.V. 2009, Internetressource, 45–47.

3. Ebd., 18–20: 100.000. Helma Lutz: Who Cares? Migrantinnen in
der Pflegearbeit in deutschen Privathaushalten, In: Christa Larsen,
Angela Joost und Sabine Heid (Hg.): Illegale Beschäftigung in Europa. Die Situation in Privathaushalten älterer Personen, Mering:
Rainer Hampp, 41–50, hier: 43: 200.000.

4. Deutsche Alzheimer Gesellschaft e.V. Selbsthilfe Demenz: Betreuung und Pflege zu Hause – aber wie? Archiv Alzheimer Info (aus:
Alzheimer Info 02/2009), Internet-Ressource. Die Kostenangabe
unter Berufung auf Stiftung Warentest (ein Heft »Test« aus 2009)
bei Ursula Apitzsch: Care, Migration, and the Gender Order, in:
Dies. und Marianne Schmidbauer (Hg.): Care und Migration. Die
Ent-Sorgung menschlicher Reproduktionsarbeit entlang von Ge-
schlechter- und Armutsgrenzen, Opladen & Farmington Hills: Barbara Budrich 2010, 113–125, hier: 120.

5. Für Polen vgl. z.B. Agnieska Satola: Migration und irreguläre Pflegearbeit in Deutschland. Eine biographische Studie, Stuttgart: ibidem-Verlag 2015, 7–11.

6. Ebd., 11. Helene Ignatzi: Häusliche Altenpflege zwischen Legalität

und Illegalität. Dargestellt am Beispiel polnischer Arbeitskräfte in deutschen Privathaushalten, Berlin: Lit-Verlag 2014, 145–152, 166.

7. Ignatzi: Häusliche Altenpflege zwischen Legalität und Illegalität, a.a.O., 158 f., 163–165, 167.

8. Emunds/Schacher: Ausländische Pflegekräfte in Privathaushalten, a.a.O., 27, 36.

9. Ignatzi: Häusliche Altenpflege zwischen Legalität und Illegalität, a.a.O., 159–163, 167 f.

10. Ebd., 168.

11. Im folgenden Abschnitt stütze ich mich auf Dobrochna Kałwa: Migration polnischer Frauen in Privathaushalte der Bundesrepublik, in: Sigrid Metz-Göckel, A. Senganata Münst und Dobrochna Kałwa: Migration als Ressource. Zur Pendelmigration polnischer Frauen in Privathaushalte der Bundesrepublik. Opladen & Farmington Hills: Barbara Budrich 2010, 61–176, hier: 124–125, und Sigrid Metz-Göckel: Einleitung, in: ebd., 11–26, hier 12 f., 22.

12. Der Begriff »fürsorgliche Rührigkeit« stammt von der polnischen Philosophin Jolanta Brach-Czaina. Ich greife ihn auf – vermittelt über die Rezeption durch Dobrochna Kałwa (Migration polnischer Frauen in Privathaushalte der Bundesrepublik, a.a.O., 124, Fußnote 69).

13. Vgl. Johanna Krawietz: Pflege grenzüberschreitend organisieren. Eine Studie zur transnationalen Vermittlung von Care-Arbeit, Frankfurt am Main: Mabuse-Verlag 2014, 74: »Bei meinen Internet-Recherchen stieß ich auf keine Agentur, die ihren Sitz in einer ostdeutschen Stadt hat. Auch vermitteln die Agenturen ihr Personal fast ausschließlich an westdeutsche Pflegehaushalte; Vermittlungen in ostdeutsche Pflegehaushalte stellen eher die Ausnahme dar und betreffen vor allem größere ostdeutsche Städte wie Dresden oder Leipzig, wie die Interviewten berichten.«

14. »Haushaltshilfen« aus Mittel-und Osteuropa konnten bis Mai 2011 nur dann regulär in Deutschland arbeiten, wenn eine Familie mit Pflegeverantwortung bei der ZAV Bedarf angemeldet hatte. Über die Arbeitsverwaltung eines mittel- oder osteuropäischen Landes holte die ZAV dann Bewerbungsvorschläge ein. Das Verfahren war so kompliziert, dass es kaum angewendet wurde. Für die Details vgl. z.B. Juliane Karakayali: Transnational Haushalten. Biografische Interviews mit care workers aus Osteuropa, Wiesbaden: VS Verlag für Sozialwissenschaften 2010, 107–115. Die gleiche Über-

gangsregelung, die den Zugang zu regulären Arbeitsstellen in Deutschland versperrt und nur einen komplizierten Weg über die ZAV offen lässt, galt von Januar 2007 bis Dezember 2013 für die damals neuen EU-Mitgliedsländer Bulgarien und Rumänien. Heute ist Kroatien das einzige Mitgliedsland der EU, für das diese Regelung gilt. Kroatien trat der EU erst am 1. Juli 2013 bei.

15. Werden bei der Pflegeversicherung keine Sachleistungen (Dienstleistungen der ambulanten Pflegedienste) abgerechnet, schwankt die Höhe des Pflegegelds aktuell zwischen 123 Euro (bei Demenz, aber ohne Pflegestufe) und 728 Euro (bei Pflegestufe 3).

16. Für den innereuropäischen Vergleich siehe u.a.: Franca van Hooren: Bringing policies back in. How social and migration policies affect the employment of immigrants in domestic care for the elderly in the EU-15. Paper prepared for an International conference at the Danish National Centre for Social Research. Florence: European University Institute 2008 (Internetressource), u.a. Table 6; Hildegard Theobald: Pflegepolitiken, Fürsorgearrangements und Migration in Europa, in: Christa Larsen, Angela Joost und Sabine Heid (Hg.): Illegale Beschäftigung in Europa. Die Situation in Privathaushalten älterer Personen, München und Mering: Rainer Hampp 2009, 28–40, und Cornelia Heintze: Auf der Highroad – der skandinavische Weg zu einem zeitgemäßen Pflegesystem. Ein Vergleich zwischen fünf nordischen Ländern und Deutschland (Wiso Diskurs April 2015 – Expertisen zur Wirtschafts- und Sozialpolitik), 2. Aufl., Bonn: Abteilung Wirtschafts- und Sozialpolitik der Friedrich-Ebert-Stiftung 2015 (Internetressource).

17. Damit ist die Liste der Faktoren, die in den Sozialwissenschaften üblicherweise als Einflussgrößen für das Ausmaß der bezahlten Sorgearbeit durch Migrantinnen genannt werden, komplett: das Einkommensgefälle sowie das Migrations-, das Arbeitsrechts-, das Wohlfahrts- und das Geschlechterregime (Lutz: Vom Weltmarkt in den Privathaushalt, a.a.O., 19 f. und 29–41; Dies.: Intime Fremde. Migrantinnen als Haushaltsarbeiterinnen in Westeuropa, in: L'Homme 18 (2007) Heft Nr. 1, 61–78; Dies.: Der Privathaushalt als Weltmarkt für weibliche Arbeitskräfte, in: Peripherie 25 (2005), Heft Nr. 97/98, 65–87.

18. Karakayali, Juliane: Prec(ar)ious Labour. Die biographische Verarbeitung widersprüchlicher Klassenmobilität transnationaler ›care workers‹ aus Osteuropa, in: Ursula Apitzsch und Marianne Schmid-

bauer (Hg.): Care und Migration. Die Ent-Sorgung menschlicher Reproduktionsarbeit entlang von Geschlechter- und Armutsgrenzen. Opladen & Farmington Hills: Barbara Budrich 2010, 163–175, hier: 163.

19. Lutz, Helma, und Ewa Palenga-Möllenbeck: Care-Arbeit, Gender und Migration. Überlegungen zu einer Theorie der transnationalen Migration im Haushaltsarbeitssektor in Europa, in: Ursula Apitzsch und Marianne Schmidbauer (Hg.): Care und Migration. Die Ent-Sorgung menschlicher Reproduktionsarbeit entlang von Geschlechter- und Armutsgrenzen. Opladen & Farmington Hills: Barbara Budrich 2010, 143–161, hier: 156.

20. Éva Fodor: Geschlechterbeziehungen im (Post-)Sozialismus, in: Aus Politik und Zeitgeschichte 61 (2011), Heft 37/38, 30–37, hier: 35. Vgl. auch Satola: Migration und irreguläre Pflegearbeit in Deutschland, a.a.O., 11.

## II. Von Geschäftemachern und verständnisvollen Helfern. Die Vermittlung

1. Vgl. Johanna Krawietz: Pflege grenzüberschreitend organisieren. Eine Studie zur transnationalen Vermittlung von Care-Arbeit, Frankfurt am Main: Mabuse-Verlag 2014.

2. Vgl. unter anderem: Emunds/Schacher: Ausländische Pflegekräfte in Privathaushalten.a.a.O., 58; Krawietz: Pflege grenzüberschreitend organisieren, a.a.O., 40 f.

3. Für die Ausführungen zum Rotationssystem vgl. Satola: Migration und irreguläre Pflegearbeit in Deutschland, a.a.O., 19, 195–198.

4. Auf einen solchen Fall im Rhein-Main-Gebiet stießen wir in unserem Forschungsprojekt (vgl. Emunds/Schacher: Ausländische Pflegekräfte in Privathaushalten, a.a.O., 58). Auf einer Fachtagung wurde Ähnliches auch von anderen Städtepartnerschaften berichtet.

5. So auch die Einschätzung von Böning und Steffen: Marta Böning und Margret Steffen: Migrantinnen aus Osteuropa in Privathaushalten. Problemstellungen und politische Herausforderungen, Berlin: ver.di 2014, 20.

6. Bereits vor acht Jahren kamen einschlägige Untersuchungen auf 60 bis über 70 Agenturen in Deutschland. Die Zahl dürfte seitdem weiter gestiegen sein. Allerdings scheint es auch Agenturen zu geben, die nicht nur mit *einem* Namen und *einem* Webauftritt nach Kunden

suchen. Für ein detailliertes Bild vgl. Krawietz: Pflege grenzüberschreitend organisieren, a.a.O., 41–47.

7. Krawietz: Pflege grenzüberschreitend organisieren, a.a.O., 97–114.

8. Böning/Steffen: Migrantinnen aus Osteuropa in Privathaushalten, a.a.O., 21, 24.

9. Die Leserinnen und Leser sollten sich bei der Lektüre vor Augen halten, dass ich kein Jurist bin. Meine Darstellung in dieser Passage basiert wie die im folgenden Kapitel auf meinem laienhaften Verständnis der konsultierten Fachliteratur. An dieser Stelle stütze ich mich ausschließlich auf die Einschätzung von Böning/Steffen: Migrantinnen aus Osteuropa in Privathaushalten, a.a.O.

10. Ebd., 17 f., 21 f.

11. Ebd., 19 f. Vgl.auch Krawietz: Pflege grenzüberschreitend organisieren, a.a.O., 152.

12. Böning/Steffen: Migrantinnen aus Osteuropa in Privathaushalten, a.a.O., 18 f., 22.

13. Dabei handelt es sich um das Buch »Pflege grenzüberscheitend organisieren«, auf das ich hier schon mehrfach verwiesen habe.

14. Krawietz: Pflege grenzüberschreitend organisieren, a.a.O., 74, 117–121.

15. Ebd., 82.

16. Ingeborg Haffert: Eine Polin für Oma. Der Pflege-Notstand in unseren Familien, Berlin: Econ 2014, 107.

17. Krawietz: Pflege grenzüberschreitend organisieren, a.a.O., 83–88.

18. Krawietz (ebd., 126 f.) stellt hier die Vorgehensweise *einer* der von ihr untersuchten Agenturen vor.

19. Haffert: Eine Polin für Oma, a.a.O., 66, 107.

20. Böning/Steffen: Migrantinnen aus Osteuropa in Privathaushalten, a.a.O., 21.

21. Im Rahmen des Projekts »Grenzüberschreitende Pflegeversorgung im Dienstleistungsmix« des Instituts für Sozial- und Organisationspädagogik der Universität Hildesheim wurden – neben einer Internetrecherche – Interviews mit den Mitarbeitern von fünf Anbietern für die Vermittlung von Live-In-Pflegekräften aus dem Bereich der Wohlfahrtsverbände geführt. Die Ergebnisse dieses Projekts zum Thema Vergütung werden vorgestellt von Johanna Krawietz, Sanaz Khoilar und Anna-Lena Lux: Prekäre Vergütung. Die Beschäftigung von MigrantInnen in Pflegehaushalten durch Wohlfahrtsorganisationen, in: Johanna Krawietz und Stefanie Visel (Hg.): Prekarisie-

rung transnationaler Care-Arbeit, Münster/Westf.: Westfälisches Dampfboot 2014, 141–158 (zum Projekt: ebd., 142). Zur Rechtsform halten die Autorinnen (ebd., 148) fest: »Grundsätzlich orientieren sich die Wohlfahrtsanbieter bei der Vertragsausgestaltung am Beschäftigungsmodell der Zentralen Auslands- und Fachvermittlung der Bundeszentrale für Arbeit (ZAV). Charakteristisch für dieses Beschäftigungsmodell ist, dass die pflegebedürftige Person bzw. deren Angehörige vertraglich die Rolle der ArbeitgeberIn, die Betreuungskräfte die Rolle der ArbeitnehmerInnen einnehmen.« Die Evangelischen Pflegedienste Mark-Ruhr vermitteln allerdings laut ihrer Internetpräsenz »den Dienst ›24Stunden Betreuung‹ mit unserem Kooperationspartner Lebenswert24 GmbH Co. KG aus Petershagen« (z.b. auf der Seite »24-Stunden-Pflege«, im Internet: https://www.diakonie-mark-ruhr.de/ambulante-pflege/diako niestationen/hagen-hohenlimburg/inhalte/7/). Auf der Internetseite des Kooperationspartners ist dann ausschließlich von »Anwesenheitsbetreuung … durch weibliche und männliche Betreuungskräfte aus Osteuropa, legal über das sogenannte Entsendeverfahren« die Rede (Seite »Konzept«, im Internet: http://www. lebenswert24.com/). Zu einem Angebot zur Vermittlung *selbständiger* Pflegekräfte vgl. die Endnote 24.

22. Michael Isfort und Andrea von der Malsburg: Evaluation des Projektes »Heraus aus der Grauzone – Qualitätsgesicherter Einsatz polnischer Haushaltshilfen in deutschen Familien mit pflegebedürftigen Angehörigen« (09.09.2014), Köln: Deutsches Institut für angewandte Pflegeforschung/Paderborn: Caritasverband für das Erzbistum Paderborn 2014 (Internetressource), 36 f., 55, 58 f.

23. Im Projekt FairCare des Vereins für internationale Jugendarbeit (VIJ) wird auf die Wahrung der Schutzrechte der Live-In-Pflegekräfte besonders viel Wert gelegt. Dazu gehört unter anderem, dass auch auf die Einhaltung der Arbeitszeitbeschränkungen sehr geachtet wird (Internetseite »Arbeitsbedingungen«, http://www.vij-faircare.de/haushalte/arbeitsbedingungen/ sowie mündliche Auskunft in einem Telefonat mit Frau Daniela Didzuhn am 3.2.2016).

24. Aus der Reihe diakonischer Anbieter in der Region Ruhr-Hellweg gab es (und gibt es wahrscheinlich) ein Angebot, Live-In-Pflegekräfte als Selbständige zu vermitteln. Auf der möglicherweise nicht mehr aktuellen Internetseite »Diakonie24« der Service und Pflege gGmbH Meschede heißt es: »Für Ihre Sicherheit und Entlastung:

Die Betreuungskräfte arbeiten als selbstständige Unternehmer (polnischer Gewerbeschein) und sind weder Ihre Angestellten noch die der Diakoniestation24.« (Internetseite »Das Angebot«: http://diakonie24.de/ablauf.html). Nicht ganz deutlich ist, ob das Angebot der Vermittlung von Live-Ins *als Selbständige* seitens diakonischer Träger in dieser Region noch besteht. Auf einer offenbar neueren Internetseite der Diakoniestation Unna ist weniger spezifisch von einem »Dienstleistungsvertrag« die Rede, den die Pflegebedürftigen bzw. ihre Angehörigen schließen. Mit wem, bleibt hier unklar. (Internetseitehttp://www.diakoniestation.org/index.php?catalog =/24_stunden_betreuung/leistungen). Diese Diakoniestation »wechselt zum 1.1.2016 unter das Dach des Evangelischen Perthes-Werkes. Ihr neue (sic!) Name ist ˋ Perthes-Pflegedienst´« (Internetseite »Willkommen!«: http://www.diakoniestation.org/index. php?catalog=/die_diakoniestation). Die Diakonie Ruhr-Hellweg verweist auf ihrer aktuellen Homepage unter dem Titel »24-Stunden Betreuung« auf dieses Angebot – verlinkt unter dem Namen »Diakoniestation 24« (Internetseite http://www.diakonie-ruhr-hellweg.de/default.aspx/G/111327/L/1031/R/-1/T/118073/A/2/ ID/120454/P/0/LK/-1).

III. »24-Stunden-Pflege« durch eine Pflegekraft? Warum es oft nicht legal ist und Rechtsfragen in jedem Fall offen bleiben

1. Almut Hielscher: Pflegenotstand. Green Card für Polinnen?, in: Der Spiegel 37/2001 (10.9.2001), Internetressource.
2. Der Zugang zum deutschen Arbeitsmarkt ist nach wie vor beschränkt für die Bürgerinnen und Bürger Kroatiens, das erst 2013 der EU beitrat (die Übergangsregelung in Deutschland muss spätestens 2020 enden), sowie für die Bürgerinnen und Bürger von Staaten außerhalb der EU. In Deutschland dürften vor allem Ukrainerinnen, Moldawierinnen und Weißrussinnen zu den Gruppen von Migrantinnen aus Nicht-EU-Staaten gehören, die in nennenswertem Umfang haushaltsbezogene Dienstleistungen anbieten.
3. Mündliche Auskunft am 22.1.2016.
4. Bei den Ausführungen dieses Kapitels ist zu beachten, dass ich es als juristischer Laie schreibe. Eine Gewähr, dass ich die in der arbeitsrechtlichen Fachliteratur diskutierten Sachverhalte richtig erfasse, kann ich den Leserinnen und Lesern nicht geben.
5. Vgl. z.B. Elke Tießler-Marenda: Rahmenbedingungen für die Arbeit

in Pflegehaushalten in Deutschland, in: Andrea Hitzemann, Nausikaa Schirilla und Anna Waldhausen (Hg.): Pflege und Migration in Europa. Transnationale Perspektiven aus der Praxis / Care and Migration in Europe. Transnational Perspectives from the Field, Freiburg/Br.: Lambertus 2012, 103–115, hier: 107; Böning/Steffen: Migrantinnen aus Osteuropa in Privathaushalten, a.a.O., 19 f.; Anne Körner: Pflegekräfte aus Osteuropa. Licht ins Dunkel der Schwarzarbeit?, in: Neue Zeitschrift für Sozialrecht 20 (2011), Heft 10, 370–374, hier 373.

6. Selbständigkeit wäre für eine Pflegekraft offenbar dann nicht ausgeschlossen, wenn sie für mehrere Pflegebedürftige zu bestimmten Stunden arbeiten würde (Körner: Pflegekräfte aus Osteuropa, ebd.).

7. Böning/Steffen: Migrantinnen aus Osteuropa in Privathaushalten, a.a.O., 19 f. Körner: Pflegekräfte aus Osteuropa, a.a.O., 373.

8. Entscheidung des Amtsgerichts München vom 10. November 2008: 1115 OWi 298 Js 43552/07.

9. Zum Beispiel Körner: Pflegekräfte aus Osteuropa, a.a.O., 371.

10. Sofern die Beschäftigte überwiegend Tätigkeiten der Grundpflege ausführt, müsste ihr eigentlich sogar der etwas höhere Mindestlohn der Pflegebranche gezahlt werden. Diese Verpflichtung gilt sogar schon seit August 2010 (z.B. Tießler-Marenda: Rahmenbedingungen für die Arbeit in Pflegehaushalten in Deutschland, a.a.O., 109). Faktisch dürfte der Mindestlohn der Pflegebranche aber weder 2010 bis 2014 noch heute als Lohnuntergrenze wirksam (gewesen) sein, da die Unternehmen immer beteuer(te)n, dass der Schwerpunkt der Arbeit der Live-Ins bei den hauswirtschaftlichen und nicht bei den pflegerischen Tätigkeiten liege.

11. Körner: Pflegekräfte aus Osteuropa, a.a.O., 371.

12. Ebd.

13. Ebd., 372.

14. Ebd., 373; Böning/Steffen: Migrantinnen aus Osteuropa in Privathaushalten, a.a.O., 22.

15. Diese Einschätzung äußerte Dr. Margret Steffen (ver.di, Bereich Gesundheitspolitik) am 22.1.2016 mündlich. Sie geht auch davon aus, dass der gesetzliche Mindestlohn der Bundesrepublik auch den Rückgriff auf das Dienstreisemodell fördert.

16. Die Darstellung des Dienstreisemodells nach Böning/Steffen: Migrantinnen aus Osteuropa in Privathaushalten, a.a.O., 21.

17. Böning/Steffen: Migrantinnen aus Osteuropa in Privathaushalten, a.a.O., 18 f., 21.; Körner: Pflegekräfte aus Osteuropa, a.a.O., 371 f.
18. Vgl. Deutscher Caritasverband e.v.: Information des Deutschen Caritasverbandes zu den Rahmenbedingungen der Beschäftigung von Haushaltshilfen in Haushalten von Pflegebedürftigen, Freiburg/Br.: Deutscher Caritasverband 2014, Internetressource.
19. Vgl. http://www.vij-faircare.de/ (bundesweite Vermittlung) und http://www.caritas24.de/startseite/kontakt/ (Vermittlung in bestimmten Regionen).
20. Deutscher Caritasverband e.v.: Information des Deutschen Caritasverbandes zu den Rahmenbedingungen der Beschäftigung von Haushaltshilfen in Haushalten von Pflegebedürftigen, a.a.O. Zwei Fragen habe ich allerdings auch an diese sehr gute Informationsschrift: 1) Wie realistisch ist die Annahme der Autoren, den Haushalten würde eine Organisation der häuslichen Pflege gelingen, bei der die Pflegekraft im Durchschnitt werktäglich acht Stunden arbeitet (ebd., 5)? Auch im Rahmen der Beschäftigungsverhältnisse, die durch die Vermittlung von Caritas24 zustande kamen, gelingt das ja gerade nicht (Michael Isfort und Andrea von der Malsburg: Evaluation des Projektes »Heraus aus der Grauzone – Qualitätsgesicherter Einsatz polnischer Haushaltshilfen in deutschen Familien mit pflegebedürftigen Angehörigen« (09.09.2014), Köln: Deutsches Institut für angewandte Pflegeforschung/Paderborn: Caritasverband für das Erzbistum Paderborn 2014, Internetressource, 33 f.). 2) Fällt der Lohn der Pflegekraft nicht viel zu niedrig aus, wenn man davon auch noch die Kosten für Unterkunft und Verpflegung abzieht (so die erste Musterrechnung, Deutscher Caritasverband e.v.: Information des Deutschen Caritasverbandes zu den Rahmenbedingungen der Beschäftigung von Haushaltshilfen in Haushalten von Pflegebedürftigen, a.a.O., 16 f.) Die gleiche Kritik äußern (ohne Nennung der Caritas) Krawietz/Khoilar/Lux: Prekäre Vergütung, a.a.O., 149–151.
21. Arbeitszeitgesetz §§ 3, 5, 10.
22. Vgl. Eva Kocher: Hausarbeit als Erwerbsarbeit: Der Rechtsrahmen in Deutschland. Voraussetzungen einer Ratifikation der ILO-Domestic Workers Convention durch die Bundesrepublik Deutschland. Gutachten für die Hans-Böckler-Stiftung, Düsseldorf: Hans-Böckler-Stiftung 2012, 20; Kirsten Scheiwe: Arbeitszeitregulierung für Beschäftigte in Privathaushalten – entgrenzte Arbeit, ungenügen-

des Recht?, in: Dies. und Johanna Krawietz (Hg.): (K)Eine Arbeit wie jede andere? Regulierung von Arbeit im Privathaushalt, Berlin/Boston: De Gruyter 2014, 60–84, hier: 67.

23. Eva Kocher: Die Ungleichbehandlung von Hausangestellten in der 24-Stunden-Pflege gegenüber anderen Arbeitnehmerinnen und Arbeitnehmern – eine Frage des Verfassungsrechts, in: Kirsten Scheiwe und Johanna Krawietz (Hg.): (K)Eine Arbeit wie jede andere? Regulierung von Arbeit im Privathaushalt, Berlin/Boston: De Gruyter 2014, 85–107, hier: 96–101.

24. Kirsten Scheiwe und Verena Schwach: Das Arbeitszeitrecht für Hausangestellte nach Ratifizierung der ILO-Konvention 189, in: Neue Zeitschrift für Arbeitsrecht 20/2013, 1116–1120, hier: 1118 f. Scheiwe: Arbeitszeitregulierung für Beschäftigte in Privathaushalten – entgrenzte Arbeit, ungenügendes Recht?, a.a.O., 69–73.

25. Vgl. z.B. Kocher: Die Ungleichbehandlung von Hausangestellten in der 24-Stunden-Pflege gegenüber anderen Arbeitnehmerinnen und Arbeitnehmern – eine Frage des Verfassungsrechts, a.a.O., 94 (mit Verweis auch auf die in der nächsten Endnote genannte Antwort auf eine Kleine Anfrage):»die Bundesregierung scheint davon auszugehen, dass im Arbeitgeberhaushalt lebende Beschäftigte, die in der sogenannten 24-Stunden-Pflege arbeiten, aufgrund der quasi-familienähnlichen Einbindungen von der Anwendung des Arbeitszeitgesetzes (ArbZG) ausgenommen seien.«

26. Deutsche Bundesregierung: Antwort der Bundesregierung auf die Kleine Anfrage der Abgeordneten Klaus Ernst, Kathrin Senger-Schäfer, Jutta Krellmann, weiterer Abgeordneter und der Fraktion Die Linke (18.1.2012), Bundestagsdrucksache 17/8373, Internetressource, 4.

## IV. Arbeiten und Leben in der Wohnung eines anderen. Von Abhängigkeiten und Beziehungen

1. Mit den Aussagen zur positiven Bedeutung der Pflegearbeit für die Lebensgeschichte mancher Live-In orientiere ich mich vor allem an Satola: Migration und irreguläre Pflegearbeit in Deutschland, a.a.O, 204–230. Vgl. zudem: Karakayali: Transnational Haushalten, a.a.O., 178–278. Viel Positives – neben viel Negativem – spricht auch aus den 24 Interviews, die Helene Ignatzi mit Live-Ins geführt und in ihrer Dissertation ausgewertet hat. Im Unterschied zu den Studien von Karakayali und Satola ist diese Arbeit aber nicht der

Biographieforschung zuzuordnen: Ignatzi: Häusliche Altenpflege zwischen Legalität und Illegalität, a.a.O..

2. Philipp Staab: Macht und Herrschaft in der Servicewelt, Hamburg: Hamburger Edition 2014, 179.

3. Ebd., 178.

4. Marta Böning und Margret Steffen: Migrantinnen aus Osteuropa in Privathaushalten. a.a.O, 21.

5. Bernhard Emunds und Uwe Schacher: Ausländische Pflegekräfte in Privathaushalten. Abschlussbericht zum Forschungsbericht (Frankfurter Arbeitspapier zur gesellschaftsethischen und sozialwissenschaftlichen Forschung 61), Frankfurt am Main: Nell-Breuning-Institut 2012. Dr. Agnieszka Satola und vor allem Uwe Schacher hatten Interviews mit Pflegekräften, Angehörigen und Pflegebedürftigen geführt, die in ein Arrangement der »24-Stunden-Pflege« eingebunden waren. Zugleich war Uwe Schacher hauptverantwortlich für die konzeptionelle Arbeit und die Auswertung der Interviews. Vor allem von seiner Arbeit profitiere ich also in diesem Kapitel. Wichtig war auch die konzeptionelle Unterstützung von Dr. Wolf-Gero Reichert, der mit uns zusammen an dem Abschlussbericht gearbeitet hat. Da weite Teile des Berichts in die Ausführungen dieses Kapitels eingeflossen sind, werde ich im Folgenden nicht eigens auf ihn verweisen. Einen Hinweis gebe ich nur dann, wenn ich aus einem der Interviews zitiere. Der Bericht kann beim Nell-Breuning-Institut von der Homepage heruntergeladen oder in einer Printversion bestellt werden.

6. Kałwa: Migration polnischer Frauen in Privathaushalte der Bundesrepublik, a.a.O. (20 Interviews); Karakayali: Transnational Haushalten, a.a.O. (14 Interviews); Ignatzi: Häusliche Altenpflege zwischen Legalität und Illegalität, a.a.O. (24 Interviews); Satola: Migration und irreguläre Pflegearbeit in Deutschland, a.a.O., (20 Interviews, davon allerdings auch vier im Projekt des NBI).

7. Karakayali: Transnational Haushalten, a.a.O., 116.

8. Ignatzi: Häusliche Altenpflege zwischen Legalität und Illegalität, a.a.O., 244.

9. Birgit Geissler: Haushaltsarbeit und Haushaltsdienstleistungen, in: Böhle, Fritz, Günter G. Voß und Günther Wachtler (Hg.): Handbuch Arbeitssoziologie, Wiesbaden: Springer VS 2010, 931–962 insbesondere 941–945.

10. Isabell Merkle: Haushaltsarbeit zwischen Erwerbsarbeit im Betrieb

und privater Hausarbeit, in: Nell-Breuning-Institut: Jahresbericht – Themen eines Jahres 2013, Frankfurt/Main: Nell-Breuning-Institut, 20 f.

11. Karakayali: Transnational Haushalten, a.a.O., 117.
12. Ignatzi: Häusliche Altenpflege zwischen Legalität und Illegalität , a.a.O., 244.
13. Kałwa: a.a.O., hier: 144.
14. Ebd., 148.
15. Ebd. (von mir geglättet, B.E.).
16. Internationale Arbeitsorganisation: Übereinkommen 189, Übereinkommen über Menschenwürdige Arbeit für Hausangestellte, in: Deutscher Bundestag (17. Wahlperiode): Gesetzentwurf der Bundesregierung. Entwurf eines Gesetzes zu dem Übereinkommen Nr. 189 der Internationalen Arbeitsorganisation vom 16. Juni 2011 über menschenwürdige Arbeit für Hausangestellte (28.03.2013), Bundesdrucksache 17/12951, Anlage 1, 24–27, Internetressource, Artikel 10, Absatz 2. Für die Rechtslage in Deutschland vgl. Kocher: Hausarbeit als Erwerbsarbeit.a.a.O., 19.
17. Ignatzi: Häusliche Altenpflege zwischen Legalität und Illegalität , a.a.O., 244 f., 306 f., 309.
18. Karakayali: Transnational Haushalten, a.a.O., 168 (von mir gekürzt und geglättet, B.E.).
19. Anders Karakayali. Ihr zufolge sind es nicht die Angst vor Entlassung und der irreguläre Arbeitsrechtsstatus, die den Arbeitnehmerinnen zu schaffen machen. Neben schlechten Erfahrungen mit einigen Arbeitgebern sei es vielmehr »der Live-In-Status an sich« (ebd., 118), der die Beschäftigten unter Druck setze: »So berichten mehrere Frauen, dass sie sich durch das Zusammenleben mit den KlientInnen verunsichert fühlten, weil sie ständig Angst hätten, etwas nicht richtig oder nicht gut genug zu machen. Diese Angst war nicht so sehr an die Befürchtung des Verlustes des Arbeitsplatzes gebunden, vielmehr drückte sich darin die […] Schwierigkeit aus, dass von Haushaltsarbeiterinnen erwartet wird, die Ordnung eines Haushalts und damit die Persönlichkeit(en) seiner BewohnerInnen zu verstehen und zu reproduzieren« (ebd.).
20. Ignatzi: Häusliche Altenpflege zwischen Legalität und Illegalität, a.a.O., 298, 309.
21. Für Ignatzi sind es nur »einige wenige« (ebd., 376) ihrer Gesprächspartner, die fügsam und widerstandslos sind. Allerdings muss man

in diesem Zusammenhang auch darauf hinweisen, dass – wie sie selbst schreibt (ebd., 7 f., 128–130) – sechs ihrer 24 Interviews von Mitarbeitern einer polnischen Pflegeagentur organisiert wurden und sogar in deren Räumen stattfanden.

22. Interview mit der Pflegekraft Setting 3, 118–120. Petra Disztl heißt im Abschlussbericht (Emunds/Schacher: Ausländische Pflegekräfte in Privathaushalten, a.a.O., 42 f., 45–47) Frau Blau Drei; Anna Römer ist Frau Rot Drei und Katrin Lauterbach ist Frau Grün Drei.

23. Uwe Schacher hat für diese Einstellung, die bei beiden für das Forschungsprojekt befragten Pflegebedürftigen deutlich wurde, den Begriff »funktionale Bedürfnisextension« geprägt (Emunds/Schacher: Ausländische Pflegekräfte in Privathaushalten, a.a.O., 72). Das gleiche Phänomen hat die Journalistin Ingeborg Haffert beobachtet (Haffert: Eine Polin für Oma, a.a.O., 162 f.). Es wird auch bestätigt von Satola: Migration und irreguläre Pflegearbeit in Deutschland, a.a.O., 190 – mit Verweis auf den von Uwe Schacher dafür geprägten Begriff.

24. Zu diesem Absatz vgl. Satola: Migration und irreguläre Pflegearbeit in Deutschland, a.a.O., 189.

25. Zum Folgenden: Satola: Migration und irreguläre Pflegearbeit in Deutschland, a.a.O., 203.

26. Interview mit dem Angehörigen Setting 4, 540. Wilfried Kayser wird im Abschlussbericht (Emunds/Schacher: Ausländische Pflegekräfte in Privathaushalten, a.a.O., 50 f.) Herr Grün Vier genannt, Klaudia Górniak Frau Blau Vier. Zu der Aussage des Interviewpartners und zur Metapher vgl. ebd., 55, 68 f.

27. Alkoholabhängigkeit von Live-In-Pflegekräften scheint ein ernsthaftes Problem zu sein. Das wurde mir erst bei der Lektüre des empfehlenswerten Buches von Ingeborg Haffert klar (Ingeborg Haffert: Eine Polin für Oma, a.a.O., 104, 126, 140). Vgl.auch Ignatzi: Häusliche Altenpflege zwischen Legalität und Illegalität, a.a.O., 436, vor allem mit Blick auf Live-Ins, die abweichend vom Rotationssystem dauerhaft in Pflegehaushalten arbeiten.

28. Ignatzi: Häusliche Altenpflege zwischen Legalität und Illegalität, a.a.O., 436.

29. Zum Folgenden vgl. Satola: Migration und irreguläre Pflegearbeit in Deutschland, a.a.O., 202, 217; Kałwa: Migration polnischer Frauen in Privathaushalte der Bundesrepublik, a.a.O., 162–164;

Haffert: Eine Polin für Oma, a.a.O., 123; Ignatzi: Häusliche Altenpflege zwischen Legalität und Illegalität, a.a.O., 346–375.

30. Haffert: Eine Polin für Oma, a.a.O., 124 f..

31. Karakayali: Transnational Haushalten, a.a.O., 118 f., 163, 279–281; Haffert: Eine Polin für Oma, a.a.O., 91, 118, 138; Ignatzi: Häusliche Altenpflege zwischen Legalität und Illegalität, 329 f. Staab: Macht und Herrschaft in der Servicewelt, a.a.O., 178, führt auch ein Beispiel für sadistisches Verhalten an. Er berichtet auch von der Forderung einer durchgeknallten Arbeitgeberin, die Pflegekraft solle wie eine Schlange auf dem Boden kriechen und ihre Schuhe küssen.

32. Haffert: Eine Polin für Oma, a.a.O., 91 f.

33. Das Phänomen der »fiktiven Verwandten« wird in der Literatur häufig aufgegriffen, vgl. z.B. Karakayali, Transnational Haushalten, a.a.O., 118.

34. Das Konzept »emotional labour« verweist auf Arlie Hochschild: Das gekaufte Herz, 2. Aufl., Frankfurt/Main: Campus 2006.

35. Auch diese Deutung der fiktiven Verwandtschaft als projektive Intimität, als Abwehrmechanismus zur Reduktion von Unsicherheit, hat Uwe Schacher in unser Forschungsprojekt eingebracht (Emunds/Schacher, Ausländische Pflegekräfte in Privathaushalten, a.a.O., 71).

36. Satola: Migration und irreguläre Pflegearbeit in Deutschland, a.a.O., 129 (von mir geringfügig gekürzt und Zeichensetzung verändert, B.E.).

37. Ebd., 206 f.

38. Ebd., 207, 231; vgl. unter anderem auch Kałwa: Migration polnischer Frauen in Privathaushalte der Bundesrepublik, a.a.O., 148.

39. Interview mit der Pflegekraft Setting 3, 166. Vgl. Emunds/Schacher: Ausländische Pflegekräfte in Privathaushalten, a.a.O., 46.

40. Vgl. Satola: Migration und irreguläre Pflegearbeit in Deutschland, a.a.O., 200.

41. Hier geht es um die Pflegesettings 2 und 4 (vgl. Emunds/Schacher: Ausländische Pflegekräfte in Privathaushalten, a.a.O., 35–42, 50–56). Der Angehörige aus Setting 4 (Herr Grün Vier) wurde hier bereits als Wilfried Kayser vorgestellt, die Pflegekraft (Frau Blau Vier) als Klaudia Górniak.

42. Hier geht es um die Pflegesettings 1 und 3 (vgl. Emunds/Schacher: Ausländische Pflegekräfte in Privathaushalten, a.a.O., 26–35, 42–49). Die Gepflegte, die Angehörige und die Pflegekraft aus Setting 3

spielten in diesem Kapitel bereits als Anna Römer, Katrin Lauterbach und Petra Disztl eine Rolle.

43. Es handelt sich hier also nur um Hypothesen, die an weiterem empirischen Material überprüft werden müssten.

44. Satola: Migration und irreguläre Pflegearbeit in Deutschland,
a.a.O., 191.

45. Ebd., 189–192, vgl. 200, 206–208.

46. Krawietz: Pflege grenzüberschreitend organisieren, a.a.O., 143.

## V. Verkannte Pflegearbeit. Warum behandelt die deutsche Gesellschaft die Pflegenden so schlecht?

1. Hier knüpfe ich an Axel Honneths Konzept der sozialen Wertschätzung an. Vgl. Axel Honneth: Kampf um Anerkennung. Zur moralischen Grammatik sozialer Konflikte, 7. Aufl., Frankfurt/M.: Suhrkamp 2012, 196–211. Ders.: Das Recht der Freiheit. Grundriß einer
demokratischen Sittlichkeit, Berlin: Suhrkamp 2011, 345–360,
410–470, bes. 458, 463. Ich danke Marianne Heimbach-Steins und
Felix Krause, mit denen zusammen ich einen Forschungsantrag zu
diesem Themenkomplex erarbeitet habe. Zur Thematik vgl. auch
Stefanie A. Wahl: Auf der Suche nach Anerkennung. Prekarität und
Missachtungserfahrungen in der Pflegearbeit, in: Johanna Krawietz
und Stefanie Visel (Hg.): Prekarisierung transnationaler Care-Arbeit, Münster/Westf.: Westfälisches Dampfboot 2014, 20–36.

2. Die Ausführungen über Sorgearbeit stützen sich zu einem erheblichen Teil auf die Studie »Wen kümmert die Sorgearbeit? Gerechte
Arbeitsplätze in Privathaushalten« der von der Deutschen Bischofskonferenz eingesetzten Sachverständigengruppe »Weltwirtschaft
und Sozialethik« (Bonn: Deutsche Bischofskonferenz 2015). Bei
der Erstellung dieser Studie hatte ich die Projektleitung übernommen. Ich danke den Mitgliedern der Sachverständigengruppe und
vor allem der Projektbearbeiterin, Isabell Merkle.

3. Stephan Voswinkel: Welche Kundenorientierung? Anerkennung in
der Dienstleistungsarbeit, Berlin: edition sigma 2005.

4. Friedhelm Hengsbach: Brauchen wir einen »neuen« Sozialstaat?
Zur Zukunftsfähigkeit unserer sozialen Sicherungssysteme (Oldenburger Universitätsreden 81). Oldenburg: Bibliotheks- und Informationssystem der Universität Oldenburg, 17.

5. Lutz: Vom Weltmarkt in den Privathaushalt, a.a.O., 21. Vgl. zur unterschiedlichen Eigenlogik von Familie und Erwerbssystem auch

Birgit Geissler: Haushaltsarbeit und Haushaltsdienstleistungen, in: Böhle, Fritz, Günter G. Voß und Günther Wachtler (Hg.): Handbuch Arbeitssoziologie, Wiesbaden: Springer VS 2010, 931–962, insbesondere 941–945.

6. Eigene Berechnungen aufgrund der Pflegestatistiken 2003 und 2013. In ambulanten und stationären Einrichtungen waren demnach im Dezember 2013 1.005.524 Menschen beschäftigt (Statistisches Bundesamt: Pflegestatistik 2013. Pflege im Rahmen der Pflegeversicherung. Deutschlandergebnisse, Wiesbaden: Statistisches Bundesamt 2015, 29); ihre Arbeitszeit (ohne unbezahlte Überstunden) erreichte 704.072 Vollzeitäquivalente (ebd., 16, 26). Zwar sind darin auch Leitungs- und Verwaltungsstellen enthalten, die keine Pflegearbeit leisten. Aber das Wachstum des Arbeitsmarktsegmentes dürfte sich auch seit Dezember 2013 fortgesetzt haben. Die Wachstumsrate der Vollzeitäquivalente für 2003 bis 2013 beträgt 34,6 Prozent (Zahlen für 2003: Statistisches Bundesamt: Pflegestatistik 2003. Pflege im Rahmen der Pflegeversicherung. Deutschlandergebnisse, Wiesbaden: Statistisches Bundesamt 2005, 15, 22).

7. In der feministischen Forschungsperspektive der Intersektionalität werden die Interdependenzen zwischen verschiedenen Differenzkategorien wie »race«, »class« und »gender« in den Blick genommen. Mit Bezug zum Thema vgl. z.B.: Karakayali: Transnational Haushalten, a.a.O., 64–70.

8. Für eine gründliche Bestandsaufnahme vgl. Wolf-Gero Reichert: Gerechter Lohn in der Altenhilfe. Was ist unserer Gesellschaft die Betreuung und Pflege alter Menschen wert? Expertise des Oswald von Nell-Breuning-Instituts für den Verband katholischer Altenhilfe in Deutschland e.V., Freiburg im Breisgau: Verband katholischer Altenhilfe in Deutschland e.V. 2009.

9. Sowohl in den Heimen als auch bei den Pflegediensten hat etwa die Hälfte der Erwerbstätigen eine sozialversicherungspflichtige Teilzeitstelle; davon haben etwa zwei Drittel der Beschäftigten eine Stelle im Umfang von 50 Prozent und mehr. Hinzu kommen in den Heimen knapp 10 Prozent Minijobs, bei den ambulanten Diensten sind es sogar 20 Prozent. Alle Zahlen nach: Statistisches Bundesamt, Pflegestatistik 2013, a.a.O., 29.

10. Volker Hielscher u.a.: Zwischen Kosten, Zeit und Anspruch. Das alltägliche Dilemma sozialer Dienstleistungsarbeit, Wiesbaden: Sprin-

ger VS 2013, 63; Arbeitnehmerkammer Bremen: Die Pflege als Pflegefall? (14.2.2013, Internetressource).

11. Zu diesen Praktiken vgl. Philipp Staab: Macht und Herrschaft in der Servicewelt, Hamburg: Hamburger Edition 2014, 186–188; Hielscher u.a.: Zwischen Kosten, Zeit und Anspruch, a.a.O., 73–75, 87, 118.

12. Das zeigt ein Blick auf den Medianlohn der Altenpflegehelferinnen. Diesen Medianlohn erhält man dadurch, dass man alle Altenpflegerinnen nach der Höhe ihres Stundenlohns geordnet in einer Reihe aufstellt und dann den Stundenlohn wählt, der der Person genau in der Mitte dieser Reihe gezahlt wird. Gemäß den Ergebnissen des Projekts Lohnspiegel, einer Online-Befragung der Hans-Böckler-Stiftung, liegt dieser Medianlohn einer Altenpflegehelferin bei Vollzeit (brutto, allerdings ohne Sonderzahlungen) bei 1 617 Euro im Monat (vgl. Reinhard Bispinck u.a: Einkommens- und Arbeitsbedingungen in Pflegeberufen, Düsseldorf: Wirtschafts- und Sozialwissenschaftliches Institut/Hans-Böckler-Stiftung 2013, 6). Bei einer 60%-Stelle wäre das ein Monatslohn von 970 Euro (brutto!). Der Regelsatz der Sozialhilfe liegt bei einem Alleinstehenden bei knapp 400 Euro; in Großstädten kommt ggf. die gleiche Summe für Wohnung und Heizung hinzu (vgl. Mietobergrenze im Wohngeldgesetz).

13. Hielscher u.a.: Zwischen Kosten, Zeit und Anspruch, a.a.O., 57 f. mit Verweis auf einen Beitrag von Kirchen-Peters und Stenger.

14. Branchenzahlen: Ver.di: Arbeitsethos hoch, Arbeitshetze massiv, Bezahlung völlig unangemessen. Beschäftigte in Pflegeberufen – So beurteilen sie ihre Arbeitsbedingungen. Ergebnisse einer Sonderauswertung der bundesweiten Repräsentativumfrage zum DGB-Index Gute Arbeit 2012 (Arbeitsberichterstattung aus der Sicht der Beschäftigten 7), Berlin: Ver.di 2013, 8, 10. Gesamtwirtschaftliche Vergleichszahl für Qualitätsabstriche bei der Arbeit: Institut DGB-Index Gute Arbeit: DGB-Index Gute Arbeit. Der Report 2013. Wie die Beschäftigten die Arbeitsbedingungen in Deutschland beurteilen, Berlin: Institut DGB-Index Gute Arbeit 2013 (Internetressource), 10.

15. Ver.di : Arbeitsethos hoch, Arbeitshetze massiv, a.a.O., 14.

16. Daten: European Commission: The 2015 Ageing Report. Economic and budgetary projections for the 28 EU Member States (2013–2060), Brüssel: European Union 2015 (Internetressource), 190. Zu beachten ist, dass bei den angegebenen Prozentzahlen neben den

staatlichen Ausgaben für die Altenpflege auch öffentliche Ausgaben für Behinderte und chronisch Kranke berücksichtigt sind.

VI. Ungerechte Arbeit, ausbeuterisches Zeitregime. Zur Sozialethik der Pflegearbeit von Live-Ins

1. Man unterscheidet zwischen individual- und sozialethischer Perspektive. Bei der ersten Perspektive geht es darum, dass Einzelne ihrer moralischen Verantwortung gerecht werden, bei der zweiten um die Verbesserung (aus ethischer Sicht) gesellschaftlicher Institutionen und Strukturen. Bei der ethischen Reflexion einer konkreten Herausforderung (wie hier der Arbeit von Live-In-Pflegekräften) bedarf es zumeist beider Perspektiven. In der Katholischen Theologie gibt es das Fach »Christliche Sozialethik«, zu dessen Kernthemen Arbeit, Eigentum, Weltwirtschaft und natürliche Umwelt gehören. Der Jesuitenpater Oswald von Nell-Breuning (1890–1991) war Brückenbauer zwischen der katholischen Kirche einerseits, der Sozialdemokratie und den Gewerkschaften andererseits. Mit seinen Vorträgen und Veröffentlichungen zur Wirtschafts- und Sozialpolitik war er in der frühen Bundesrepublik der einflussreichste Sozialethiker. In seiner Tradition arbeitet das 1990 gegründete Oswald von Nell-Breuning-Institut der Hochschule Sankt Georgen (Frankfurt am Main) sozialethisch zu den Themen Finanzmärkte, Erwerbsarbeit, Sozialpolitik und Kirchenwirtschaft.

2. Emunds/Schacher: Ausländische Pflegekräfte in Privathaushalten, a.a.O., 63.

3. Ebd., 63 f.

4. Ignatzi: Häusliche Altenpflege zwischen Legalität und Illegalität, a.a.O., 453: »Na eben, denn so empfinden wir es manchmal, dass sie uns wie Dienstmädchen behandeln und überhaupt« (IP 5). »Wenn wir schon fahren müssen, dann sollte es so sein, dass uns keiner missachtet, darum geht es. Dass niemand denkt, dass du hier zu deren Diensten bist, denn so fühlen wir uns« (IP 6). Haffert: Eine Polin für Oma, a.a.O., 108: Sie behandeln uns »wie moderne Dienerinnen, als könnten sie von uns alles verlangen. Eigentlich haben wird in den Familien keinerlei Rechte« (Pflegekraft Donata).

5. Kałwa: Migration polnischer Frauen in Privathaushalte der Bundesrepublik,a.a.O.: 148 (»so, als wäre ich ein Sklave«; vollständiges Zitat in Kapitel IV). Haffert: Eine Polin für Oma, a.a.O., 135 (Pflegekraft Kasia):»Für ihn war ich wie eine Sklavin.«

6. Böning/Steffen: Migrantinnen aus Osteuropa in Privathaushalten, a.a.O., 23.

7. Ignatzi: Häusliche Altenpflege zwischen Legalität und Illegalität, a.a.O., 447 (IP 3; von mir geänderte Zeichensetzung, B.E.).

8. Papst Leo XIII.: Enzyklika Rerum Novarum (15, Mai 1891), in: Bundesverband der Katholischen Arbeitnehmer-Bewegung Deutschlands (Hg.): Texte zur Katholischen Soziallehre. Die sozialen Rundschreiben der Päpste und andere kirchliche Dokumente. Mit Einführungen von Oswald von Nell-Breuning SJ und Johannes Schasching SJ, 9. Aufl., Bornheim – Kevelaer: Ketteler – Butzon und Bercker 2007, 1–38, hier: 26 f., (Ziffer 34). Alle folgenden Zitate aus dieser Ziffer.

9. An dieser Stelle greife ich noch einmal auf Formulierungen der Sachverständigengruppe Weltwirtschaft und Sozialethik zurück. Sie stammen aus der Studie »Wen kümmert die Sorgearbeit? Gerechte Arbeitsplätze in Privathaushalten« (hg. von der Wissenschaftlichen Arbeitsgruppe für weltkirchliche Aufgaben der Deutschen Bischofskonferenz, Bonn: Sekretariat der Deutschen Bischofskonferenz 2015, 43 f.).

10. Vgl. die Ausführungen in Kapitel I.

11. Zu der Unterscheidung vgl. bereits: Sachverständigengruppe Weltwirtschaft und Sozialethik: Verlagerung von Arbeitsplätzen – Entwicklungschance und Menschenwürde. Sozialethische Überlegungen, hg. von der Wissenschaftlichen Arbeitsgruppe für weltkirchliche Aufgaben der Deutschen Bischofskonferenz, Bonn: Sekretariat der Deutschen Bischofskonferenz 2008, 45–51. »Menschenwürdige Arbeit« ist die im Deutschen geläufige Übersetzung von »decent work« in der Programmatik der Internationalen Arbeitsorganisation (ILO). »Decent Work Worldwide« heißt ein Programm der ILO, das darauf zielt, allen Menschen eine einträgliche Arbeit in Freiheit, Würde und Sicherheit zugänglich zu machen. In meiner Argumentation (wie in der genannten Studie) steht »menschenwürdige Arbeit« dagegen für eine Arbeit, die menschenrechtlich begründeten Mindestnormen entspricht (ebd., 46). Da ich auch bei der Erstellung dieser Studie die Projektleitung innehatte, erlaube ich mir im Folgenden die Übernahme einzelner Formulierungen, ohne das im Einzelnen zu kennzeichnen. Projektbearbeiter war Dr. Markus Demele.

12. Allgemeine Erklärung der Menschenrechte, Artikel 23 und 24; Internationaler Pakt über wirtschaftliche, soziale und kulturelle Rechte, Artikel 7 (vgl. Artikel 10.2 und 12.2b).

13. Grundgesetz Artikel 2, Absatz 2, Satz 1: »Jeder hat das Recht auf Leben und körperliche Unversehrtheit.«Kocher: Die Ungleichbehandlung von Hausangestellten in der 24-Stunden-Pflege gegenüber anderen Arbeitnehmerinnen und Arbeitnehmern – eine Frage des Verfassungsrechts, a.a.O., 101–103.

14. Internationale Arbeitsorganisation: Übereinkommen 189, Übereinkommen über Menschenwürdige Arbeit für Hausangestellte, Art. 10.1.

15. Ebd., Art 9b.

16. Ebd., Art. 10.2.

17. Zugleich hat die Bundesregierung in der Denkschrift zur Ratifizierung des Übereinkommens festgehalten, dass sie »für die in § 18 Absatz 1 Nummer 3 des Arbeitszeitgesetzes (ArbZG) aufgeführte Personengruppe« von der Möglichkeit Gebrauch mache, begrenzte Arbeitnehmergruppen von der Geltung des Übereinkommens auszunehmen (Deutsche Bundesregierung: Denkschrift, in: Dies.: Gesetzentwurf der Bundesregierung. Entwurf eines Gesetzes zu dem Übereinkommen Nr. 189 der Internationalen Arbeitsorganisation vom 16. Juni 2011 über menschliche Arbeit für Hausangestellte, 18–23, hier: 18). Vergleiche die Argumentation weiter unten in diesem Kapitel.

18. Für diesen Abschnitt vgl. Peter Schaber: Menschenwürde (Grundwissen Philosophie), Stuttgart: Reclam 2012, 64–68, 199–104; Ders.: Instrumentalsierung und Menschenwürde, 2. Aufl., Münster/Westf.: Mentis 2013, 50–63, 105–121.

19. Es geht um den eigenen Lebensunterhalt und den der anderen Familienmitglieder. Zum Familieneinkommen können dabei auch nicht stigmatisierende Sozialleistungen beitragen, wie z.b. ein Kindergeld (deutlich höher als bei den heutigen Sätzen) oder eine Kindergrundsicherung. Außerdem ist natürlich vorausgesetzt, dass die Partner die Beteiligung an der Erwerbsarbeit unter sich aufteilen können. Gefordert wird, dass der Stundenlohn so hoch ist, dass er, wenn sie zusammen auf einen Beschäftigungsumfang von 100 Prozent kommen, das Auskommen der Familie sichert.

20. Ignatzi: Häusliche Altenpflege zwischen Legalität und Illegalität, a.a.O., 239: 850 Euro bis 1.350 Euro; Krawietz: Pflege grenzüberschreitend organisieren, a.a.O., 154: 700–1.200 Euro. Im NBI-Projekt lagen die Monatsverdienste der vermutlich schwarzarbeitenden Live-Ins zwischen 1.000 und 1.350 Euro (Emunds/Schacher: Ausländische Pflegekräfte in Privathaushalten, a.a.O., 59).

21. Zu dieser Angabe komme ich, indem ich von einem Monat mit 30 Tagen ausgehe und – für die Realität vermutlich viel zu großzügig – von fünf mal 24 Stunden Freizeit ausgehe. Dann erhalte ich 25 Tage à 24 Stunden, folglich 600 Stunden im Monat. Die 1,17 Euro bzw. 2,25 Euro erhalte ich, wenn ich die 700,- Euro bzw. 1.350 Euro durch 600 teile. Die zusätzlichen 70 Cent ergeben sich, wenn man die Werte der Sozialversicherungsentgeltordnung für Unterkunft und Verpflegung in einem Monat durch 600 Stunden teilt: (229 Euro + 187,85 Euro)/600 ≈ 0,69 Euro. Für diese Werte vgl. Deutscher Caritasverband e.v.: Information des Deutschen Caritasverbandes zu den Rahmenbedingungen der Beschäftigung von Haushaltshilfen in Haushalten von Pflegebedürftigen, Freiburg/Br.: Deutscher Caritasverband 2014, Internetressource, 11.

22. Vgl. Karakayali: Transnational Haushalten, a.a.O., 279–281 (vier einbehaltene Monatslöhne); Emunds/Schacher: Ausländische Pflegekräfte in Privathaushalten, a.a.O., 26–35 (monatelang keine freie Zeit);

23. Von den vier Pflegehaushalten, die im Forschungsprojekt des Nell-Breuning-Instituts untersucht wurden, hatten wenigstens zwei eine Regelung mit ein oder zwei freien Nachmittagen (7 Stunden) oder halben Tagen (12 Stunden) pro Woche (Emunds/Schacher: Ausländische Pflegekräfte in Privathaushalten, a.a.O., 61). Laut Ignatzi (Häusliche Altenpflege zwischen Legalität und Illegalität, a.a.O., 251), die immerhin 24 Live-In-Pflegekräfte interviewt hat, gibt es nur in »Ausnahmefällen ... auch längere Pausen«, d.h. Pausen, die länger dauern als nur die Zeit der Mittagsruhe des Gepflegten.

24. Vgl. Kocher: Die Ungleichbehandlung von Hausangestellten in der 24-Stunden-Pflege gegenüber anderen Arbeitnehmerinnen und Arbeitnehmern – eine Frage des Verfassungsrechts, a.a.O., 106: »Die Haltung der Bundesregierung, (die; B.E.) die 24-Stunden-Pflege im Haushalt der Pflegebedürftigen [...] faktisch schutzlos stellt, genügt den verfassungsrechtlichen Anforderungen nicht.«

25. Bundesregierung der Bundesrepublik Deutschland: Denkschrift zum Entwurf eines Gesetzes zu dem Übereinkommen Nr. 189 der Internationalen Arbeitsorganisation vom 16. Juni 2011 über menschenwürdige Arbeit für Hausangestellte, in: Bundestagsdrucksache 17/12951,18–23, hier: 18.

26. Vgl. z.B. Thomas Klie: Wen kümmern die Alten? Auf dem Weg in eine sorgende Gesellschaft, München: Pattloch 2014, 47–67.

VII. Ein langer Weg raus aus der Schmuddelecke. Die Erwerbsarbeit in den Pflegehaushalten muss reguliert und gefördert werden

1. SGB XI, § 8 Absatz 1:»Die pflegerische Versorgung der Bevölkerung ist eine gesamtgesellschaftliche Aufgabe.«

2. Mittlerweile gibt es an einigen Orten ehrenamtliche Pflegebegleiter. Vgl. Netzwerk pflegeBegleitung. Begleitung für pflegende Angehörige: Wir begleiten sorgende und pflegende Angehörige ... damit Pflege zu Hause besser gelingen kann, Internetressource. Vgl. auch das ähnlich ausgerichtete Projekt der kfd: Katholische Frauengemeinschaft Deutschlands: Ein offenes Ohr für pflegende Angehörige. Ergebnisse des Modellprojekts Pflegebegleitung und Anregungen für die Weiterarbeit in der kfd, Düsseldorf: kfd 2015.

3. So z.B. Karakayali: Prec(ar)ious Labour, a.a.O. , 163.

4. Für ähnliche Einschätzungen, dass Abschottung und höhere Hürden für die Erwerbstätigkeit von Migranten faktisch vor allem illegalisierend wirkt, vgl. unter anderem Jörg Alt: Globalisierung, illegale Migration, Armutsbekämpfung : Analyse eines komplexen Phänomens, Karlsruhe: Von Loeper 2009, 86; Ursula Apitzsch und Marianne Schmidbauer: Care und Reproduktion. Einleitung, in: Dies. (Hg.): Care und Migration. Die Ent-Sorgung menschlicher Reproduktionsarbeit entlang von Geschlechter- und Armutsgrenzen. Opladen & Farmington Hills: Barbara Budrich 2010, 11–22, hier: 18; Marianne Heimbach-Steins: Globale Fürsorgeketten – eine exemplarische Skizze zu Gender-Aspekten in der Migration, in: Michelle Becka/Albert-Peter Rethmann (Hg.): Ethik und Migration. Gesellschaftliche Herausforderungen und sozialethische Reflexion, Paderborn: Schöningh 2010, 185–202, hier: 197.

5. Hier greife ich ein weiteres Mal auf Ergebnisse der folgenden Studie zurück: Sachverständigengruppe Weltwirtschaft und Sozialethik: Wen kümmert die Sorgearbeit? Gerechte Arbeitsplätze in Privathaushalten (Studien der Sachverständigengruppe Weltwirtschaft und Sozialethik 20), hg. von der Wissenschaftlichen Arbeitsgruppe für weltkirchliche Aufgaben der Deutschen Bischofskonferenz, Bonn: Sekretariat der Deutschen Bischofskonferenz 2015, 51.

6. Das entspricht auch der Strategie »Decent Work Worldwide« der ILO für die informelle Wirtschaft: International Labour Organization: Decent Work and the informal economy. Report VI submitted to the 90th Session of International Labour Conference (Geneva,

June 2002), Genf: ILO 2002, Internetressource, 4 f. Vgl. Samuel Rapu: Alleviating Poverty in Nigeria through the Improvement of the Labour Conditions in the Informal Economy. A Socio-ethical Enquiry, Frankfurt am Main: Peter Lang 2013, 223 f., 233 f.

7. Möglich wäre dies allenfalls dann, wenn der Staat bereit wäre, Unsummen in die Förderung von Beschäftigungsverhältnissen in der häuslichen Pflege zu investieren. Das halte ich für unrealistisch – und angesichts des dafür notwendigen Ressourceneinsatzes auch nicht für wünschenswert.

8. Wie will man bei Razzien in Privathaushalten die Einhaltung von Höchstarbeitszeiten kontrollieren? Wäre eine konsequente flächendeckende strafrechtliche Verfolgung mit dem Schutz der Privatsphäre überhaupt vereinbar? Wäre die damit verbundene Kriminalisierung pflegender Angehörigen ethisch vertretbar?

9. §§ 3, 5, 10 ArbZG.

10. Aktuell sind die Arbeitnehmer, auf die § 18 Abs. 1 Nr. 3 ArbZG zutrifft, bei der Arbeitszeit auf die Fürsorgepflicht des Arbeitgebers (§ 618 Absatz 2 BGB) verwiesen. Der Gesetzgeber könnte aber problemlos in das Arbeitszeitgesetz – zum Beispiel im sechsten Abschnitt »Sonderregelungen« – einen neuen Paragraphen mit Bestimmungen für die im (veränderten) § 18 Abs. 1 Nr. 3 ArbZG genannten Gruppen einführen.

11. Für eine »personenbezogene Sonderregelung«, mit der die Live-In-Pflegekräfte aus dem üblichen Regelungs- und Schutzniveau ausgenommen werden, hat der an der Hochschule Koblenz lehrende Volkswirt Prof. Dr. Stefan Sell bereits 2010 plädiert. Stefan Sell: Abschied von einer »Lebenslüge« der deutschen Pflegepolitik. Plädoyer für eine »personenbezogene Sonderregelung« und für eine aktive Gestaltung der Beschäftigung von ausländischen Betreuungs- und Pflegekräften in Privathaushalten (Remagener Beiträge zur Sozialpolitik 09–2010), Remagen 2010, Internetressource. Dabei hatte er zwei Varianten – bei Selbständigkeit und bei einer sozialversicherungspflichtigen Beschäftigung – vor Augen. Bei der Beschäftigungsvariante forderte er jedoch damals nur die Aufhebung der 38,5-Stunden-Woche, ohne die Notwendigkeit anderer Beschränkungen der Arbeitszeit zu bedenken. Immerhin plädierte auch schon Sell dafür, die Erwerbsarbeit der Live-Ins in eine Kooperation mit ambulanten Pflegediensten einzubinden (ebd., 9–11). 2012 plädierten Uwe Schacher und ich in unserer Studie für Gesellschaf-

ten bürgerlichen Rechts (GbR) oder eingetragene Genossenschaften (eG), zu denen sich selbständige Live-In-Pflegekräfte – auch zur Umgehung des Problems der Scheinselbständigkeit – zusammenschließen sollten. Eine effektive Begrenzung der Arbeitszeit – mindestens einmal pro Woche 24 Stunden am Stück – sollte dann ausschließlich durch eine Konditionalisierung des Pflegezuschusses erreicht werden. Vgl. Emunds/Schacher: Ausländische Pflegekräfte in Privathaushalten, a.a.O., 80–83. Den konditionalisierten Pflegezuschuss habe ich in meinem aktuellen Politikvorschlag beibehalten. Mir scheint es aber – mit Blick auf andere Regelungen des Arbeitsschutzes – heute angemessener, auf eine Sonderform der sozialversicherten Beschäftigung zu setzen als auf eine durch GbR und eG gerahmte Selbständigkeit.

12. Die gesetzlichen Bestimmungen müssen natürlich auch für die anderen von der veränderten Ausnahmeklausel erfassten Berufsgruppen geeignet sein. Sie müssen das aber nur als absoluter Minimalschutz (!), insofern die Arbeitgeber (nach Verhandlungen mit den Arbeitnehmern) geeignete strengere Beschränkungen der Arbeitszeiten festsetzen können. So geschieht es ja bisher auch schon, bislang eben nur ohne jede (auch) für diese Personen geltende gesetzliche Beschränkung der Arbeitszeit.

13. Neben der Arbeitszeit bedarf es noch einer weiteren Ausnahme von den üblichen Bestimmungen für sozialversicherungspflichtige Beschäftigung: einer Ausnahme beim Mindestlohn. Gemäß europäischem Recht zählt die ganze Zeit, in der die Live-In im Haushalt des Arbeitgebers und für diesen in einer Art Rufbereitschaft verfügbar ist, als Arbeitszeit. Entsprechend käme eine Live-In-Pflegekraft, die wirklich nur die gesetzlichen Mindestzeiten frei hätte, noch immer auf 570 bis 600 Arbeitsstunden im Monat. Würden die mit dem aktuellen Mindestlohn von 8,50 Euro vergütet, käme eine Live-In auf einen Bruttolohn von 4.850 bis 5.100 Euro. Eine sinnvolle Regelung könnte z.B. darin bestehen, dass der Monatsverdienst bei einer Live-In nicht geringer ausfallen darf, als er bei einer Beschäftigung mit 38,5 Wochenstunden zum allgemeinen Mindestlohn wäre.

14. Für die Regelungen in Österreich vgl. Almut Bachinger: 24-Stunden-Betreuung. Gelungenes Legalisierungsprojekt oder prekäre Arbeitsmarktintegration?, in: SWS-Rundschau 50 (2010), Heft 4, 20–26; Margret Steffen: … raus aus der Schwarzarbeit. Gute Arbeit in Privathaushalten. Europäische Erfahrungen und mögliche Gestal-

tungsansätze der Beschäftigung osteuropäischer Haushaltshilfen und Pflegekräfte, hg. von ver.di, Fachbereich Gesundheit, Soziale Dienste, Wohlfahrt und Kirchen, Berlin: ver.di 2015, 8–10; Marianne Egger de Campo: Seniorensitterinnen? Globale Dienstbotinnen? Personenbetreuerinnen!, in: Aus Politik und Zeitgeschichte 2015, Heft 38–39, 17–24.

15. Sinnvoll wäre wahrscheinlich ein Stufenplan, der festlegt, bis wann welche der normalen Standards des deutschen Arbeitsrechts in die Auszahlungsbedingungen des Pflegezuschusses übernommen werden sollen. Aber auch eine Veränderung der Auszahlungsbedingungen, bei der das Niveau des Arbeitnehmerschutzes für die Live-Ins wieder reduziert wird, sollte nicht kategorisch ausgeschlossen werden. Ein solcher – eigentlich unerwünschter – Schritt kann notwendig werden, wenn die Arbeitgeber in großem Umfang auf den Pflegezuschuss verzichten, weil sie lieber Live-Ins aus deutlich ärmeren Ländern als Polen und Ungarn illegal beschäftigen, die sich mit wesentlich geringeren Löhnen zufriedengeben. Sollte sich der Arbeitsmarkt tatsächlich so negativ entwickeln, dann ist ein solches Abschwächen der Auszahlungsbedingungen aber nur die Notbremse. Zuerst sollten die Verantwortlichen versuchen, die ungünstige Entwicklung mit einer Erhöhung des Pflegezuschusses abzufangen.

16. Für solche Kooperationsmodelle plädierten bereits: Andrea Neuhaus, Michael Isfort und Frank Weidner: Situation und Bedarfe von Familien mit mittel- und osteuropäischen Haushaltshilfen. Projektbericht, Köln: Deutsches Institut für angewandte Pflegeforschung e.V. 2009, Internetressource, 95 f.

17. Es bedürfte dementsprechend auch eines Akkreditierungsverfahrens und eines Qualitätsmanagements für die begleitenden Organisationen.

18. Übereinkommen 189 der Internationalen Arbeitsorganisation. Übereinkommen über menschenwürdige Arbeit für Hausangestellte, Artikel 2 Absatz 2. Einen ersten Bericht über die Umsetzung des Übereinkommens wird die Bundesregierung voraussichtlich zwischen der Endredaktion des vorliegenden Buches und seinem Erscheinen veröffentlichen. Eine wichtige Frage wird sein, ob die Bundesregierung zu erkennen gibt, dass sie die Probleme der »24-Stunden-Pflege« ernst nimmt.

19. Mit Blick auf die Missstände, die ich in Kapitel IV zusammengetragen habe, ist davon auszugehen, dass es Fortschritte, die letztlich

zur Geltung des ILO-Übereinkommens 189 auch für die Live-In-Pflegekräfte führen, in vielerlei Hinsicht bedarf: nicht nur in puncto Arbeitszeit (vor allem Artikel 9 und 10), sondern auch bei anderen Bestimmungen. Besonders deutlich ist dies bei den Artikeln 5 und 6: »Jedes Mitglied hat Maßnahmen zu ergreifen, um sicherzustellen, dass Hausangestellte wirksam vor allen Formen von Missbrauch, Belästigung und Gewalt geschützt sind« (Artikel 5). »Jedes Mitglied hat Maßnahmen zu ergreifen, um sicherzustellen, dass Hausangestellte wie Arbeitnehmer allgemein in den Genuss fairer Beschäftigungsbedingungen sowie menschenwürdiger Arbeitsbedingungen und, wenn sie im Haushalt wohnen, menschenwürdiger Lebensbedingungen, die ihre Privatsphäre achten, kommen« (Artikel 6). Ich sehe nicht, wie man hier zu einem effektiven Maßnahmen-Bündel kommen könnte, wenn dieses nicht auch in irgendeiner Form ein Element von Kontrolle beinhaltet.

20. Vgl. Endnote 3 zu Kapitel I.
21. In Österreich fördert der Staat die Mitarbeit einer Personenbetreuerin mit 550 Euro. 1,2 Milliarden jährliche Mehrausgaben würden 4,7 Prozent der Gesamtausgaben der *Sozialen* Pflegeversicherung im Jahr 2014 (= 25,45 Milliarden. Euro) ausmachen (Bundesministerium der Gesundheit: Zahlen und Fakten zur Pflegeversicherung (Stand: 13.03.2015), Internetressource, 3). Hinzuzurechnen sind allerdings noch die Gesamtausgaben der Privaten Pflegeversicherung, für die ich keine Angaben gefunden habe. Die Relation der Privaten Pflegeversicherung zur Sozialen Pflegeversicherung beträgt bei den Leistungsbeziehern 4,4%. Multipliziere ich die 25,45 Milliarden Euro Ausgaben der Sozialen Pflegversicherung mit 1,044, erhalte ich als grobe Schätzung für die Gesamtausgaben der Pflegeverischerungen insgesamt 26,57 Milliarden Euro. Davon machen 1,2 Milliarden Euro 4,5 Prozent aus. Die Einführung des Pflegezuschusses würde vermutlich manche Veränderung in der gesellschaftlichen Organisation von Pflege anstoßen. Diese induzierten Veränderungen müssen hier unberücksichtigt bleiben.
22. Vgl. European Commission: The 2015 Ageing Report. Economic and budgetary projections for the 28 EU Member States (2013–2060), Brüssel: European Union 2015, Internetressource, 190. Vgl. auch Kapitel V.

VIII. Hinweise zur »24-Stunden-Pflege« für Angehörige

1. Vgl. zu den Hinweisen in diesem Abschnitt: Haffert: Eine Polin für Oma, a.a.O., 67.

2. Zu den Hinweisen in diesem Abschnitt vgl. Kapitel II und vor allem Kapitel III.

3. Bundesagentur für Arbeit: Vermittlung europäischer Haushaltshilfen in Privathaushalte mit pflegebedürftigen Personen durch die ZAV (Stand 17.12.2015), im Internet (eingesehen am 8.2.2016): https://www.arbeitsagentur.de/web/content/DE/Detail/index.ht m?dfContentId=L6019022DSTBAI521304

4. Verein für Internationale Jugendarbeit. Landesverein Württemberg e. V.: FairCare – faire und legale Arbeitsbedingungen für professionelle Nähe und menschliche Betreuung, im Internet (eingesehen am 8.2.2016): http://www.vij-faircare.de/

5. Caritasverband für den Kreis Soest: Caritas24 – zuhause gut betreut, im Internet (eingesehen am 8.2.2016): www.caritas24.de/. Angehörige, die mit Caritas24 bzw. CariFair zusammenarbeiten wollen, müssen einen Kooperationspartner finden, der halbwegs in der Nähe des Pflegehaushalts angesiedelt ist. Eine Liste der Kooperationspartner finden Sie hier: http://www.caritas24.de/startsei te/kontakt/

6. Verlässliche Informationen bietet z.B. ein Leitfaden des Deutschen Caritasverbands: Information des Deutschen Caritasverbandes zu den Rahmenbedingungen der Beschäftigung von Haushaltshilfen in Haushalten von Pflegebedürftigen, Freiburg/Br.: Deutscher Caritasverband 2014, im Internet (eingesehen am 29.1.2016): http:// www.caritas.de/cms/contents/caritasde/medien/dokumente/rat geber/informationzurbescha/information_rahmenbedingungen_ haushaltshilfen.pdf?d=a&f=pdf. Bei den Modellrechnungen ergibt sich zwischen Brutto- und Nettolohn jeweils eine große Differenz. Diese erklärt sich daraus, dass für Unterkunft und Verpflegung Pauschalen angenommen werden, die dann als geldwerter Vorteil versteuert werden. Umstritten ist offenbar, ob diese Versteuerung aktuell noch verpflichtend ist. VIJ-FairCare scheint da z.B. anderer Meinung zu sein (Telefonat mit Frau Daniela Didzuhn am 3.2.2016). Auf jeden Fall sollten Sie beachten: In der ersten Modellrechnung fällt der ausgezahlte Nettolohn sehr niedrig aus. Das liegt daran, dass bei dieser ersten Rechnung vom errechneten Nettolohn die ge-

nannten Pauschalen als Sachwertbezüge abgezogen werden. Der sehr geringe Auszahlungsbetrag des Lohns ist gegenüber der Arbeitnehmerin nicht fair. Zudem könnte es schwerfallen, eine Pflegekraft zu finden, die zu diesem niedrigen Lohn für Sie arbeitet.

7. Die Anhaltspunkte dafür, ob eine Agentur seriös ist, stammen von einer Internetseite des WDR: Westdeutscher Rundfunk: Pflegekräfte aus Osteuropa. Darauf sollten Angehörige achten, Internetressource. Für den Hinweis, mal ein vertrauliches Gespräch zu führen, vgl. Haffert: Eine Polin für Oma, a.a.O., 182.

8. Die wichtigsten Punkte habe ich in diesem Buch bereits erwähnt: Ein Arbeitnehmer darf in der Woche höchstens 48 Stunden arbeiten. An einzelnen Tagen kann er bis zu zehn Stunden arbeiten, wenn innerhalb eines halben Jahres so für Ausgleich gesorgt ist, dass er durchschnittlich nicht länger als acht Stunden pro Werktag gearbeitet hat. Nach der Arbeitszeit ist täglich eine ununterbrochene Ruhezeit von mindestens elf Stunden Pflicht. Wird an einem Sonn- oder Feiertag gearbeitet, steht dem Arbeitnehmer ein anderer voller freier Tag (24 Stunden am Stück) zu (§§ 3, 5, 10 ArbZG).

9. Das gilt wohl auch für Caritas24 bzw. CariFair. Der Evaluationsbericht spricht von »einer vertraglich vereinbarten Arbeitszeit (38,5 Stunden)«: Michael Isfort und Andrea von der Malsburg: Evaluation des Projektes »Heraus aus der Grauzone – Qualitätsgesicherter Einsatz polnischer Haushaltshilfen in deutschen Familien mit pflegebedürftigen Angehörigen« (09.09.2014), Köln: Deutsches Institut für angewandte Pflegeforschung/Paderborn: Caritasverband für das Erzbistum Paderborn 2014, Internetressource, 34.

10. Das Thema »Arbeitszeit« schneidet Caritas24 im Internet nicht an: Vgl. Caritas Alten- und Krankenhilfe Brilon gGmbH: Merkblatt für Familien (Stand 17.12.2013), im Internet (eingesehen am 9.2.2016): http://www.caritas-brilon.de/cms/contents/caritasbrilon.de/medien/dokumente/caritas24—informati/caritas14_in formationsblatt.pdf ?d=a&f=pdf; Caritasverband für den Kreis Soest: Rechtliches, im Internet (eingesehen am 8.2.2016): http://www.caritas24.de/startseite/rechtliches/. Auf Unklarheiten und Konflikte rund um die Arbeitszeit verweist auch der Evaluationsbericht: Isfort/von der Malsburg: Evaluation des Projektes »Heraus aus der Grauzone – Qualitätsgesicherter Einsatz polnischer Haushaltshilfen in deutschen Familien mit pflegebedürftigen Angehörigen«, a.a.O., 33–35, 62.

11. Vgl. Verein für Internationale Jugendarbeit. Landesverein Württemberg e. V.: Arbeitsrechtliche Mindeststandards, im Internet (eingesehen am 8.2.2016): http://www.vij-faircare.de/haushalte/mindeststandards/. Bedeutung des Themas bei den Besuchen in den Pflegehaushalten laut mündlicher Auskunft, Telefonat mit Frau Daniela Didzuhn am 3.2.2016.

12. ILO-Übereinkommen 189 »über menschenwürdige Arbeit für Hausangestellte«, Art. 10. Abs. 2. Vgl. auch Kapitel VI.

13. Vgl. Scheiwe: Arbeitszeitregulierung für Beschäftigte in Privathaushalten – entgrenzte Arbeit, ungenügendes Recht?, a.a.O., 79.

14. Eine aktuelle Entgelttabelle finden Sie hier: Bundesagentur für Arbeit: Entgelttabelle für Haushaltshilfen (Stand September 2014), im Internet (eingesehen am 8.2.2016): https://www.arbeitsagentur.de/web/content/DE/service/Ueberuns/WeitereDienststellen/ZentraleAuslandsundFachvermittlung/Personalsuche/PersonalsuchefuerDeutschland/Detail/index.htm?dfContentId=L6019022DSTBAI525108

15. Vgl. Endnote 6.

16. Dabei geht es nicht nur um ein ethisches Problem, sondern auch um ein rechtliches: Stundenlöhne, die mehr als ein Drittel unter dem Tariflohn für vergleichbare Berufe liegen, gelten in Deutschland als sittenwidrig und sind damit nicht legal. Liegt das Arbeitsvolumen einer Live-In-Pflegekraft um mehr als ein Drittel über den 38,5 Wochenstunden, die bei diesen Tarifvereinbarungen vorausgesetzt sind, ist der Stundenlohn der Live-In unter diese Schwelle gerutscht und ist damit eigentlich sittenwidrig. Diese Problematik der Beschäftigung von Live-In-Pflegekräften wird auch in der Fachliteratur bisher nur selten angeschnitten.

17. Haffert: Eine Polin für Oma, a.a.O., 187 f.

18. Ignatzi: Häusliche Altenpflege zwischen Legalität und Illegalität, a.a.O., 309.

19. Haffert: Eine Polin für Oma, a.a.O., 41–43.

# Literatur

Alt, Jörg: *Globalisierung, illegale Migration, Armutsbekämpfung: Analyse eines komplexen Phänomens*, Karlsruhe: Von Loeper 2009.

Apitzsch, Ursula: Care, Migration, and the Gender Order, in: Dies. und Marianne Schmidbauer (Hg.): *Care und Migration. Die Ent-Sorgung menschlicher Reproduktionsarbeit entlang von Geschlechter- und Armutsgrenzen*, Opladen – Farmington Hills: Barbara Budrich 2010, 113–125.

Apitzsch, Ursula, und Marianne Schmidbauer: Care und Reproduktion. Einleitung, in: Dies. (Hg.): *Care und Migration. Die Ent-Sorgung menschlicher Reproduktionsarbeit entlang von Geschlechter- und Armutsgrenzen.* Opladen – Farmington Hills: Barbara Budrich 2010, 11–22.

Apitzsch, Ursula, und Marianne Schmidbauer (Hg.): *Care und Migration. Die Ent-Sorgung menschlicher Reproduktionsarbeit entlang von Geschlechter- und Armutsgrenzen*, Opladen – Farmington Hills: Barbara Budrich 2010.

Arbeitnehmerkammer Bremen: Die Pflege als Pflegefall? (14.2.2013), im Internet (eingesehen am 26.8.2015): http://www.arbeitnehmerkammer.de/politikthemen/20130214_bam_2_13_sp_pflege.html

Bachinger, Almut: 24-Stunden-Betreuung. Gelungenes Legalisierungsprojekt oder prekäre Arbeitsmarktintegration?, in: *SWS-Rundschau 50* (2010), Heft 4, 20–26.

Bispinck, Reinhard, Heiner Dribbusch, Fikret Öz und Evelyn Stoll: Einkommens- und Arbeitsbedingungen in Pflegeberufen

(Projekt Lohnspiegel Arbeitspapier 21), Düsseldorf: Wirtschafts- und Sozialwissenschaftliches Institut / Hans-Böckler-Stiftung 2013.

Böning, Marta: Arbeitsort Privathaushalt: eine arbeitsschutzfreie Zone?, in: WSI-Mitteilungen 68 (2015), Heft 4, 309–312.

Böning, Marta, und Margret Steffen: Migrantinnen aus Osteuropa in Privathaushalten. Problemstellungen und politische Herausforderungen, hg. von ver.di. Fachbereich Gesundheit, Soziale Dienste, Wohlfahrt und Kirchen, Berlin: ver.di 2014.

Bundesagentur für Arbeit: Vermittlung europäischer Haushaltshilfen in Privathaushalte mit pflegebedürftigen Personen durch die ZAV(Stand – 17.12.2015), im Internet (eingesehen am 8.2.2016): https://www.arbeitsagentur.de/web/content/DE/Detail/index.htm?dfContentId=L6019022DSTBAI521304

Bundesagentur für Arbeit: Entgelttabelle für Haushaltshilfen (Stand September 2014), im Internet (eingesehen am 8.2.2016): https://www.arbeitsagentur.de/web/content/DE/service/Ueberuns/WeitereDienststellen/ZentraleAuslandsundFachvermittlung/Personalsuche/Personalsuchefu erDeutschland/Detail/index.htm?dfContentId=L6019022DSTBAI525108

Bundesministerium der Gesundheit: Zahlen und Fakten zur Pflegeversicherung (Stand: 13.03.2015), im Internet (eingesehen am 5.2.2016): http://www.bmg.bund.de/fileadmin/dateien/Downloads/Statistiken/Pflegeversicherung/Zahlen_und_Fakten/150601_Zahlen_und_Fakten_Pflegeversicherung_03–2015.pdf

Bundesregierung der Bundesrepublik Deutschland: Antwort der Bundesregierung auf die Kleine Anfrage der Abgeordneten Klaus Ernst, Kathrin Senger-Schäfer, Jutta Krellmann, weiterer Abgeordneter und der Fraktion Die Linke (18.1.2012), Bundestagsdrucksache 17/8373, im Internet (eingesehen am 29.1.2016): http://dip21.bundestag.de/dip21/btd/17/083/1708373.pdf

Bundesregierung der Bundesrepublik Deutschland: Denkschrift zum Entwurf eines Gesetzes zu dem Übereinkommen Nr. 189

der Internationalen Arbeitsorganisation vom 16. Juni 2011 über menschenwürdige Arbeit für Hausangestellte (28.3.2013), in: Bundestagsdrucksache 17/12951,18–23, im Internet (eingesehen am 5.2.2016): http://dip21.bundestag. de/dip21/btd/17/129/1712951.pdf

Caritasverband für den Kreis Soest: Caritas24 – zuhause gut betreut, im Internet (eingesehen am 8.2.2016): www.caritas24. de/

Caritasverband für den Kreis Soest: Rechtliches, im Internet (eingesehen am 8.2.2016): http://www.caritas24.de/start seite/rechtliches/

Caritas Alten- und Krankenhilfe Brilon gGmbH: Merkblatt für Familien (Stand 17.12.2013), im Internet (eingesehen am 9.2.2016): http://www.caritas-brilon.de/cms/contents/cari tas-brilon.de/medien/dokumente/caritas24—informati/ca ritas14_informationsblatt.pdf?d=a&f=pdf

Deutsche Alzheimer Gesellschaft e.V. Selbsthilfe Demenz: Betreuung und Pflege zu Hause – aber wie? Archiv Alzheimer Info (aus: Alzheimer Info 02/2009), im Internet (eingesehen am 13.1.2016): https://www.deutsche-alzheimer.de/unser-service/archiv-alzheimer-info/betreuung-und-pflege-zu-hause.html

Deutscher Caritasverband e.V.: Information des Deutschen Caritasverbandes zu den Rahmenbedingungen der Beschäftigung von Haushaltshilfen in Haushalten von Pflegebedürftigen, Freiburg/Br.: Deutscher Caritasverband 2014, im Internet (eingesehen am 29.1.2016): http://www.caritas.de/cms/ contents/caritasde/medien/dokumente/ratgeber/informati onzurbescha/information_rahmenbedingungen_haushalts hilfen.pdf?d=a&f=pdf

Diakonie Ruhr-Hellweg: 24-Stunden Betreuung, im Internet (eingesehen am 4.1.2016): http://www.diakonie-ruhr-hell-weg.de/default.aspx/G/111327/L/1031/R/-1/T/118073/ A/2/ID/120454/P/0/LK/-1

Diakoniestation Unna (ab 1.1.2016 Perthes-Pflegedienst): Leistungen, im Internet (eingesehen am 4.1.2016): http://www.

diakoniestation.org/index.php?catalog=/24_stunden_be
treuung/leistungen

Diakoniestation Unna (ab 1.1.2016 Perthes-Pflegedienst): Willkommen!, im Internet (eingesehen am 4.1.2016): http://
www.diakoniestation.org/index.php?catalog=/die_diako
niestation

Egger de Campo, Marianne: Seniorensitterinnen? Globale
Dienstbotinnen? Personenbetreuerinnen!, in: *Aus Politik und
Zeitgeschichte* 65 (2015), Heft 38/39, 17–24

Emunds, Bernhard, und Uwe Schacher: *Ausländische Pflegekräfte in Privathaushalten. Abschlussbericht zum Forschungsprojekt im Auftrag der Hans Böckler Stiftung* (Frankfurter
Arbeitspapiere zur gesellschaftsethischen und sozialwissenschaftlichen Forschung 61), Frankfurt am Main: Nell-Breuning-Institut 2012.

European Commission: The 2015 Ageing Report. Economic and
budgetary projections for the 28 EU Member States (2013–
2060), Brüssel: European Union 2015, im Internet (eingesehen am 20.8.2015): http://ec.europa.eu/economy_finance/
publications/european_economy/2015/pdf/ee3_en.pdf

Evangelische Pflegedienste Mark-Ruhr: 24-Stunden-Pflege, im
Internet (eingesehen am 30.12.2015): https://www.diako
nie-mark-ruhr.de/ambulante-pflege/diakoniestationen/ha
gen-hohenlimburg/inhalte/7/

Fodor, Éva: Geschlechterbeziehungen im (Post-)Sozialismus, in:
*Aus Politik und Zeitgeschichte* 61 (2011), Heft 37/38, 30–37.

Geissler, Birgit: Haushaltsarbeit und Haushaltsdienstleistungen, in:
Fritz Böhle, Günter G. Voß und Günther Wachtler (Hg.): *Handbuch Arbeitssoziologie*, Wiesbaden: Springer VS 2010, 931–962.

Haffert, Ingeborg: *Eine Polin für Oma. Der Pflege-Notstand in unseren Familien*, 2. Aufl., Berlin: Econ 2014.

Heimbach-Steins, Marianne: Globale Fürsorgeketten – eine exemplarische Skizze zu Genderaspekten in der Migration, in:
Michelle Becka und Albert-Peter Rethmann (Hg.), *Ethik und
Migration. Gesellschaftliche Herausforderungen und sozialethische Reflexion*, Paderborn: Schöningh 2010, 185–202.

Heintze, Cornelia: *Auf der Highroad – der skandinavische Weg zu einem zeitgemäßen Pflegesystem. Ein Vergleich zwischen fünf nordischen Ländern und Deutschland* (Wiso Diskurs April 2015 – Expertisen zur Wirtschafts- und Sozialpolitik), 2. Aufl., Bonn: Abteilung Wirtschafts- und Sozialpolitik der Friedrich-Ebert-Stiftung 2015, im Internet (eingesehen am 15.1.2016): http://library.fes.de/pdf-files/wiso/11337.pdf

Hengsbach, Friedhelm: Brauchen wir einen »neuen« Sozialstaat? Zur Zukunftsfähigkeit unserer sozialen Sicherungssysteme (Oldenburger Universitätsreden 81), Oldenburg: Bibliotheks- und Informationssystem der Universität Oldenburg 2005.

Hielscher, Almut: Pflegenotstand. Green Card für Polinnen?, in: *Der Spiegel* 37/2001 (10.9.2001), im Internet (eingesehen am 26.1.2016): http://www.spiegel.de/spiegel/print/d-20073715

Hielscher, Volker, Lukas Nock, Sabine Kirchen-Peters und Kerstin Blass: *Zwischen Kosten, Zeit und Anspruch. Das alltägliche Dilemma sozialer Dienstleistungsarbeit*, Wiesbaden: Springer VS 2013.

Hitzemann, Andrea, Nausikaa Schirilla und Anna Waldhausen (Hg.): *Pflege und Migration in Europa. Transnationale Perspektiven aus der Praxis / Care and Migration in Europe. Transnational Perspectives from the Field*, Freiburg/Br.: Lambertus 2012.

Hochschild, Arlie: *Das gekaufte Herz*, 2. Aufl., Frankfurt/M.: Campus 2006.

Honneth, Axel: *Kampf um Anerkennung. Zur moralischen Grammatik sozialer Konflikte*, 7. Aufl., Frankfurt/M.: Suhrkamp 2012.

Honneth, Axel: *Das Recht der Freiheit. Grundriß einer demokratischen Sittlichkeit*, Berlin: Suhrkamp 2011.

Hooren, Franca van: Bringing policies back in. How social and migration policies affect the employment of immigrants in domestic care for the elderly in the EU-15. Paper prepared for an International conference at the Danish National Centre for Social Research. Florence: European University Institute 2008, im Internet (eingesehen am 15.1.2016): http://www.sfi.dk/Files/Filer/transforming%20care/Franca-van-Hooren.pdf

Ignatzi, Helene: *Häusliche Altenpflege zwischen Legalität und Illegalität. Dargestellt am Beispiel polnischer Arbeitskräfte in deutschen Privathaushalten*, Berlin: Lit-Verlag 2014.

Institut DGB-Index Gute Arbeit: DGB-Index Gute Arbeit. Der Report 2013. Wie die Beschäftigten die Arbeitsbedingungen in Deutschland beurteilen, Berlin: Institut DGB-Index Gute Arbeit 2013, im Internet (eingesehen am 22.8.2015): http://index -gute-arbeit.dgb.de/veroeffentlichungen/jahresreports/++ co++c4a75fde-d761–11e3-a255–52540023ef1a

Internationale Arbeitsorganisation: Übereinkommen 189, Übereinkommen über Menschenwürdige Arbeit für Hausangestellte, in: Deutscher Bundestag (17. Wahlperiode): Gesetzentwurf der Bundesregierung. Entwurf eines Gesetzes zu dem Übereinkommen Nr. 189 der Internationalen Arbeitsorganisation vom 16. Juni 2011 über menschenwürdige Arbeit für Hausangestellte (28.03.2013), Bundesdrucksache 17/12951, Anlage 1, 24–27, im Internet (eingesehen 02.02.2016): http:// dipbt.bundestag.de/doc/btd/17/129/1712951.pdf

International Labour Organization: Decent Work and the informal economy. Report VI submitted to the 90th Session of International Labour Conference (Geneva, June 2002), Genf: ILO 2002, im Internet (eingesehen am 5.2.2016): http:// www.ilo.org/ilc/ILCSessions/90thSession/WCMS_078849/ lang—en/index.htm

Isfort, Michael, und Andrea von der Malsburg: Evaluation des Projektes »Heraus aus der Grauzone – Qualitätsgesicherter Einsatz polnischer Haushaltshilfen in deutschen Familien mit pflegebedürftigen Angehörigen« (09.09.2014), Köln: Deutsches Institut für angewandte Pflegeforschung/Paderborn: Caritasverband für das Erzbistum Paderborn 2014, im Internet (eingesehen am 20.12.2015).

Kałwa, Dobrochna: Migration polnischer Frauen in Privathaushalte der Bundesrepublik, in: Sigrid Metz-Göckel, A. Senganata Münst und Dobrochna Kałwa: *Migration als Ressource. Zur Pendelmigration polnischer Frauen in Privathaushalte der Bundesrepublik*. Opladen – Farmington Hills: Barbara Budrich 2010, 61–176

Karakayali, Juliane: *Transnational Haushalten. Biografische Interviews mit care workers aus Osteuropa*, Wiesbaden: VS Verlag für Sozialwissenschaften 2010.

Karakayali, Juliane: Prec(ar)ious Labour. Die biographische Verarbeitung widersprüchlicher Klassenmobilität transnationaler ›care workers‹ aus Osteuropa, in: Ursula Apitzsch und Marianne Schmidbauer (Hg.): *Care und Migration. Die Ent-Sorgung menschlicher Reproduktionsarbeit entlang von Geschlechter- und Armutsgrenzen*, Opladen – Farmington Hills: Barbara Budrich 2010, 163–175.

Katholische Frauengemeinschaft Deutschlands: *Ein offenes Ohr für pflegende Angehörige. Ergebnisse des Modellprojekts Pflegebegleitung und Anregungen für die Weiterarbeit in der kfd*, Düsseldorf: kfd 2015.

Klie, Thomas: *Wen kümmern die Alten? Auf dem Weg in eine sorgende Gesellschaft*, München: Pattloch 2014.

Kocher, Eva: *Hausarbeit als Erwerbsarbeit: Der Rechtsrahmen in Deutschland. Voraussetzungen einer Ratifikation der ILO-Domestic Workers Convention durch die Bundesrepublik Deutschland. Gutachten für die Hans-Böckler-Stiftung*, Düsseldorf: Hans-Böckler-Stiftung 2012.

Kocher, Eva: Die Ungleichbehandlung von Hausangestellten in der 24-Stunden-Pflege gegenüber anderen Arbeitnehmerinnen und Arbeitnehmern – eine Frage des Verfassungsrechts, in: Kirsten Scheiwe und Johanna Krawietz (Hg.): *(K)Eine Arbeit wie jede andere? Regulierung von Arbeit im Privathaushalt*, Berlin – Boston: De Gruyter 2014, 85–107.

Körner, Anne: Pflegekräfte aus Osteuropa. Licht ins Dunkel der Schwarzarbeit?, in: *Neue Zeitschrift für Sozialrecht* 20 (2011), Heft 10, 370–374.

Kondratowitz, Hans-Joachim: Auf dem Weg zur Anerkennung? Hakenschläge im Verhalten der öffentlichen Instanzen gegenüber der Beschäftigung osteuropäischer Pflegekräfte in Privathaushalten, in: Kirsten Scheiwe und Johanna Krawietz (Hg.): *Transnationale Sorgearbeit*, Wiesbaden: VS Verlag für Sozialwissenschaften 2010, 229–247.

Krawietz, Johanna: *Pflege grenzüberschreitend organisieren. Eine Studie zur transnationalen Vermittlung von Care-Arbeit*, Frankfurt am Main: Mabuse-Verlag 2014.

Krawietz, Johanna, Sanaz Khoilar und Anna-Lena Lux: Prekäre Vergütung. Die Beschäftigung von MigrantInnen in Pflegehaushalten durch Wohlfahrtsorganisationen, in: Johanna Krawietz und Stefanie Visel (Hg.): *Prekarisierung transnationaler Care-Arbeit*, Münster/Westf.: Westfälisches Dampfboot 2014, 141–158.

Krawietz, Johanna, und Stefanie Visel (Hg.): *Prekarisierung transnationaler Care-Arbeit. Ambivalente Anerkennung*, Münster/Westf.: Westfälisches Dampfboot 2014.

Larsen, Christa, Angela Joost und Sabine Heid (Hg.): *Illegale Beschäftigung in Europa. Die Situation in Privathaushalten älterer Personen*, Mering: Rainer Hampp 2009.

Lebenswert24 GmbH: Konzept, im Internet (eingesehen am 30.12.2015): http://www.lebenswert24.com/

Helma Lutz: Who Cares? Migrantinnen in der Pflegearbeit in deutschen Privathaushalten, In: Christa Larsen, Angela Joost und Sabine Heid (Hg.): *Illegale Beschäftigung in Europa. Die Situation in Privathaushalten älterer Personen*, Mering: Rainer Hampp 2009, 41–50.

Lutz, Helma: *Vom Weltmarkt in den Privathaushalt. Die neuen Dienstmädchen im Zeitalter der Globalisierung*, 2. Aufl., Opladen – Farmington Hills: Barbara Budrich 2008.

Lutz, Helma: Intime Fremde. Migrantinnen als Haushaltsarbeiterinnen in Westeuropa, in: *L'Homme* 18 (2007), Heft 1, 61–78.

Lutz, Helma: Der Privathaushalt als Weltmarkt für weibliche Arbeitskräfte, in: *Peripherie* 25 (2005), Heft 97/98, 65–87.

Lutz, Helma, und Ewa Palenga-Möllenbeck: Care-Arbeit, Gender und Migration. Überlegungen zu einer Theorie der transnationalen Migration im Haushaltsarbeitssektor in Europa, in: Ursula Apitzsch und Marianne Schmidbauer (Hg.): *Care und Migration. Die Ent-Sorgung menschlicher Reproduktionsarbeit entlang von Geschlechter- und Armutsgrenzen*. Opladen – Farmington Hills: Barbara Budrich 2010, 143–161.

Merkle, Isabell: Haushaltsarbeit zwischen Erwerbsarbeit im Betrieb und privater Hausarbeit, in: Nell-Breuning-Institut: Jahresbericht – Themen eines Jahres 2013, Frankfurt/Main: Nell-Breuning-Institut, 20 f.

Metz-Göckel, Sigrid: Einleitung, in: Dies., A. Senganata Münst und Dobrochna Kałwa: *Migration als Ressource. Zur Pendelmigration polnischer Frauen in Privathaushalte der Bundesrepublik*, Opladen – Farmington Hills: Barbara Budrich 2010, 11–26.

Metz-Göckel, Sigrid, A. Senganata Münst und Dobrochna Kałwa: *Migration als Ressource. Zur Pendelmigration polnischer Frauen in Privathaushalte der Bundesrepublik*, Opladen – Farmington Hills: Barbara Budrich 2010.

Netzwerk pflegeBegleitung. Begleitung für pflegende Angehörige: Wir begleiten sorgende und pflegende Angehörige ... damit Pflege zu Hause besser gelingen kann, im Internet (eingesehen am 8.2.2016): http://www.pflegebegleiter.de/

Neuhaus, Andrea, Michael Isfort und Frank Weidner: *Situation und Bedarfe von Familien mit mittel- und osteuropäischen Haushaltshilfen. Projektbericht*, Köln: Deutsches Institut für angewandte Pflegeforschung e.V. 2009, im Internet (eingesehen am 5.2.2016): http://www.dip.de/fileadmin/data/pdf/material/bericht_haushaltshilfen.pdf

Papst Leo XIII.: Enzyklika Rerum Novarum (15. Mai 1891), in: Bundesverband der Katholischen Arbeitnehmer-Bewegung Deutschlands (Hg.): *Texte zur Katholischen Soziallehre. Die sozialen Rundschreiben der Päpste und andere kirchliche Dokumente*. Mit Einführungen von Oswald von Nell-Breuning SJ und Johannes Schasching SJ, 9. Aufl., Bornheim – Kevelaer: Ketteler/Butzon und Bercker 2007, 1–38.

Rapu, Samuel: *Alleviating Poverty in Nigeria through the Improvement of the Labour Conditions in the Informal Economy. A Socio-ethical Enquiry*, Frankfurt/Main: Peter Lang 2013.

Reichert, Wolf-Gero: *Gerechter Lohn in der Altenhilfe. Was ist unserer Gesellschaft die Betreuung und Pflege alter Menschen wert? Expertise des Oswald von Nell-Breuning-Instituts für den Ver-*

*band katholischer Altenhilfe in Deutschland e.V.*, Freiburg/Br.: Verband katholischer Altenhilfe in Deutschland e.V. 2009.

Sachverständigengruppe Weltwirtschaft und Sozialethik: *Wen kümmert die Sorgearbeit? Gerechte Arbeitsplätze in Privathaushalten* (Studien der Sachverständigengruppe Weltwirtschaft und Sozialethik 20), hg. von der Wissenschaftlichen Arbeitsgruppe für weltkirchliche Aufgaben der Deutschen Bischofskonferenz, Bonn: Sekretariat der Deutschen Bischofskonferenz 2015.

Sachverständigengruppe Weltwirtschaft und Sozialethik: *Verlagerung von Arbeitsplätzen – Entwicklungschance und Menschenwürde. Sozialethische Überlegungen*, hg. von der Wissenschaftlichen Arbeitsgruppe für weltkirchliche Aufgaben der Deutschen Bischofskonferenz, Bonn: Sekretariat der Deutschen Bischofskonferenz 2008.

Satola, Agnieska: *Migration und irreguläre Pflegearbeit in Deutschland. Eine biographische Studie* (Interdisziplinäre Schriftenreihe des Centrums für interkulturelle und europäische Studien 14), Stuttgart: ibidem-Verlag 2015.

Schaber, Peter: *Menschenwürde (Grundwissen Philosophie)*, Stuttgart: Reclam 2012.

Schaber, Peter: *Instrumentalisierung und Menschenwürde*, 2. Aufl., Münster/Westf.: Mentis 2013.

Scheiwe, Kirsten: Arbeitszeitregulierung für Beschäftigte in Privathaushalten – entgrenzte Arbeit, ungenügendes Recht?, in: Dies. und Johanna Krawietz (Hg.): *(K)Eine Arbeit wie jede andere? Regulierung von Arbeit im Privathaushalt*, Berlin – Boston: De Gruyter 2014, 60–84.

Scheiwe, Kirsten, und Johanna Krawietz (Hg.): *Transnationale Sorgearbeit. Rechtliche Rahmenbedingungen und gesellschaftliche Praxis*, Wiesbaden: VS Verlag für Sozialwissenschaften 2010.

Scheiwe, Kirsten, und Johanna Krawietz (Hg.): *(K)Eine Arbeit wie jede andere? Regulierung von Arbeit im Privathaushalt*, Berlin – Boston: De Gruyter 2014.

Scheiwe, Kirsten, und Verena Schwach: Das Arbeitszeitrecht für Hausangestellte nach Ratifizierung der ILO-Konvention 189, in: *Neue Zeitschrift für Arbeitsrecht* 20/2013, 1116–1120.

Sell, Stefan: Abschied von einer »Lebenslüge« der deutschen Pflegepolitik. Plädoyer für eine »personenbezogene Sonderregelung« und für eine aktive Gestaltung der Beschäftigung von ausländischen Betreuungs- und Pflegekräften in Privathaushalten (Remagener Beiträge zur Sozialpolitik 09–2010), Remagen 2010, im Internet (eingesehen am 5.2.2016): http://www.stefan-sell.com/Sozialpolitik2010–09.pdf

Senghaas-Knobloch, Eva: Das Ethos guter Pflege unter Marktbedingungen – zwischen neuen Leistungsanforderungen und der Suche nach Anerkennung, in: *WISO* 37 (2014), Heft 4 (Wirtschafts- und Sozialpolitische Zeitschrift. Institut für Sozial und Wirtschaftswissenschaften, Linz/AU), 21–38.

Service und Pflege gGmbH Meschede: Das Angebot, im Internet (eingesehen am 30.12.2015): http://diakonie24.de/ablauf.html

Staab, Philipp: *Macht und Herrschaft in der Servicewelt*, Hamburg: Hamburger Edition 2014.

Statistisches Bundesamt: Pflegestatistik 2003. Pflege im Rahmen der Pflegeversicherung. Deutschlandergebnisse, Wiesbaden: Statistisches Bundesamt 2005.

Statistisches Bundesamt: Pflegestatistik 2013. Pflege im Rahmen der Pflegeversicherung. Deutschlandergebnisse, Wiesbaden: Statistisches Bundesamt 2015.

Steffen, Margret: ... raus aus der Schwarzarbeit. Gute Arbeit in Privathaushalten. Europäische Erfahrungen und mögliche Gestaltungsansätze der Beschäftigung osteuropäischer Haushaltshilfen und Pflegekräfte, hg. von ver.di. Fachbereich Gesundheit, Soziale Dienste, Wohlfahrt und Kirchen, Berlin: ver.di 2015.

Theobald, Hildegard: Pflegepolitiken, Fürsorgearrangements und Migration in Europa, in: Christa Larsen, Angela Joost und Sabine Heid (Hg.): *Illegale Beschäftigung in Europa. Die Situation in Privathaushalten älterer Personen*, München – Mering: Rainer Hampp 2009, 28–40.

Tießler-Marenda, Elke: Rahmenbedingungen für die Arbeit in Pflegehaushalten in Deutschland, in: Andrea Hitzemann,

Nausikaa Schirilla und Anna Waldhausen (Hg.): *Pflege und Migration in Europa. Transnationale Perspektiven aus der Praxis / Care and Migration in Europe. Transnational Perspectives from the Field*, Freiburg/Br.: Lambertus 2012, 103–115.

Ver.di: Arbeitsethos hoch, Arbeitshetze massiv, Bezahlung völlig unangemessen. Beschäftigte in Pflegeberufen – So beurteilen sie ihre Arbeitsbedingungen. Ergebnisse einer Sonderauswertung der bundesweiten Repräsentativumfrage zum DGB-Index Gute Arbeit 2012 (Arbeitsberichterstattung aus der Sicht der Beschäftigten 7), Berlin: Ver.di 2013, im Internet (eingesehen am 26.8.2015): http://www.verdi-gute-arbeit.de/up load/m51d11e5e1fb38_verweis1.pdf

Verein für Internationale Jugendarbeit. Landesverein Württemberg e. V.: FaireCare. Arbeitsbedingungen, im Internet (eingesehen am 4.1. 2016): http://www.vij-faircare.de/haushalte/ arbeitsbedingungen/

Verein für Internationale Jugendarbeit. Landesverein Württemberg e. V.: FairCare – faire und legale Arbeitsbedingungen für professionelle Nähe und menschliche Betreuung, im Internet (eingesehen am 8.2.2016): http://www.vij-faircare.de/

Verein für Internationale Jugendarbeit. Landesverein Württemberg e. V.: Arbeitsrechtliche Mindeststandards, im Internet (eingesehen am 8.2.2016): http://www.vij-faircare.de/haus halte/mindeststandards/

Voswinkel, Stephan: *Welche Kundenorientierung? Anerkennung in der Dienstleistungsarbeit*, Berlin: edition sigma 2005.

Wahl, Stefanie A.: Auf der Suche nach Anerkennung. Prekarität und Missachtungserfahrungen in der Pflegearbeit, in: Johanna Krawietz und Stefanie Visel (Hg.): *Prekarisierung transnationaler Care-Arbeit*, Münster/Westf.: Westfälisches Dampfboot 2014, 20–36.

Westdeutscher Rundfunk: Pflegekräfte aus Osteuropa. Darauf sollten Angehörige achten, im Internet (eingesehen am 9.2.2016): http://www1.wdr.de/fernsehen/ratgeber/servicezeit /sendungen/pflegeagentur-100.html